MADE BY PAPA OUTDOOR

VERRÜCKTE DRAUSSEN-PROJEKTE FÜR VÄTER UND KINDER

MADE B

VERRÜCKTE DRAUSSEN-PROJEKTE FÜR VÄTER UND KINDER

SCOTT BEDFORD

Y PAPA OUTDOOR

MAKING COOL STUFF!

INHALT

VORWORT

Es ist an der Zeit, die Kreativität und den Spaß von Made by Papa in die „Große Freiheit" zu entlassen, naja, oder zumindest in euren Garten! Genau wie bei „Made by Papa: 67 Geniale Projekte für Väter und Kinder" steckt dieses Buch voller spielerischer Experimentierfreude. Diesmal ist alles etwas aufgepeppt und wasserfest für draußen - abgesehen vom **Eisberg-Getränkekühler**, der komplett aus Wasser besteht!

Einige Sachen werden euch bekannt vorkommen, wie die unverwechselbaren Zeichnungen, mit denen ihr Spaß am Lesen der Anleitungen habt. Die Projekte hingegen werden euch hoffentlich nicht bekannt vorkommen. Ich habe mir große Mühe gegeben, dass jedes Projekt spaßig und originell ist, wenn auch mit einem gewissen Hauch von nostalgischem Charme.

Im Laufe des Buchs werdet ihr erfahren, wie man alltägliche Dinge auf neue, kreative Weise weiterverwenden kann. Wie bei der **Pinguin-Flugschule**, bei der ihr lernt, wie ihr aus einer Plastikflasche, Büroklammern und einem Filzstift einen funktionierenden Propeller herstellt. Oder die **Gartenschlauch-Murmelbahn**, bei der ihr mit dem Gartenschlauch, eine Murmelbahn mit Loopings, buckligen Brücken und Haarnadelkurven entwerft.

Den größten Nutzen aus diesem Buch zieht ihr, indem ihr es einfach aufschlagt und durchblättert. Fühlt euch nicht unter Druck gesetzt, ein Projekt auszuwählen. Dieses Buch hat sein Ziel erreicht, wenn es dich (oder deine Kinder) dazu inspiriert, kreativ zu werden ... oder die Natur zu genießen!

Ihr könnt natürlich auch etwas zielstrebiger vorgehen und die Projekte nach Kategorien oder Schwierigkeitsgrad durchforsten. Es mag wirklich ein guter Anfang sein, mit einem „einfachen" Projekt zu beginnen. Zudem zählen viele der „einfachen" Projekte auch zu den kreativsten, wie z. B. der **unterirdische Tresor**.

VIEL SPAß UND RAN ANS BASTELN!

PAPAS WERKZEUGKISTE

MATERIALIEN

Dinge für draußen zu entwickeln ist aus einigen Gründen herausfordernd, genauer gesagt, sind es exakt zwei: Sonne und Regen. Wenn etwas draußen steht, wird es sich verziehen, aufquellen, schwinden, splittern, abblättern, rosten und verblassen. Die Frage hierbei ist nicht, ob es das tut, sondern eher wie schnell.
Mit diesem Wissen im Hinterkopf ist mein Ansatz im Umgang mit den äußeren Bedingungen folgender:

„Akzeptiert, dass hochpolierte Perfektion schnell einem rustikalen Charme weicht.

Verwendet wasserbeständige Materialien wie Holz, recyceltes Plastik, Alu-Dosen, Moosgummi-Platten und bedruckbares Vinyl-Aufkleberpapier.

Malt alles an, um eine Schutzschicht zu erzeugen.

Lackiert den Farbauftrag, um eine doppelte Schutzschicht hinzuzufügen!"

HOLZAUSWAHL

Holz ist definitiv mein Lieblingsmaterial. Im Gegensatz zu meinem ersten Buch, gibt es diesmal weit und breit keinen Karton! Ich benutze entweder glatt gehobeltes Holz (meistens Fichte oder Kiefer), Sperrholz (eine maschinell hergestellte Holzplatte) oder Rundholzstäbe.

1: Warum glatt gehobeltes Holz?
Ich verwende für alle Projekte die gleiche Sorte Holz, um Reste zu vermeiden und die Anzahl an unterschiedlichen Materialien zu reduzieren. Druckbehandeltes Holz (=verrottungsbeständig) und günstigeres Bauholz sind gute Alternativen, aber sie werden normalerweise ungehobelt, also mit einer rauen Oberfläche, verkauft, was für viele Projekte nicht geeignet ist.

Holz-Tipp: Achtet beim Kauf von Holz darauf, dass es nicht verzogen ist! Schaut der Länge nach über das Holz und wählt das Stück, das gerade scheint. Selbst wenn das Holz ein wenig verzogen ist, macht das nichts. Ich verspreche euch, dass es am Ende nicht mehr auffällt. Schaut euch bei der Flughafen-Vogelfutterstation mal ganz genau die linke Kante der Landebahn an – das nenne ich mal verzogen!

2: Warum Sperrholz?
Sperrholz ist maschinell hergestellte Plattenware aus übereinander verleimten Furnierlagen. Es verzieht sich nicht (super!), ist jedoch nicht wasserbeständig (och nein!). Es gibt auch wasserfestes Bootssperrholz, das jedoch schwierig zu bekommen ist. Daher habe ich mich entschieden, herkömmliches Sperrholz mit einer dicken Schicht Farbe zu bestreichen! Das Regenbogen-Pflanzgefäß (Seite 171) wurde aus Sperrholz hergestellt und hat vier Monate draußen überstanden, ohne zu splittern.

3: Warum die doofen Maße?
Gebt nicht auf, wenn ihr kein Holz in der angegebenen Größe findet. Jedes Projekt in diesem Buch kann so angepasst werden, dass es auch aus Holz mit leicht abweichenden Maßen gebaut werden kann. Versucht den Aufbau eines Projektes zu verstehen. Dann sollte es relativ einfach sein, Größenanpassungen am Material vorzunehmen.

4: Was ist mit Bastelstäbchen?
Ich nehme an, ich muss die Bastelstäbchen auch erwähnen, schließlich sind sie aus Holz! Die Bastelstäbchen, die ich verwendet habe, sind 15 cm x 1,7 cm groß und können online oder in Bastelläden gekauft werden.

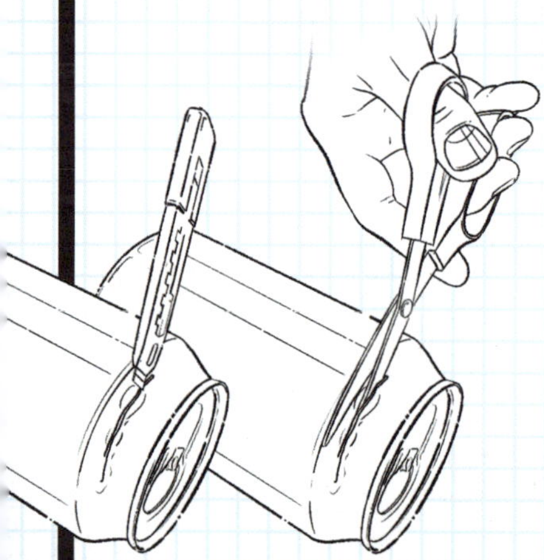

DOSEN KNACKEN

Alu-Dosen sind ein fantastisches und viel zu wenig verwendetes Material. Ich verwende sie im Ganzen oder als Ausgangsmaterial für dünne Bleche, da sie sehr leicht zu handhaben sind. Schlitzt die Seite der Dose mit einem Cutter auf, steckt eine Schere in den Schlitz und schneidet darauf los. Achtet auf die Kunststoffbeschichtung auf der Innenseite der Dose. Um das Blech zu verkleben oder es elektrisch leitfähig zu machen (wichtig für das Taschenlampen-Morsegerät Seite 102), müsst ihr die Beschichtung mit Schmirgelpapier entfernen. Vermeidet außerdem, dass beim Zerschneiden scharfe Kanten an der Kante der Dose zurückbleiben. Daran könnt ihr euch leicht schneiden!

RECYCELTES PLASTIK

In einigen Projekten verwende ich Plastikflaschen, auch wenn sie nicht zu meinen Lieblingsmaterialen zählen. Seid euch bewusst, dass sie sehr hitzeempfindlich sind. In den beiden Projekten Schnecke mit Düsenantrieb (Seite 16) und Videospiel-Szene im Retro-Look (Seite 186) wird der Heißkleber nur am oberen und unteren Teil der Flasche aufgetragen, da diese Flaschenteile um einiges dicker sind und Hitze besser vertragen. Wenn jedoch Heißkleber auf die Flaschenseiten kommt, verziehen sie sich.

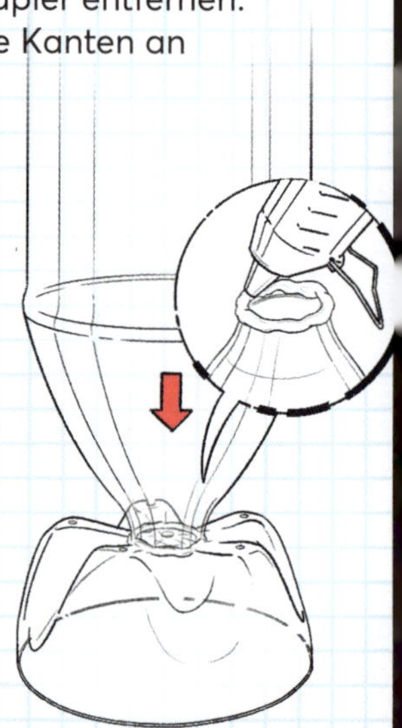

RAFFINIERTES ROHR

In drei Projekten kommt ein PVC-Rohr zum Einsatz. Um genau zu sein, ein Abflussrohr mit Muffe mit 11 cm-Durchmesser und entschuldigt, aber genau das, was man an die Toilette anschließen würde! Die Rohre sind in den meisten Baumärkten erhältlich. Der Begriff „Muffe" bezieht sich auf das geformte Ende, das mit einem Anschlussstück verbunden werden kann. Beim Spionage-Seerohr wird die Muffe mit einem rechtwinkligen Rohrstück verbunden. Mit 2,5 m PVC-Rohr habt ihr ausreichend Material für das Spionage-Seerohr (Seite 92), das Erdmännchen-Knockdown (Seite 56) und den Unterirdischen Tresor (Seite 107).

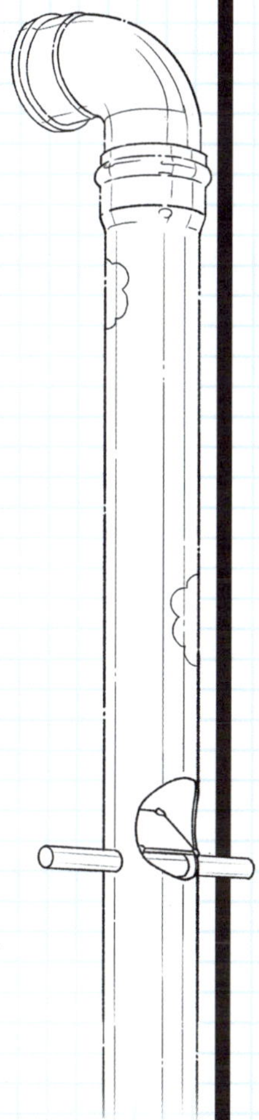

BUNT BEMALT

Die meisten Projekte, insbesondere die aus Holz, sind angemalt, zumindest teilweise. Ich verwende Farbe vor allem für dekorative Zwecke, aber auch als Holzschutz. Obwohl Lackfarben (auf Öl- oder Wasserbasis) den größten Schutz bieten, empfinde ich sie für unsere Projekte als übertrieben und verwende daher Acryl-Wandfarben und -Künstlerfarben. Sie sind leicht zu verarbeiten, relativ günstig und auch witterungsbeständig, solange sie nicht ständig im Wasser liegen.

Für Plastik- und Alu-Dosen verwende ich am liebsten Sprühfarbe auf Acrylbasis, mit der man auch Autos lackiert. Zuerst müsst ihr eine Grundierung auftragen, die normalerweise grau ist, und dann die Farbe eurer Wahl. Bei der Turbinen-Schildkröte (Seite 42) habe ich silbermetallisches Spray verwendet, das so gut haftete, dass keine Grundierung notwendig war – ganz schön frech von mir!

Es gibt noch eine andere Art „Anstrich", die ich hervorheben möchte. Ich verwende sie erst seit kurzem und sie ist fantastisch: Acrylfarbstifte! Beim Projekt Auf der falschen Fährte (Seite 113) könnt ihr sie in Aktion sehen. Die Stifte sind super für Details und mit ihnen geht es um einiges schneller als mit einem Pinsel!

WIRKLICH WASSERDICHT

Notwendig für den schwimmenden Felsbrocken (Seite 145). Hier habe ich mich für einen seidenmatten Boots-Sprühlack entschieden, weil ich dem Felsbrocken aus Papier die beste Möglichkeit geben wollte im ständigen Wasserkontakt zu überleben! Bei anderen Projekten reicht auch ein weniger widerstandsfähiger Sprühlack aus, wie z. B. ein Sprühlack auf Acrylbasis.

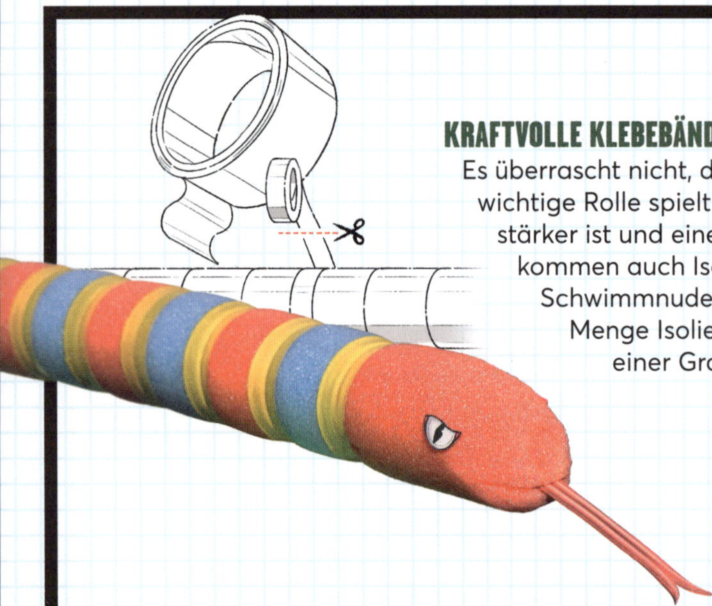

KRAFTVOLLE KLEBEBÄNDER

Es überrascht nicht, dass Gewebeband in vielen Projekten eine wichtige Rolle spielt! Achtet beim Kauf auf ein dichtes Gewebe, das stärker ist und eine bessere Klebekraft hat. In einigen Projekten kommen auch Isolierband und Malerkrepp zum Einsatz. Bei der Schwimmnudel-Anakonda (Seite 150) braucht ihr z. B. eine Menge Isolierband. Also schaut euch beim Einkauf nach einer Großpackung um, die meistens günstiger ist.

DYNAMISCHER DRAHT

Bei manchen Projekten verwende ich Draht, der meistens 2 mm stark ist. Meinen Draht habe ich in der Gartenabteilung eines Baumarkts gekauft, ein Besuch im Fachgeschäft ist also nicht notwendig. Falls ihr nicht die genaue Stärke an Draht findet, versucht so nah wie möglich an die Maße zu kommen. Das kann bedeuten, dass ihr beim Projekt die Bohrlochgröße leicht anpassen müsst, aber das war's dann auch schon!

VITALES VINYL

Eine Technik, die ihr immer wieder sehen werdet, ist die Verwendung von Vinyl-Aufkleberpapier auf Moosgummi. Das stellt eine fabelhaft einfache Methode dar, eure Projekte mit professionell aussehenden Illustrationen zu dekorieren, die auch noch wasserfest sind. Die benötigten Illustrationen ab Seite 190 werden immer auf A4 Vinyl-Aufkleberpapier fotokopiert. Ihr könnt sie auch scannen und ausdrucken oder unter www.topp-kreativ.de/digibib herunterladen und direkt aufdrucken. Egal wie ihr euch entscheidet, sobald die Illustrationen aufgedruckt sind, schneidet ihr sie grob aus, entfernt das Trägerpapier und klebt sie auf eine Moosgummiplatte. Danach schneidet die Illustrationen mit einer Schere und einem Cutter präzise aus. Das Moosgummi kann dann mit Heißkleber auf andere Materialien geklebt werden.

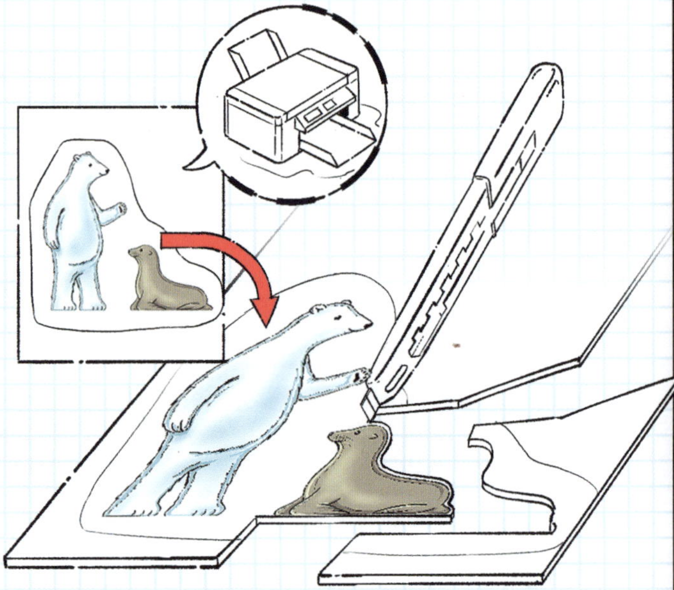

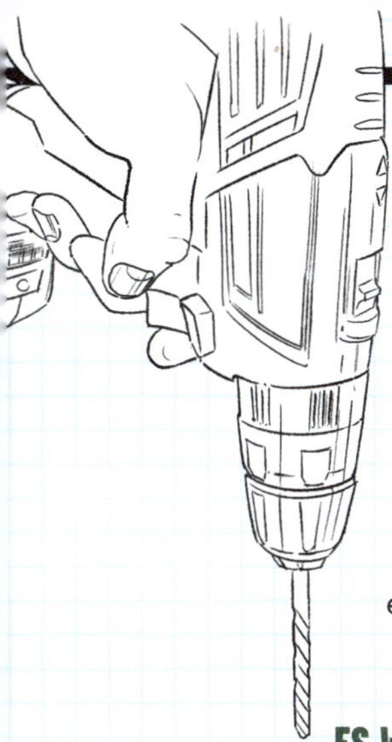

WERKZEUGE

Ihr benötigt keine voll ausgestattete Werkstatt, um die Projekte in diesem Buch umzusetzen. Einige grundlegende Werkzeuge braucht ihr jedoch, wobei die wichtigsten ein Bohrer, ein Schraubendreher und eine Säge sind. Zu den außergewöhnlichsten Werkzeugen zählen eine elektrische Stichsäge und ein Satz an Lochschneidern, wobei beide gar nicht so unüblich sind. Und lasst euch von manch langer Materialliste nicht entmutigen. Die meisten Teile sind normale Haushaltsgegenstände.

ES WIRD ELEKTRISCH

Bei einigen Projekten (ehrlich gesagt bei ziemlich vielen) braucht ihr einen Bohrer oder Schraubendreher. Für manche Projekte könntet ihr auch einfach einen Handbohrer verwenden, aber ich empfehle eine Bohrmaschine mit verschiedenen Geschwindigkeitsstufen. Ein Akku-Schrauber ist auch nützlich, aber nicht ganz so wichtig. Mein Akku-Schrauber ist zu Beginn kaputt gegangen und da habe ich einfach die Bohrmaschine als Schraubendreher verwendet, indem ich die Bohrer gegen Schraubbits ausgetauscht habe.

HOLZ BEARBEITEN

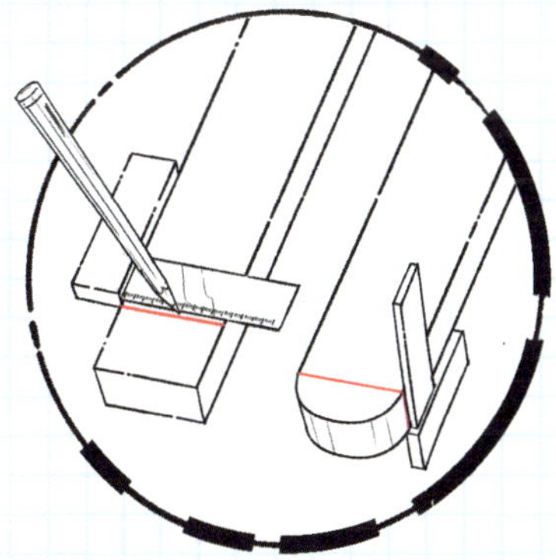

1: Gerade Linien zeichnen

Sägelinien und andere Hilfslinien können mit einem Bleistift, Lineal und Maßband auf das Holz gezeichnet werden. In einigen Fällen benötigt ihr jedoch einen Anschlag- oder Schreinerwinkel. Damit könnt ihr Linien anzeichnen, die im rechten Winkel zu einer Fläche verlaufen. In einigen Projekten werden mit dieser sehr nützlichen Technik Linien auf benachbarten Flächen verlängert.

2: Schief ist gar nicht schlimm

Für die meisten Projekte in diesem Buch braucht man nur eine herkömmliche Handsäge und für einige weitere eine Stichsäge. Falls ihr eine Tischkreissäge, eine Handkreissäge oder eine Kappsäge besitzt, könnt ihr sie gern verwenden, aber ihr benötigt sie nicht unbedingt. Erwartet keine Perfektion, wenn ihr mit der Handsäge arbeitet! Auch ich muss manchmal einen Schnitt wiederholen oder eine Holzfeile verwenden, um einen schiefen Winkel auszubessern. Am Ende sind diese kleinen Fehler oft nicht mehr zu sehen, fest versprochen.

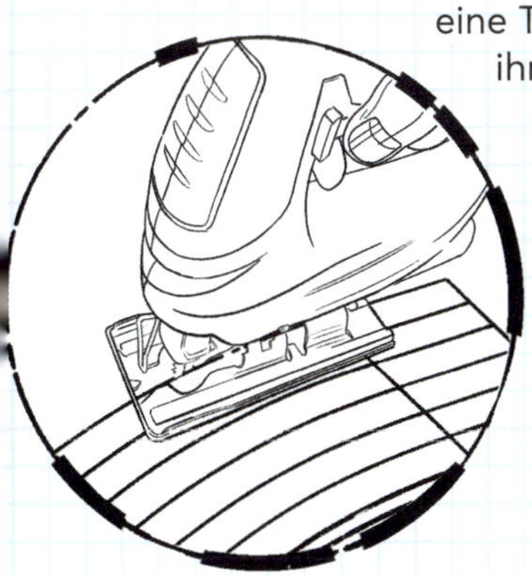

Wenn ihr die Stichsäge verwendet, bewegt sie gleichmäßig und konzentriert euch auf das Sägeblatt. Pustet von Zeit zu Zeit den Holzstaub weg, sodass ihr die Sägelinie immer im Blick habt.

3: Ein drittes Paar Hände

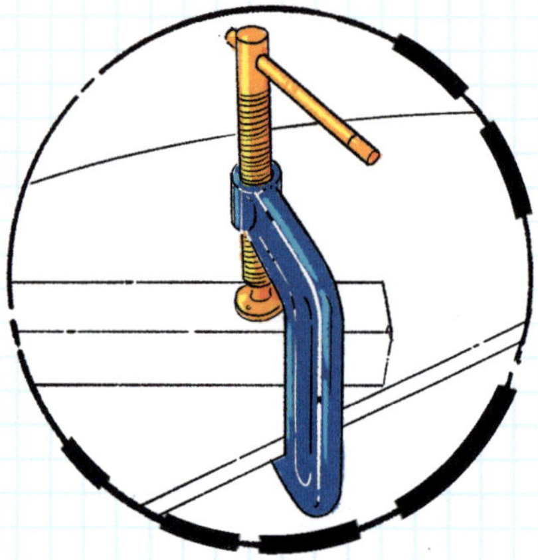

Wenn ihr Holz mit der Hand oder mit einer Stichsäge zusägt, müsst ihr das Holz fixieren. Ich benutze eine kleine klappbare Werkbank und fixiere das Holz mit der freien Hand oder manchmal sogar mit dem Fuß. Im Grunde versuche ich alles, um den Einsatz von Zwingen zu vermeiden! Ihr könnt aber natürlich auch gerne Zwingen verwenden.

4: Warum Vorbohren hilfreich ist

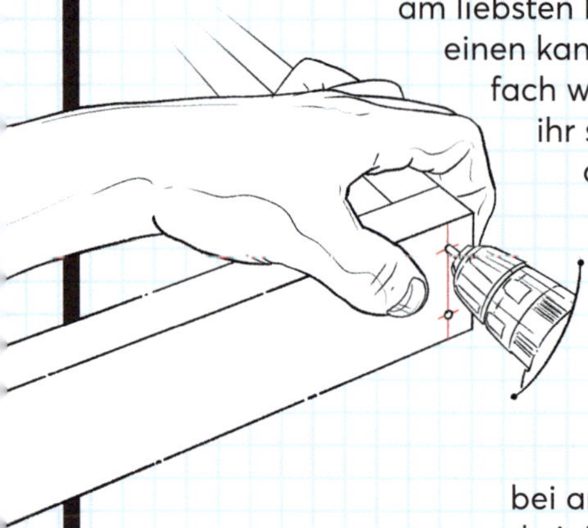

Wenn ich bei Bastelprojekten Holz verschraube, bohre ich am liebsten Löcher vor, nutze aber keinen Kleber. Zum einen kann man Projekte , die nicht geleimt sind, einfach wieder auseinander schrauben. Dadurch könnt ihr später Änderungen vornehmen und das Holz auch wiederverwenden. Zum anderen erhält man mit vorgebohrten Löchern genauere Ergebnisse. Eine Schraube durch zwei Stück Holz zu schrauben, erfordert ein gewisses Maß an Selbstvertrauen und Geschick. Diese Regel ist aber nicht in Stein gemeißelt. Bei der Videospiel-Szene im Retro-Look (Seite 186) empfehle ich die Schrauben direkt reinzuschrauben, da das Projekt aus Holzresten besteht und keine Feinheiten erfordert. Auch bei anderen Projekten könnt ihr gern das Vorbohren überspringen und einfach Schrauben mit Bohrspitze verwenden.

5: Warum Löcher absenken?

Bei einigen Projekten werden die Schraubenlöcher abgesenkt. Ihr fragt euch wahrscheinlich, warum wir nicht einfach Senkkopfschrauben verwenden. Diese sind zwar beim Hausbau super praktisch, aber bei kleineren Projekten kann das Ergebnis ungleichmäßig sein. Daher habe ich mich für die althergebrachte Methode entschieden. Ihr könnt aber auch gerne Senkkopfschrauben verwenden und das Absenken einfach ignorieren.

6: Ausbessern und Feinarbeiten

Haltet etwas Schmirgelpapier griffbereit, um raue Kanten abzuschleifen, besonders nach dem Sägen. Falls ihr z. B. bei einem schiefen Schnitt etwas mehr Holz abnehmen müsst, verwendet am besten eine Holzfeile oder einen Hobel.

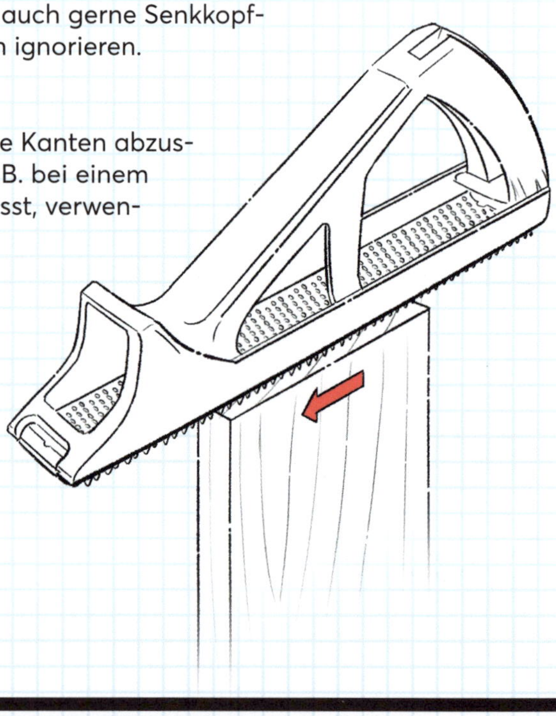

ANDERE MATERIALIEN ZUSCHNEIDEN

Wusstet ihr, dass eine Handsäge auch zum Schneiden von Plastik geeignet ist? Es funktioniert tatsächlich. Ich verwende sie auch zum Zuschneiden von PVC-Rohren. Für kleinere Gegenstände wie Plastikstifte und Acrylglas-Spiegel nutze ich eine Metallsäge. Verwendet zum Schneiden von Draht einen Drahtschneider oder eine Zange mit eingebautem Drahtschneider. Und welch' Überrasc-hung zum Schluss: Ihr benötigt eine Schere und einen Cutter mit Schneideunterlage. Ein herkömmlicher Cutter mit einziehbarer Klinge ist ausreichend!

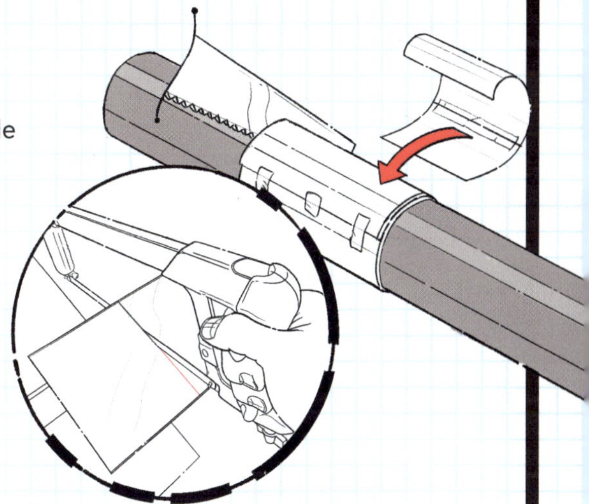

MATERIALIEN KLEBEN

Eine Heißklebepistole (und zahlreiche Klebestifte) sind unverzichtbar. Ich verwende sie andauernd! Wie schon erwähnt, kann Heißkleber manches Plastik leider deformieren. Das ist eine Herausforderung bei der Schwimmnudel-Anakonda (Seite 150), die aus hitzeempfindlichem Polyethylen-Schaum besteht. Für das Projekt habe ich eine Niedrigtemperatur-Klebepistole genommen, die (etwas) weniger heiß ist. Der Kleber hat zwar weniger Kraft, aber man kann sich auch nicht so leicht daran verbrennen, was ihn perfekt für kleine Hände macht! Ähnlich verhält es sich mit dem Acrylglas-Spiegel beim Spionage-Seerohr (Seite 92). Wenn er mit Heißkleber befestigt wird, verzieht er sich. Daher empfehle ich die Verwendung von Zwei-Komponenten-Epoxidkleber. Er besteht normalerweise aus zwei Teilen, die man zusammenmischt.

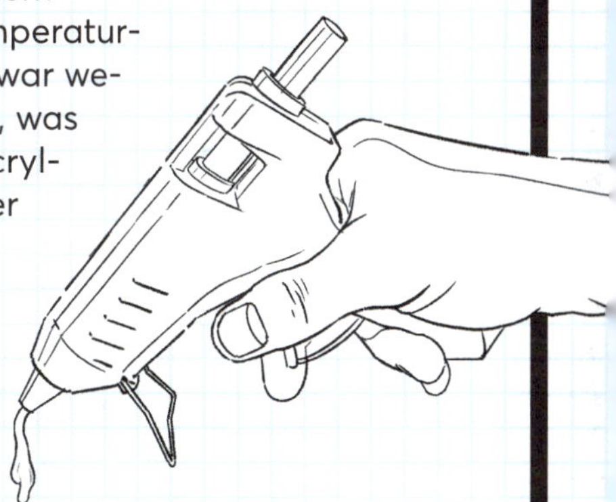

GROẞE LÖCHER, KLEINE LÖCHER

Zum Bohren von Löchern, die größer als 10 mm sind, benötigt ihr einen speziellen Lochsägenaufsatz für euren Bohrer. Ich habe recht preiswert einen Satz Lochsägen von 1,9 cm bis 15,2 cm erworben. Die größeren Durchmesser sind etwas unhandlicher, daher ist eine Bohrmaschine mit regulierbarer Geschwindigkeit hilfreich. Fangt mit einer niedrigen Drehzahl an bis die Zähne in der Oberfläche des Holzes (oder Plastiks) verschwinden.

Bei Löchern bis 10 mm reichen Standard-Bohrer aus. Bei Löchern über 5 mm ist es möglicherweise schwierig ein präzises Loch in eine Markierung zu bohren. Es kann hilfreich sein, zunächst ein kleineres Loch (± 2,5 mm) vorzubohren.

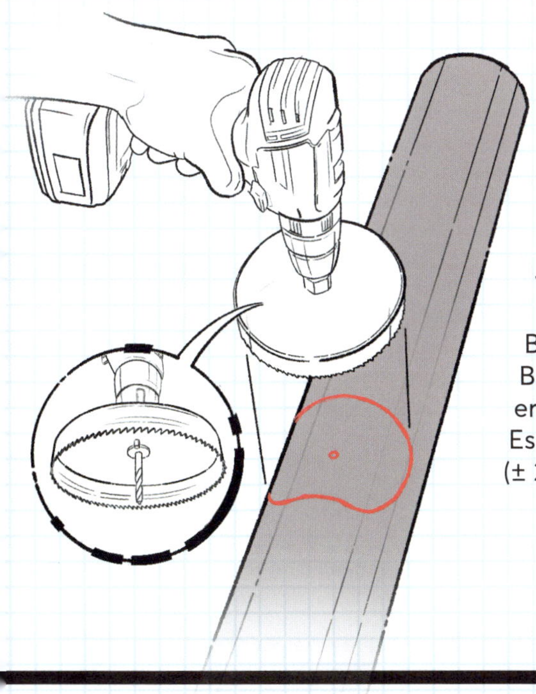

TIPPS UND TECHNIKEN

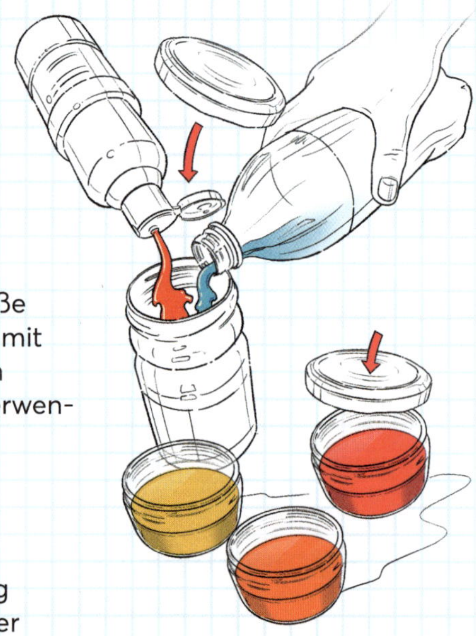

ALTGLASCONTAINER

Fangt an, eure alten Marmeladengläser oder andere Glasgefäße mit Schraubverschluss zu sammeln. Ihr könnt für die Schnecke mit Düsenantrieb (Seite 16) einige Deckel gebrauchen. Die anderen Gläser könnt ihr zum Mischen und Aufbewahren von Farben verwenden. Dreht die Deckel zu, damit die Farben nicht eintrocknen.

KLEBRIGE OBERFLÄCHEN

Heißkleber kann etwas schwierig sein, besonders in Verbindung mit Kunststoff- und Metalloberflächen. Damit alles etwas besser hält, schmirgelt die Oberfläche vorher an und entfernt vor dem Verkleben jegliches Fett mit einem Reinigungsalkohol (z. B. Isopropanol). Wenn es dann immer noch nicht klappt, nehmt Zwei-Komponenten-Epoxidkleber!

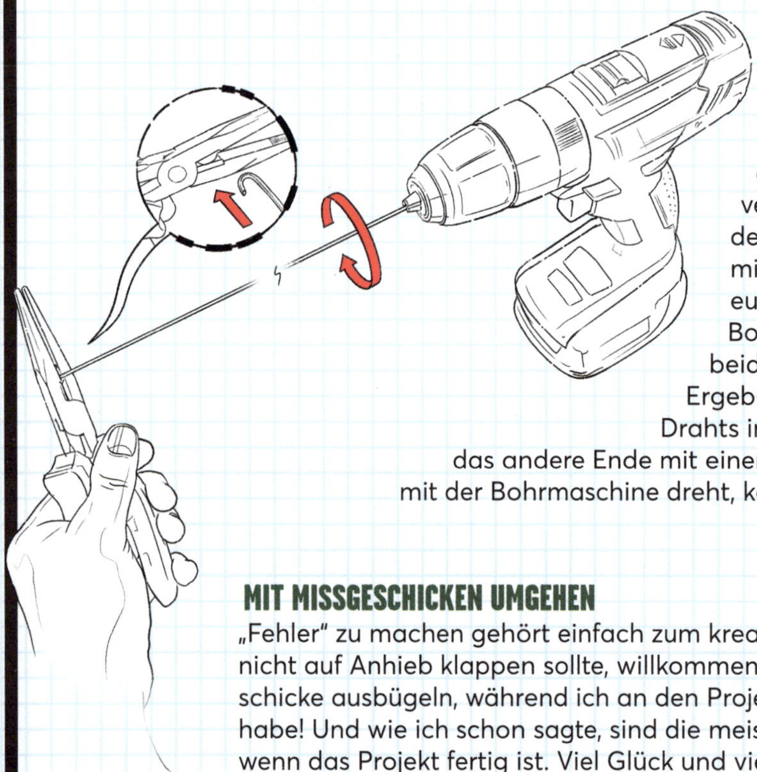

STÖRRISCHER DRAHT

Ihr werdet merken, dass beim Einsatz von Draht immer darauf hingewiesen wird, ihn gerade zu ziehen! Das liegt daran, dass Draht immer aufgewickelt verkauft wird. Es gibt drei einfache Methoden den Draht gerade zu bekommen: mithilfe eurer Hände, mit einer Zange und euren Händen oder indem ihr ihn mit einer Bohrmaschine entdreht. Mit den ersten beiden Methoden erzielt man recht gute Ergebnisse. Wenn ihr jedoch das eine Ende des Drahts in das Bohrfutter einklemmt, während ihr das andere Ende mit einer Zange festhaltet und den Draht dann mit der Bohrmaschine dreht, könnt ihr kerzengeraden Draht herstellen!

MIT MISSGESCHICKEN UMGEHEN

„Fehler" zu machen gehört einfach zum kreativen Schaffensprozess dazu. Falls es nicht auf Anhieb klappen sollte, willkommen im Club. Ich musste jede Menge Missgeschicke ausbügeln, während ich an den Projekten, die ihr hier im Buch seht, gearbeitet habe! Und wie ich schon sagte, sind die meisten Missgeschicke nicht mehr sichtbar, wenn das Projekt fertig ist. Viel Glück und viel Spaß beim Werkeln!

KAPITEL 1: AB GEHT DIE POST

SCHNECKE MIT DÜSENANTRIEB

FÜR PROFIS

MIT SCHNELL-STARTMECHANISMUS!

Diese Schnecke raubt euch den Atem.
Nicht wegen ihres coolen Aussehens, sondern wegen ihrer rasanten Geschwindigkeit (oder doch beides)! Diese sportliche Rakete wird durch Essig und Natron angetrieben und ist mit einem optionalen Startmechanismus ausgestattet. Sie startet auf euer Kommando: 3-2-1-Los!

MATERIALIEN

- Sperrholz, 3 mm stark, 9,3 cm x 22,3 cm
- Holz, 4,4 cm x 4,4 cm, 28,5 cm lang
- Rundholz, ø 6 mm, 30 cm lang
- 3 große Bastelstäbchen, 15 cm x 1,7 cm
- 3 eingetrocknete Filzstifte, ø 7 mm
- Plastikflasche, 750 ml
- 4 Marmeladenglasdeckel aus Metall, ø bis 7 cm
- Backpulver oder Natron
- Essig
- Toilettenpapier
- Trichter
- Schraube, 3,5 mm x 25 mm und Unterlegscheibe
- Draht, ø 2,5 mm, 3,6 cm lang
- Heißklebepistole
- Isolierband und Gewebeband
- Acrylfarbe in Grün, Gelb, Orange und Schwarz
- Säge
- Schmirgelpapier, 120-150er Körnung
- Bohrmaschine
- Bohrer, ø 2 mm, ø 3,5 mm, ø 4 mm und ø 6 mm
- Schraubendreher
- Zange mit Drahtschneider
- Pinsel
- Bleistift
- Lineal oder Maßband
- Schere und Cutter mit Schneideunterlage
- Moosgummi in Weiß, A3
- bedruckbares Vinyl-Aufkleberpapier, A4
- Fotokopierer oder Drucker (nach Wunsch)

VORLAGEN 1A, 1B, 1C UND 1D (SEITE 192-195)

SO GEHT DAS

Ihr befüllt eine Flasche mit Essig und Natron. Dadurch entsteht in der Flasche CO2 und Druck. Wenn ihr den raffinierten Hebel betätigt, wird der Stopfen entfernt, der unter Druck stehende Inhalt kann entweichen und eure Schnecke kann losflitzen!

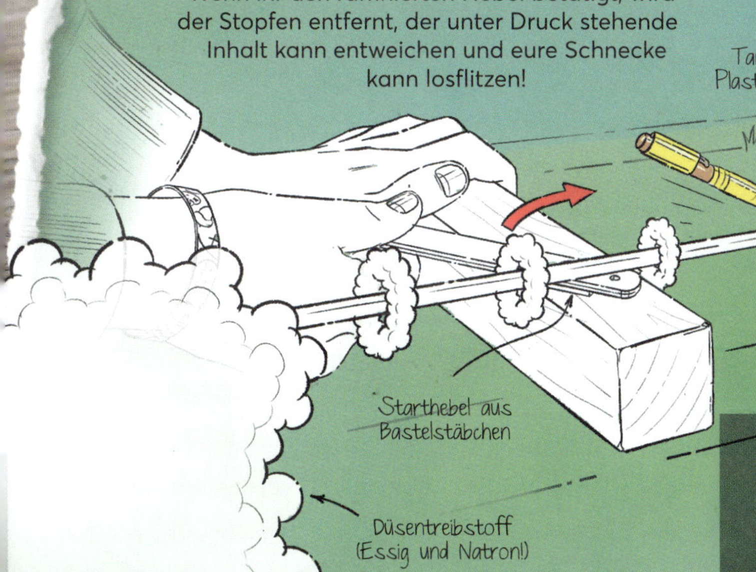

FOLGT DER SPUR UND FINDET HERAUS, WAS PASSIERT, WENN MAN VERSEHENTLICH DIE „DÜSENTREIBSTOFF"-MENGE VERDREIFACHT!

HOLZ ZUSÄGEN

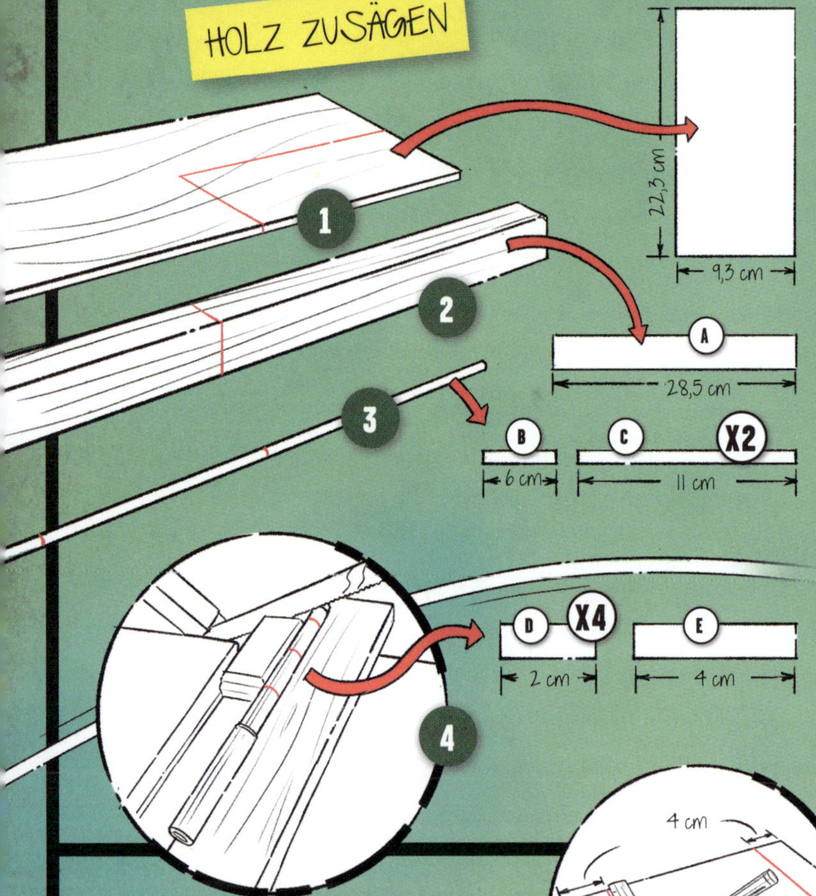

1 Sägt ein 9,3 cm x 22,3 cm großes, rechteckiges Stück Sperrholz zurecht.

2 Nun ein 28,5 cm langes Stück Holz A zusägen.

3 Zersägt das Rundholz in ein 6 cm langes Teil B und zwei 11 cm lange Teile C.

4 Sucht euch alte Filzstifte. Der Innendurchmesser muss groß genug sein, damit das Rundholz (ø 6 mm) sich darin drehen kann. Die Stifte in vier 2 cm lange D und in ein 4 cm langes Teil E zersägen. Verwendet Schmirgelpapier, um die rauen Kanten zu glätten..

ACHSE UND FAHRWERK

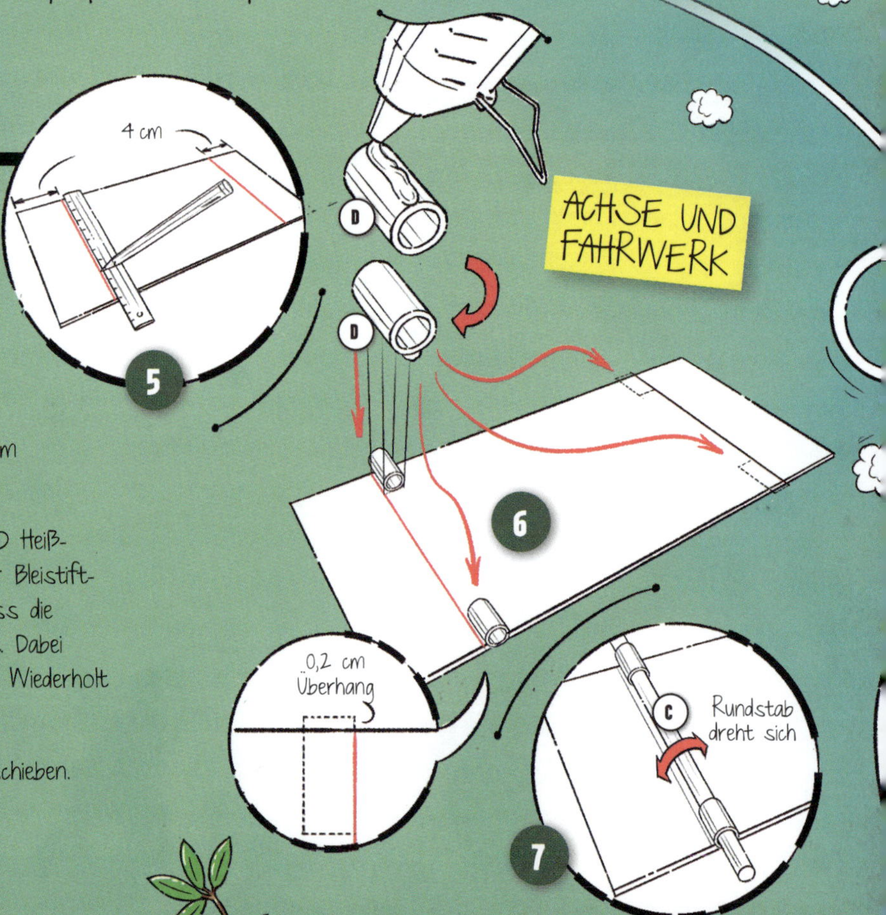

5 Zeichnet mit Lineal und Bleistift zwei Markierungen aufs Sperrholz, jeweils 4 cm von jedem Ende entfernt.

6 Auf die gesamte Länge von einem Teil D Heißkleber auftragen und es innen entlang der Bleistiftmarkierung aufs Sperrholz kleben, sodass die Außenkante genau an der Bleistiftlinie liegt. Dabei überlappt das Ende die Kante um 0,2 cm. Wiederholt den Vorgang für die drei anderen D-Teile.

7 Einen Rundstab C ins Achsen-"Lager" schieben. Der Stab sollte sich leicht drehen lassen.

8 Bohrt in den Boden einer 750 ml Plastikflasche, nahe am Rand, ein Loch, durch das Teil E passt. Dafür einen entsprechenden Bohrer verwenden.

9 Nun schiebt ihr Teil E so weit ins Loch, dass es zur Hälfte herausragt. Das Loch um Teil E herum mit Heißkleber abdichten. Haltet Teil E (eure Düse) parallel zur Flasche, während der Kleber trocknet.

10 Einen Marmeladenglasdeckel aufs Papier legen und mit Bleistift den Umriss übertragen. Schneidet den Kreis aus und faltet ihn mittig. Den Kreis wieder öffnen und im rechten Winkel zur entstandenen Linie falten. Macht mit einem spitzen Bleistift an der Stelle, wo sich die Falten überkreuzen, ein Loch in den Kreis.

11 Mithilfe des Papierkreises die Mittelpunkte der Marmeladenglasdeckel markieren und jeweils ein 6 mm großes Loch bohren. Wiederholt den Vorgang für jeden Deckel.

12 Ein Rundholz C durch ein Deckelloch stecken. Der Stab ragt 2 mm an der Deckelinnenseite heraus. Auf dieses kurze Stabende und um den Stab herum reichlich Heißkleber auftragen. Während der Kleber trocknet, haltet den Stab im rechten Winkel zum Deckel. Diesen Schritt für den zweiten Rundstab C wiederholen.

13 Schiebt nun beide Rundstäbe C durch die Achsen-"Lager". Die letzten beiden "Räder" jeweils am anderen Stabende befestigen. Wiederholt hierfür den vorigen Schritt. Genügend Abstand (ca. 2-3 mm) zwischen den Rädern und dem Sperrholz-Fahrgestell lassen, damit die Räder beim Drehen später nicht an der Schneckenverkleidung reiben!

KUNSTDRUCK

14 Die Schneckenvorlage und die Räder (Seite 192–193) auf A4-Vinyl-Aufkleberpapier ausdrucken. .

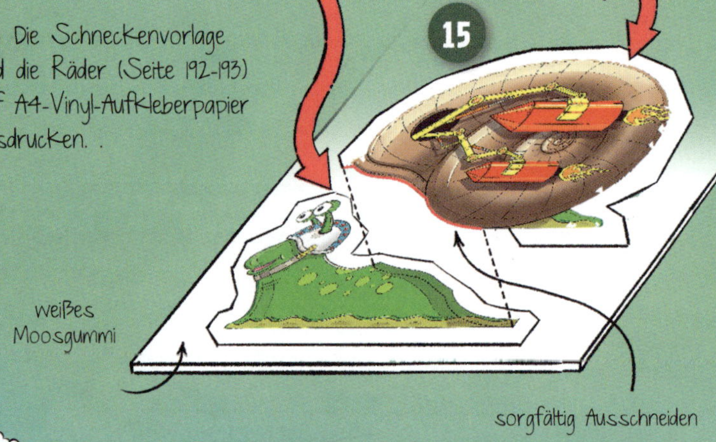

15 Schneidet Schneckenkörper und -gehäuse grob aus. Das Trägerpapier abziehen und dann einen Schneckenkörper aufs Moosgummi kleben. Das passende Schneckenhaus anbringen, dabei den Körper überlappen lassen, damit sich das Motiv verbindet.

16 Schneidet sauber um die Schnecke herum. Wiederholt den Vorgang für die andere Seite.

EIN HAUCH VON FARBE!

17 Die vier „Felgen" ausschneiden und mit Heißkleber mittig auf jedes Rad kleben, an die Stelle des Deckels, an der das Rundholz leicht herausragt. Malt mit schwarzer Acrylfarbe die „Reifen" um die Felgen.

18 Das Sperrholz-Fahrwerk mit grüner Acrylfarbe anmalen. Damit der Hebel später nicht an der Farbe festklebt, entfernt ihn vor dem Bemalen. Vorsicht, bringt keine Farbe auf die Achsen.

WAS PASSIERTE, ALS ICH DIE „DÜSENTREIBSTOFF"-MENGE VERDREIFACHTE? MEINE SCHNECKE HOB BUCHSTÄBLICH AB. SIE FLOG DURCH DIE LUFT, PRALLTE AN EINE WAND UND VERLOR ALLE RÄDER!

ENDMONTAGE

19 Den Anfang des Gewebebands an der Unterseite des Sperrholz-Fahrwerks zwischen den Rädern festkleben.

20 Legt die Flasche mit der Düse nach hinten mittig aufs Sperrholz, etwa 5 mm vom Rand entfernt. Die Flasche gut festhalten und das Gewebeband 2-mal um die Flasche und das Sperrholz-Fahrwerk wickeln.

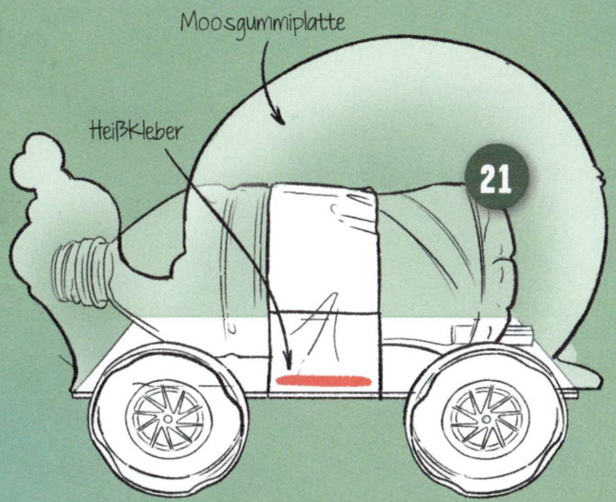

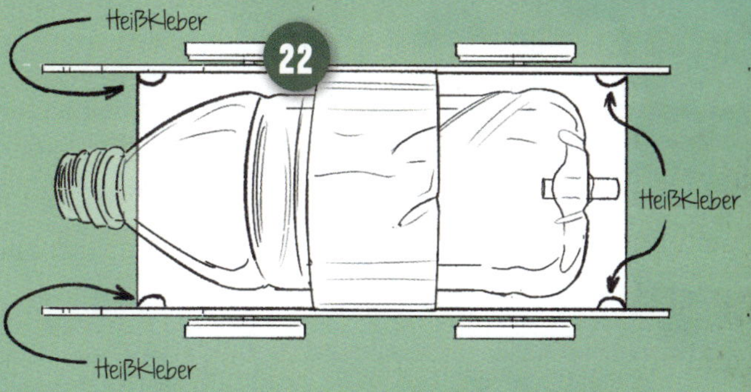

21 Gebt etwas Heißkleber aufs Gewebeband, in der Nähe des Fahrgestells und klebt eure Schnecke wie in der Abbildung zu sehen fest, sodass sie vorne bündig mit der Vorder- und unten bündig mit der Seitenkante des Sperrholzes abschließt. Darauf achten, dass das Bild nicht an den Achsen reibt. Wiederholt den Vorgang für die andere Seite.

22 Etwas Heißkleber unten auf die Rückseite des Schneckenausdrucks geben, um die Schnecke vorne und hinten ans Sperrholz zu kleben. Wiederholt das für die andere Schneckenseite.

23 Auf den Rückseiten der Oberkante etwas Kleber auftragen. Die beiden Schneckenseiten an den Augen und am Schneckenhaus bündig zusammenkleben.

SUPER-STOPFEN

24 Nun umwickelt ihr den Rundstab B 4- bis 5- mal leicht schräg mit Isolierband. So erhaltet ihr die richtige Stopfenform. Jetzt müsste euer Stopfen fest in der Düse sitzen. Wenn nicht, umwickelt den Stab erneut mit mehr oder weniger Isolierband.

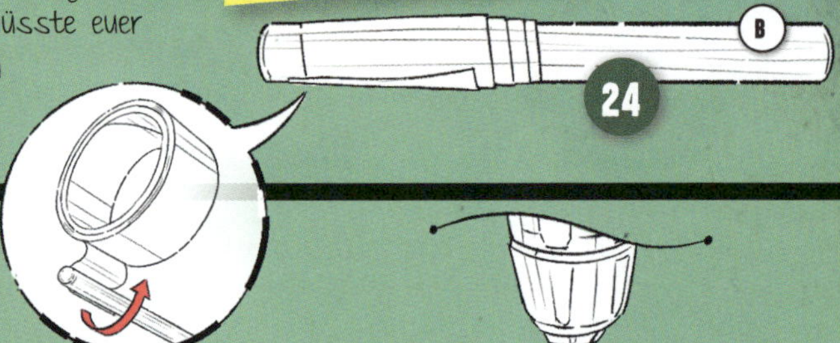

OPTIONAL

SCHNELLSTARTMECHANISMUS

Juhu! Eure Schnecke ist bereit für den Start. Springt zu Schritt 31, wenn ihr den Startmechanismus nicht hinzufügen möchten.

25 Ein 2 mm großes Loch durch die Mitte des Rundstabs B bohren. Ein 3,6 cm langes Stück vom 2 mm Draht abschneiden und mit einer Zange einen 1,2 cm langen rechten Winkel formen. Steckt das kurze Ende duch das Loch und umwickelt es mit Isolierband, um es zu befestigen.

STOPFEN-NACHRÜSTUNG

DER ENTSCHEIDENDE STARTHEBEL

26 Klebt für den „Starthebel" zwei Bastelstäbchen mit Heißkleber zusammen. Für den Abstandshalter mit der Schere von einem weiteren Bastelstäbchen ein 2,5 cm langes Stück abschneiden und an den „Hebel" festkleben, 1,5 cm von einem Ende entfernt.

27 Bohrt an den markierten Stellen ein 3,5 mm und ein 4 mm großes Loch durch die Bastelstäbe.

28 Ein 2 mm großes Vorbohrloch in Teil A vorbohren, 6,5 cm von einem Ende und 1,8 cm von der Kante entfernt.

29 Dreht die 3,5 mm x 25 mm Schraube etwa zur Hälfte in das 3,5 mm große Loch des Hebels (nach Wunsch mit Unterlegscheibe). Nun die Schraube im vorgebohrten Loch des Holzes befestigen. Zieht sie nicht zu fest an. Der Hebel muss sich noch bewegen können!

30 Entweder Flammen mit Acrylfarbe in Orange, Gelb und Schwarz aufmalen oder die Flammenvorlage (Seite 192) auf Vinyl-Aufkleberpapier ausdrucken, ausschneiden und aufkleben.

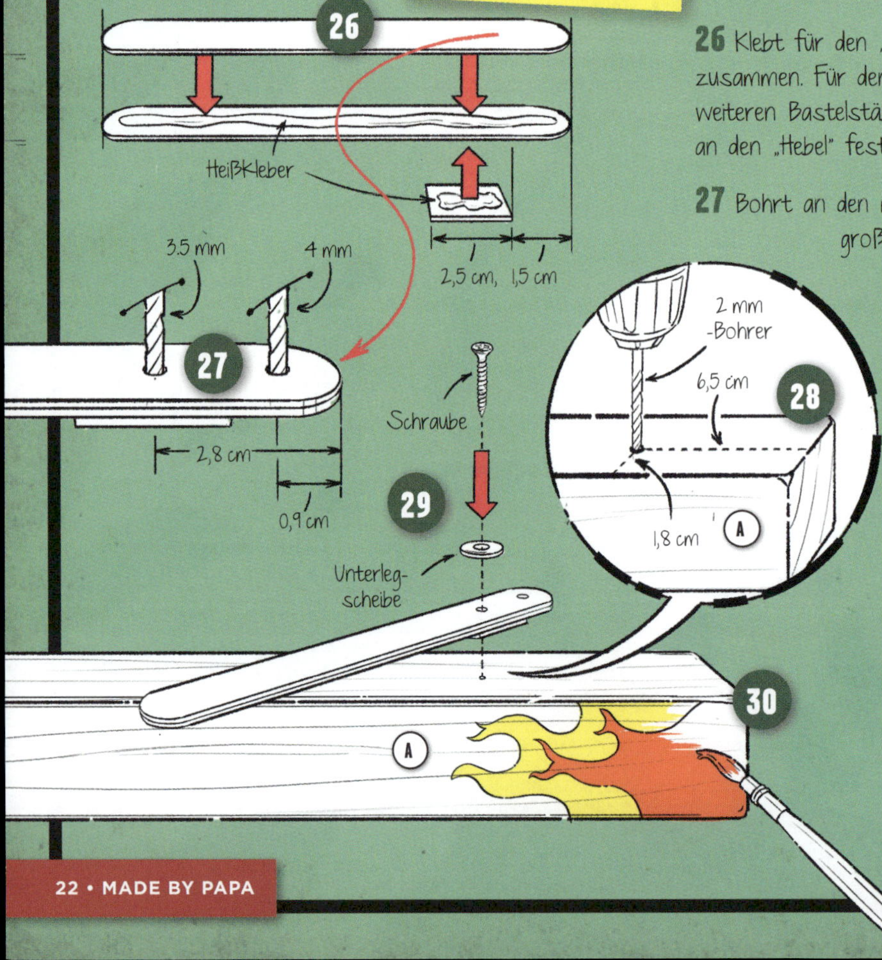

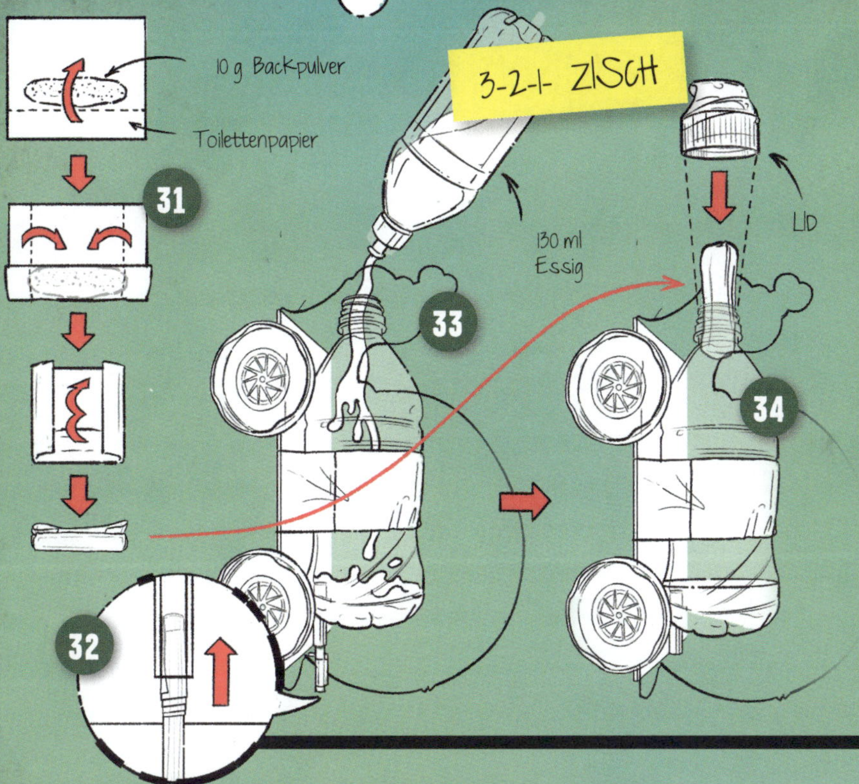

31 Gebt 10 g Backpulver in einer Linie auf ein Stück Toilettenpapier, keinen Haufen. Nun das Papier zu einer schmalen Rolle formen. So lässt sich später das Backpulver leichter in die Flasche füllen.

32 Drückt den Stopfen fest in die Düse (der Draht"haken" zeigt dabei nach unten).

33 130 ml Essig in die Flasche füllen.. Benutzt hierfür einen Trichter oder eine andere Flasche. Das erleichtert das Einfüllen.

34 Das Toilettenpapier mit dem Backpulver in die Flasche schieben und schnell verschließen. Nun schüttelt ihr die Flasche leicht.

Um eure Schnecke von Hand zu starten, wackelt einfach den Stopfen vorsichtig heraus, wie beim Öffnen einer Sektflasche. Um den Auslösemechanismus zu betätigen, senkt den „Haken" des Stopfens in das Hebelloch (siehe unten). Stellt den Winkel des Hebels so ein, dass das Sperrholz-Fahrgestell an das Holz stößt. Wenn ihr bereit seid, drückt den Hebel schnell (wenn ihr ihn langsam drückt, wird nur die Vorderseite der Schnecke angehoben).

TIPP FÜR PAPA

IHR WERDET EURE ESSIGVORRÄTE SCHNELL (SEHR SCHNELL) AUFBRAUCHEN, DESHALB SCHLAGE ICH VOR GÜNSTIGEN ESSIG ZU KAUFEN. WENN IHR GENUG TREIBSTOFF HABT, VERSUCHT DIE MENGE ALLMÄHLICH ZU ERHÖHEN, UM EURER SCHNECKE NOCH MEHR POWER ZU GEBEN.

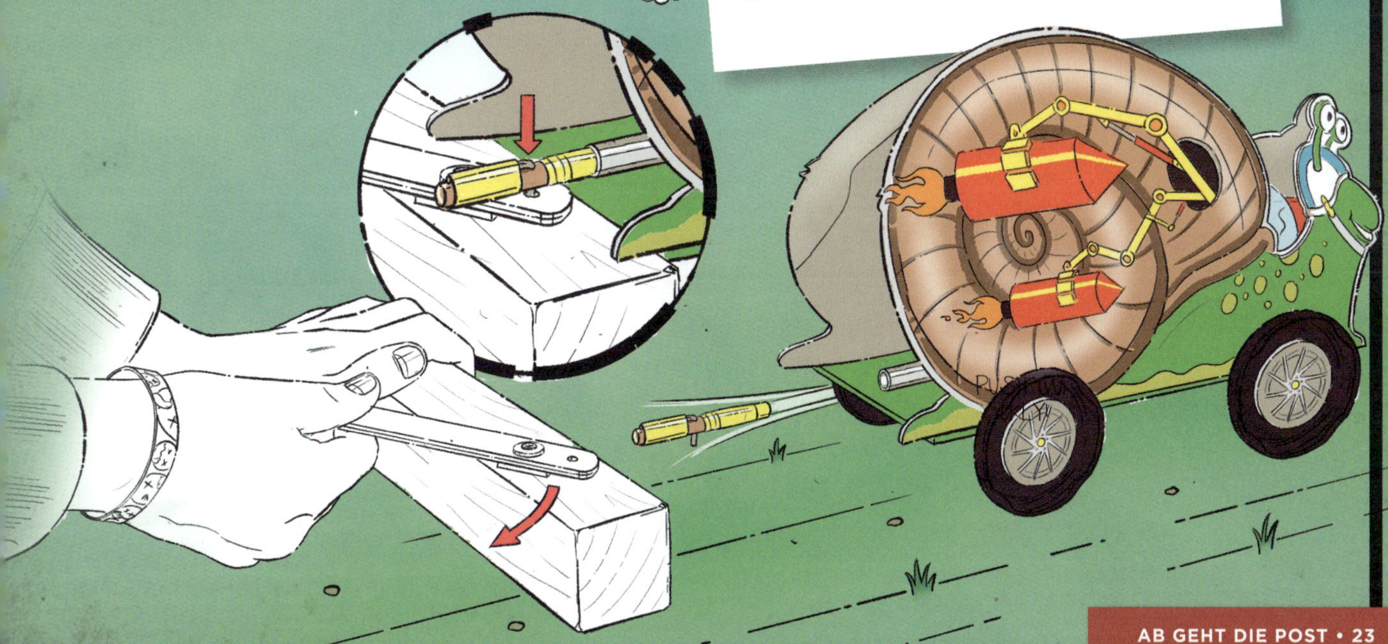

SCHUBKARREN-RENNWAGEN

FÜR PROFIS

Endlich mal ein Schubkarrenrennen, dass nicht mit dem Gesicht im Dreck und in kompletter Erschöpfung endet! Erspart euch die Anstrengung und baut einfach eine echte Schubkarre um.

MATERIALIEN

- Sperrholz, 1,2 cm stark, 61 cm x 122 cm
- Holz, 3,4 cm x 3,4 cm, 180 cm lang
- Holz, 3,2 cm x 1,2 cm, 60 cm lang
- Schubkarre
- 2 Schrauben, 5 mm x 60 mm
- 35 Schrauben, 4 mm x 40 mm
- 10 Schrauben, 3,5 mm x 20 mm
- Malerkrepp
- Holzleim (nach Wunsch)
- Spachtelmasse
- Acryl-Haftgrundierung: Spray in Grau
- Acrylfarbe in Rot
- Sprühfarbe in Weiß
- Sprühfarbe in Silber
- Säge
- Stichsäge
- Schmirgelpapier, 120-150er Körnung
- Bohrmaschine
- Bohrer, ø 2,5 mm, ø 3,5 mm, ø 4 mm und ø 5 mm
- Schraubendreher (Akkuschrauber)
- 2 C-Schraubzwingen
- Pinsel
- Bleistift
- Maßband
- Zeitungspapier

Mit Rallystreifen wird euer Rennwagen zu einem echten Hingucker!

EIN „SCHALENSITZ“ FÜR EURE SCHUBKARRE

Es ist viel einfacher als es auf den ersten Blick aussieht! Ihr baut einen einfachen „Schalensitz“, der vorne und seitlich in der Schubkarre befestigt wird und in fast alle Schubkarren reinpasst. Falls nicht, müsst ihr euren Sitz leicht anpassen, weshalb bei diesem Projekt auf Holzleim verzichtet wird!

HOLZ ZUSÄGEN

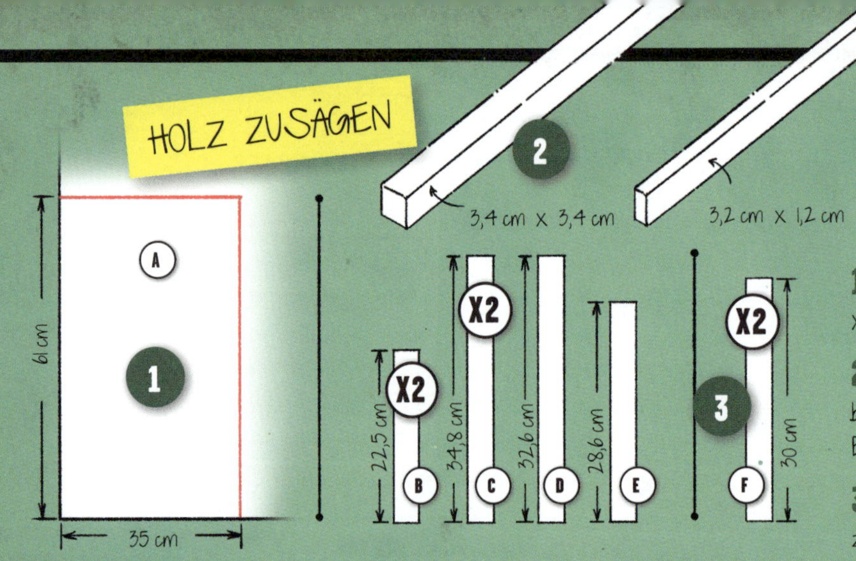

1 Schneidet aus dem Sperrholz ein 35 cm x 61 cm großes Rechteck zu.

2 Vom 3,4 cm x 3,4 cm Holz die abgebildeten Längen zusägen. Ihr benötigt das B- und C-Teil je zweimal.

3 Vom 3,2 cm x 1,2 cm Holz schneidet ihr zwei 30 cm lange Teile F ab.

SEITENTEILE VORBEREITEN

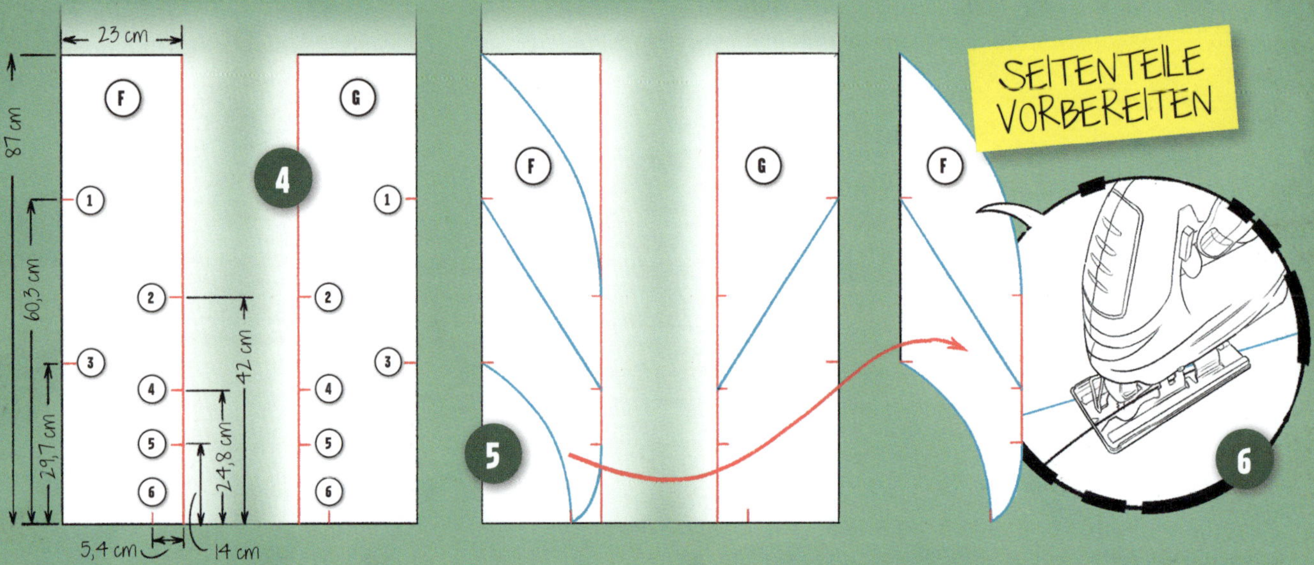

Um Zeit zu sparen, schneidet ihr das F- und G-Teil aus den (gegenüberliegenden) Seiten der Sperrholzplatte zu!

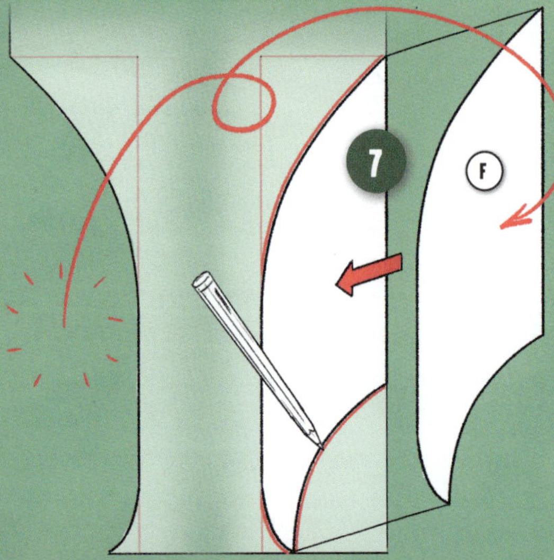

4 Zwei 87 cm x 23 cm große Rechtecke aufs Sperrholz aufzeichnen.. Markiert auf Teil F die Punkte 1 bis 6, auf Teil G entsprechend spiegelverkehrt.

5 Auf Teil F die blau-abgebildeten Kurven einzeichnen: obere linke Ecke zu Punkt 2, Punkt 3 zu Punkt 6 und Punkt 5 zu Punkt 6. Verbindet auf beiden Teilen Punkt 1 mit Punkt 2 mit einer geraden Linie.

6 Das Seitenteil F mit der Stichsäge ausschneiden und die Kanten mit Schmirgelpapier glätten.

7 Dreht Teil F um und nutzt es als Schablone für Teil G. Teil G zusägen und ebenfalls die Kanten glätten.

SEITENTEILE BEFESTIGEN

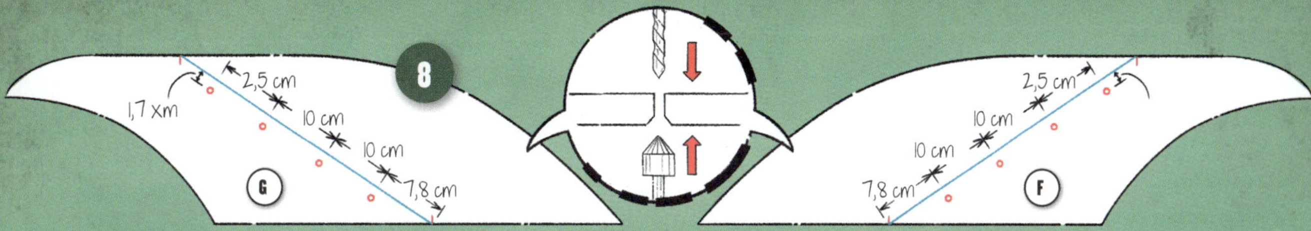

8 Legt das F- und G-Teil mit der Markierung nach oben vor euch. An den abgebildeten Stellen 4 mm große Löcher bohren und sie auf der Rückseite absenken.

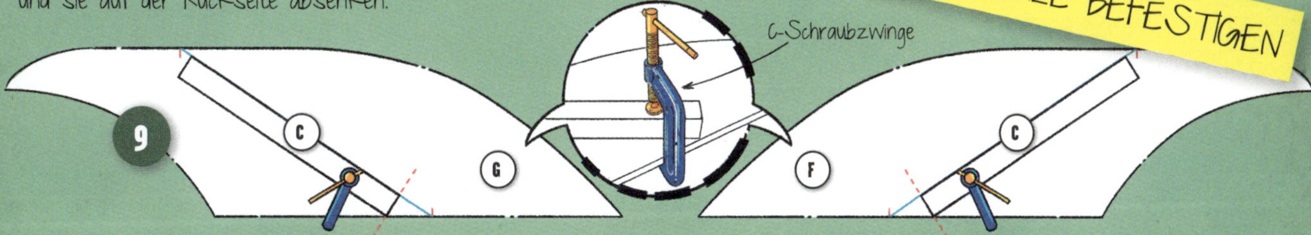

9 Die Teile C legt ihr bündig an die Linie an (oben bleibt eine kleine Lücke frei) und fixiert sie mit Schraubzwingen.

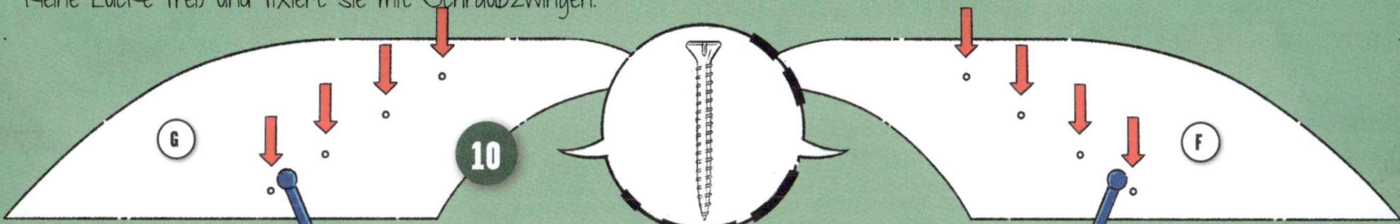

10 Das F- und G-Teil umdrehen und acht 4 mm x 40 mm Schrauben in die Löcher drehen.

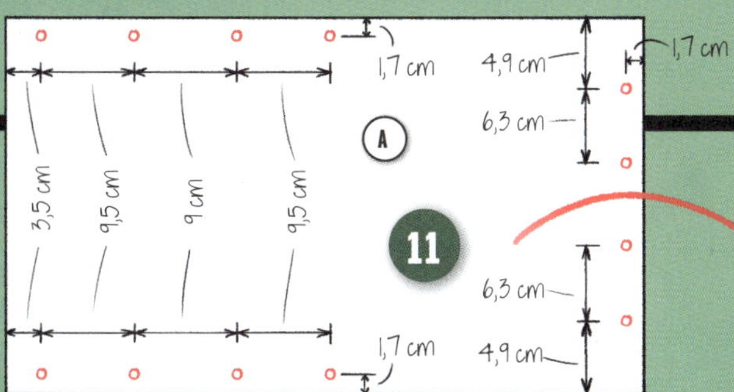

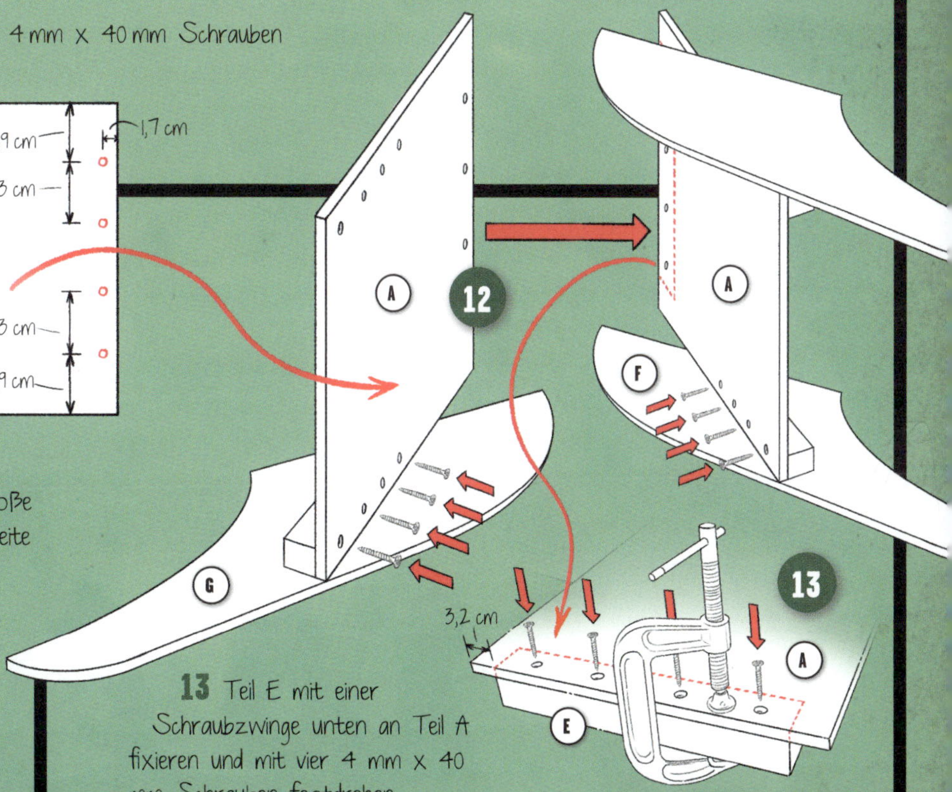

11 Bohrt wie gezeigt in Teil A 4 mm große Löcher und senkt diese auf derselben Seite ab.

12 Teil A beidseitig mit 4 mm x 40 mm Schrauben an Teil G und F befestigen. Um euch das Vorbohren zu ersparen, verwendet einen Akkuschrauber (auch für die nachfolgenden Schritte).

13 Teil E mit einer Schraubzwinge unten an Teil A fixieren und mit vier 4 mm x 40 mm Schrauben festdrehen.

BEINE ANBRINGEN

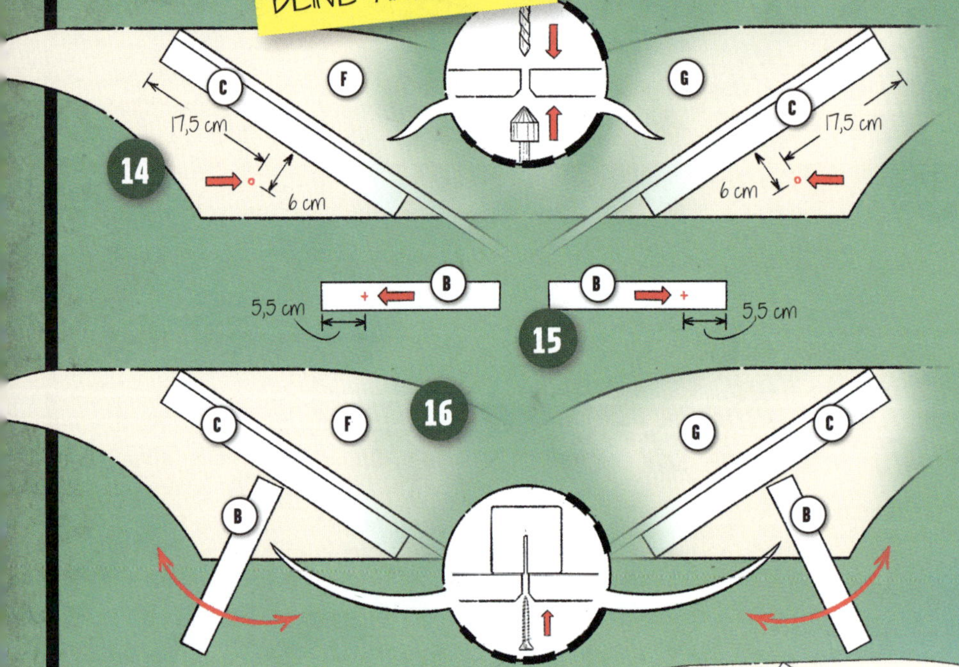

14 Bohrt ins F- und G-Teil wie gezeigt jeweils ein 4 mm großes Loch und senkt es auf der Rückseite ab.

15 In die B-Teile (die Beine) je ein 2,5 mm großes Loch vorbohren,, 5,5 cm von einem Ende entfernt.

16 Befestigt die Beine mit 4 mm x 40 mm Schrauben an Teil F und G (von der Seite mit den abgesenkten Löchern aus). Die Schrauben nur so festdrehen, dass sich die Beine noch bewegen lassen.

17 Setzt den „Sitz" in die Schubkarre und richtet die Beine entsprechend aus. Orientiert euch an Abbildung 17.

18 Die Position der Beine in der Schubkarre anzeichnen.

19 Zeichnet vorne die Position von Teil A mit einer Linie in der Schubkarre an.

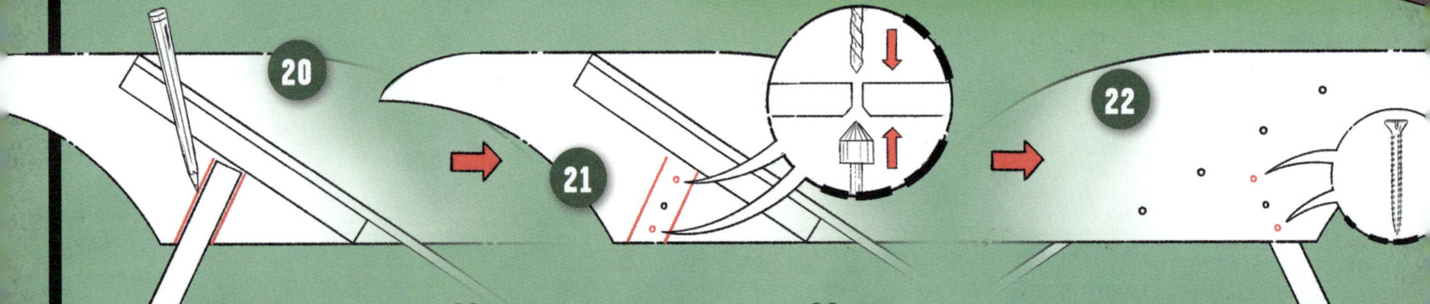

20 Den Sitz herausnehmen und die Beinpositionen auf die Seitenteile übertragen.

21 Entfernt die Beine. In jedes Bein über und unter dem vorgebohrten Loch je ein 4 mm großes Loch bohren und auf der Rückseite versenken.

22 Befestigt die Beine durch das mittlere Loch und richtet sie an den in Schritt 20 gemachten Markierungen aus. Nun zwei weitere 4 mm x 40 mm Schrauben festdrehen.

SITZ BEFESTIGEN

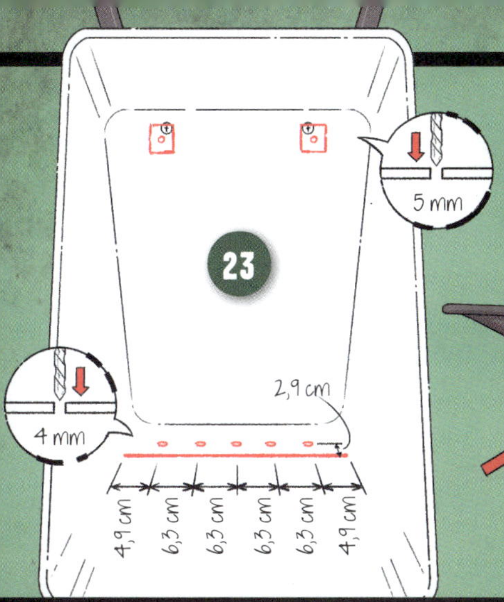

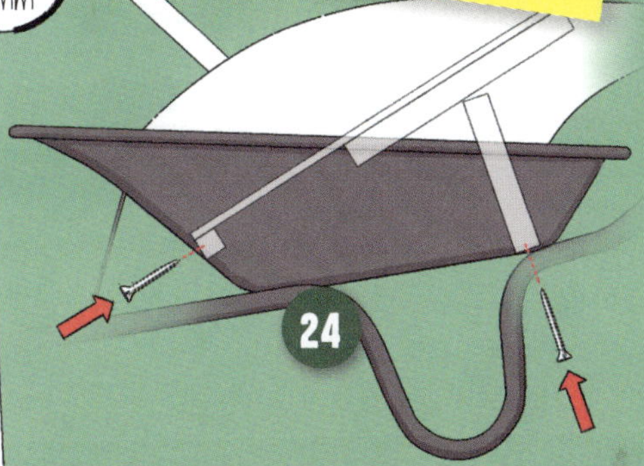

23 Bohrt mittig in die Markierungen für die Beine (aus Schritt 18) jeweils ein 5 mm großes Loch. Das Rad entfernen und wie gezeigt unterhalb der Linie (aus Schritt 14) 4 mm große Löcher bohren.

24 Setzt den Sitz in die Schubkarre und befestigt die Beine mit 5 mm x 60 mm Schrauben und Teil E mit fünf 4 mm x 40 mm Schrauben vorne an der Schubkarre.

GRIFF MONTIEREN

25 Bohrt in ein Ende der F-Teile aus dem Holz je zwei 4 mm große Löcher und drei 3,5 mm große Löcher, wie gezeigt, ins andere Ende und senkt diese ab.

26 Für den Griff die F-Teile, wie abgebildet, an Teil D mit vier 4 mm x 40 mm Schrauben befestigen.

27 Befestigt den Griff mit sechs 3,5 mm x 20 mm Schrauben am Sitz. Orientiert euch an den Maßen in Abbildung 26 (siehe Seitenansicht).

FERTIGSTELLUNG

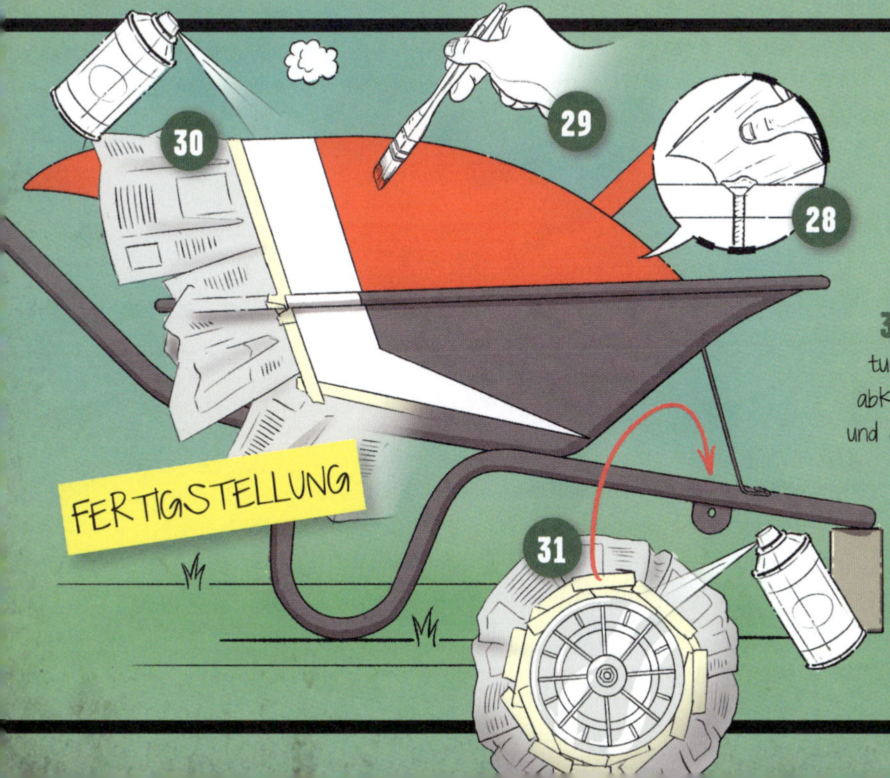

28 Alle Schraubenlöcher mit Spachtelmasse füllen, trocknen lassen und glatt schmirgeln.

29 Bemalt den Sitz mit roter Farbe auf Acrylbasis.

30 Ist die Farbe getrocknet, mit Zeitungspapier und Malerkrepp einen Streifen abkleben. Danach erst mit grauer Grundierung und dann mit weißer Farbe besprühen.

31 Klebt das Rad ab und besprüht die Radmitte mit grauer Grundierung und mit silberner Sprühfarbe. Ist die Farbe trocken, könnt ihr das Rad wieder befestigen. Und los geht's

HAI-ALARM

FÜR FORTGESCHRITTENE

Dieser verfressene Hai ist sehr hungrig, aber sein Mittagessen lässt auf sich warten! Ein einfacher Draht verhindert, dass der Hai sein Mittagessen erreicht – was für ein Pech. Für dieses lustige, lohnenswerte Projekt benötigt ihr (vor allem) eine Heißklebepistole. Das ist eure Chance für den ultimativen Heißklebepistolen-Einsatz!

MATERIALIEN

- 2 Balsaholzleisten, 0,6 cm x 1,3 cm, 12,4 cm lang
- 4 Bastelstäbchen, 15 cm x 1,7 cm
- Getränkedose aus Aluminium, 250 ml
- Draht, ø 0,8 mm, 25 cm lang
- Heißklebepistole
- Gummiband, 3 mm stark, 9 cm lang
- Schmirgelpapier, 120-150er Körnung
- Zange mit Drahtschneider
- Bleistift
- Lineal
- Spitze Schere, Cutter mit Schneideunterlage
- Papier, A4
- Moosgummi in Weiß, A4
- bedruckbares Vinyl-Aufkleberpapier, A4
- Fotokopierer oder Drucker (nach Wunsch)

VORLAGEN 3A UND 3B (SEITE 198-199)

HOLZLEISTEN BEFESTIGEN

1 Tragt Heißkleber auf die Kante einer Balsaholzleiste auf und versucht die Leiste der Trinköffnung gegenüber mittig und parallel auf der Dose zu befestigen.

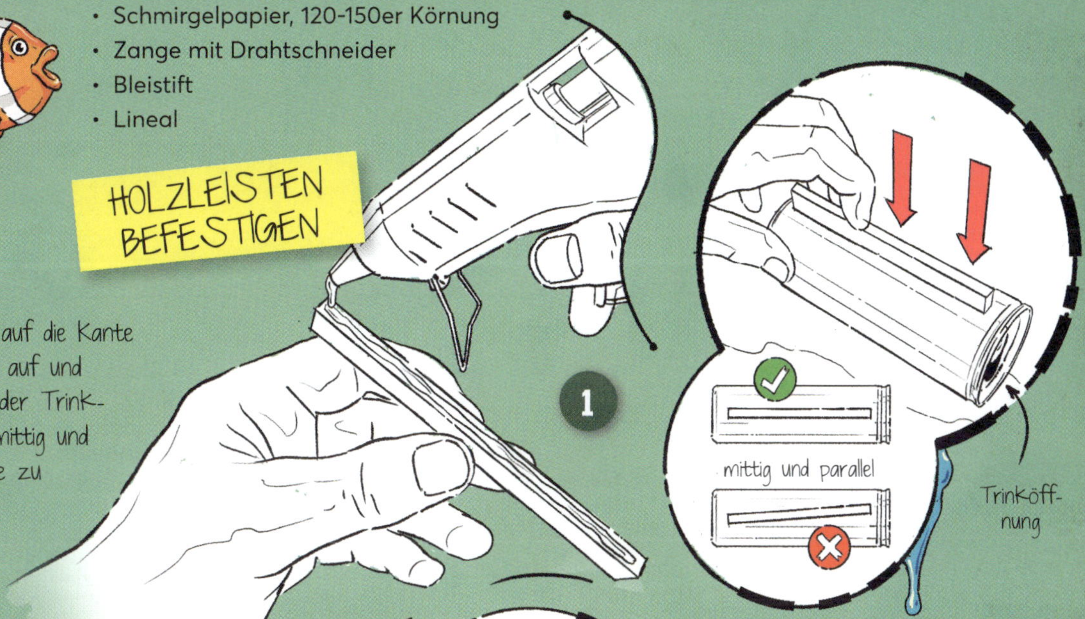

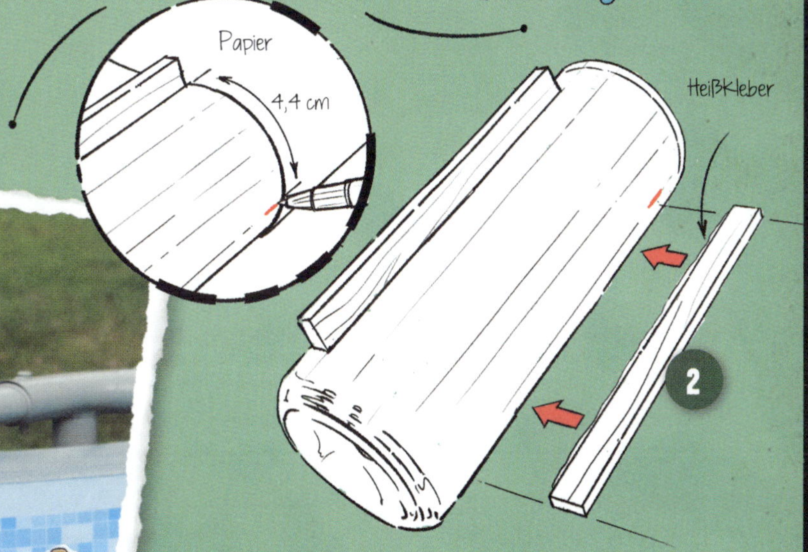

2 Im Abstand von 4,4 cm zwei Markierungen an den Rand eines Papiers machen. Mithilfe des „Papierlineals" zeichnet ihr 4,4 cm von der befestigten „Leiste" entfernt eine Markierung auf die Dose. Die andere „Leiste" mit Heißkleber unterhalb der Markierung festkleben (wie im vorigen Schritt).

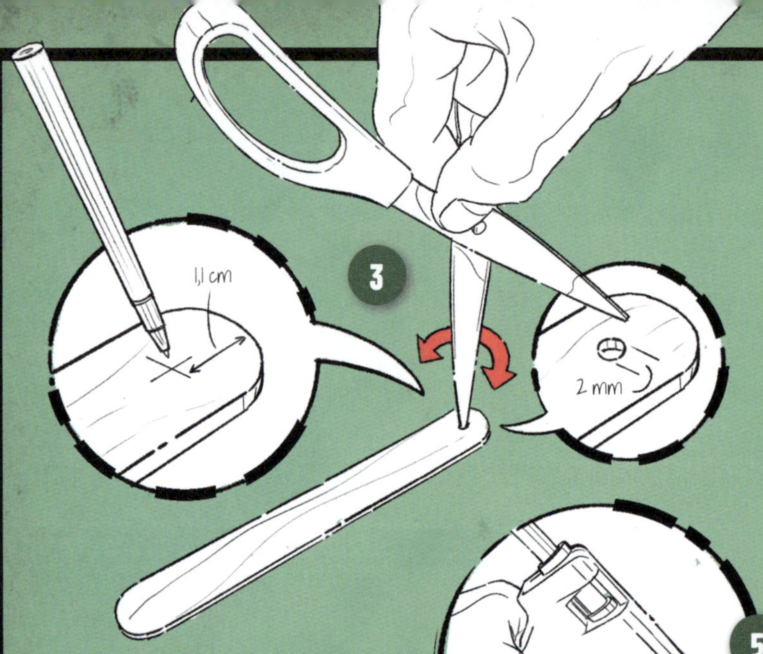

3 Macht 1,1 cm vom Rand eines Bastelstäbchens mittig eine Markierung. Die spitze Schere auf die Markierung setzen und mit leichtem Druck drehen, bis ihr ein 2 mm großes Loch habt. Verfahrt ebenso mit dem zweiten Bastelstäbchen.

4 Nun auf der ersten Holzleiste 7 cm vom Dosenboden entfernt eine Markierung aufzeichnen.

5 Gebt Heißkleber auf die Holzleiste, von der Markierung in Richtung Dosenboden.

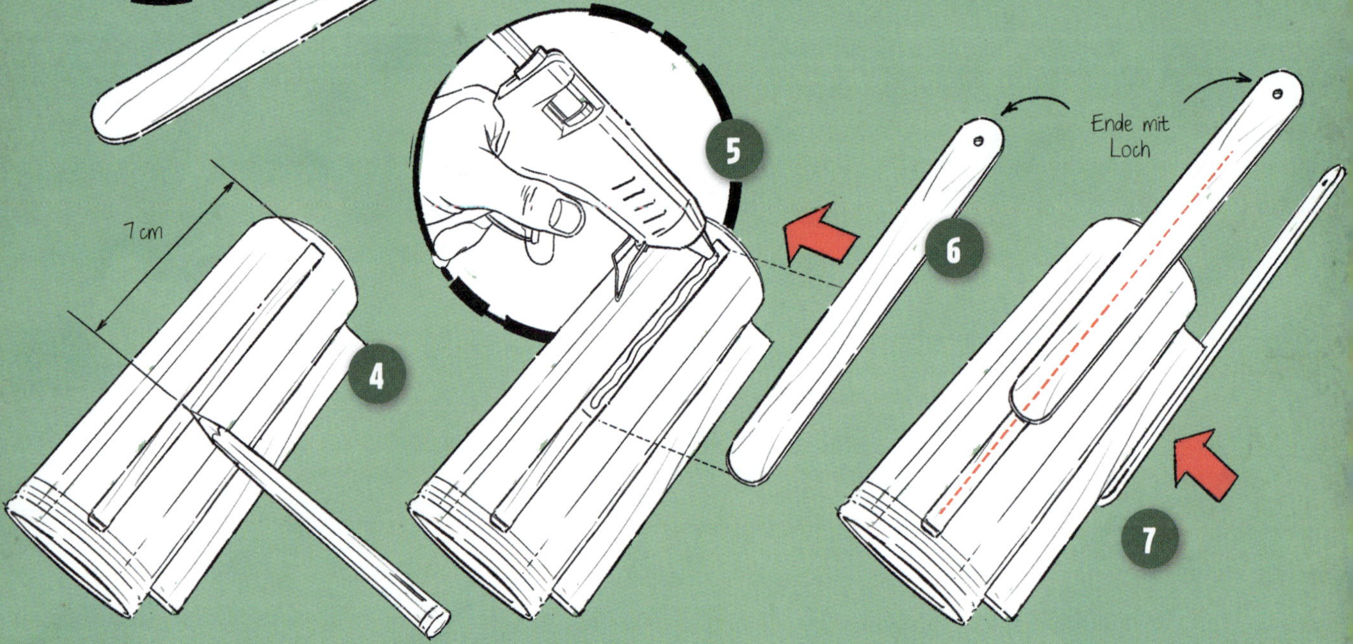

6 Ein Bastelstäbchen (aus Schritt 4) mittig auf die Leiste kleben. Das Stäbchenende (ohne Loch) liegt dabei an der Markierung an.

7 Wiederholt für die andere Holzleiste den vorherigen Schritt.

HERSTELLUNG DES PADDELS

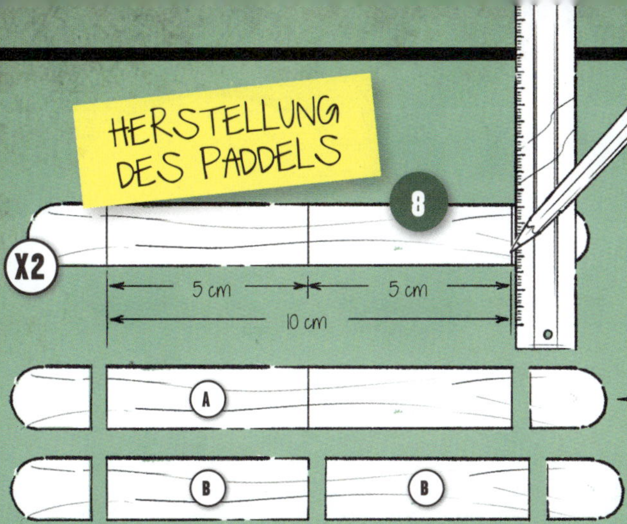

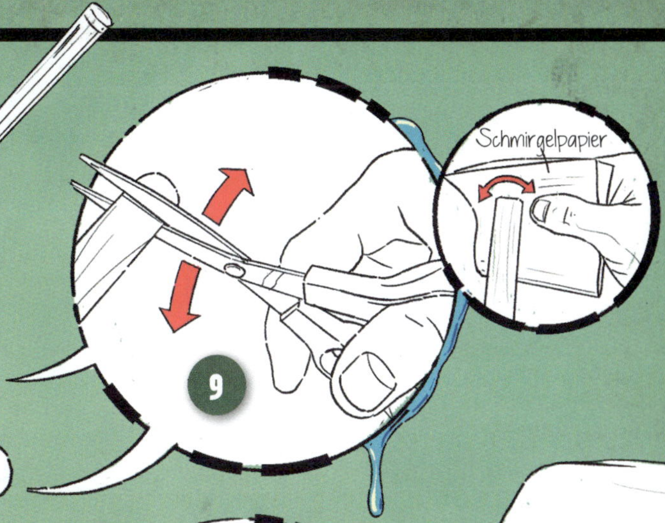

8 Nehmt die beiden verbliebenen Bastelstäbchen und markiert sie entsprechend der Abbildung. Die abgerundeten Ecken werden nicht verwendet, deswegen positioniere den 10 cm Abschnitt irgendwo dazwischen.

9 Ihr benötigt ein 10 cm großes Stück A und zwei 5 cm große Stücke B. Dafür eines der Stäbchen halbieren. Wenn ihr möchtet, könnt ihr die Ecken und Kanten abschmirgeln.

10 Legt nun Stück A vor euch. Die Markierung zeigt dabei zu euch nach oben. Eine dicke Schicht Heißkleber auf ein Ende eines Stücks B geben.

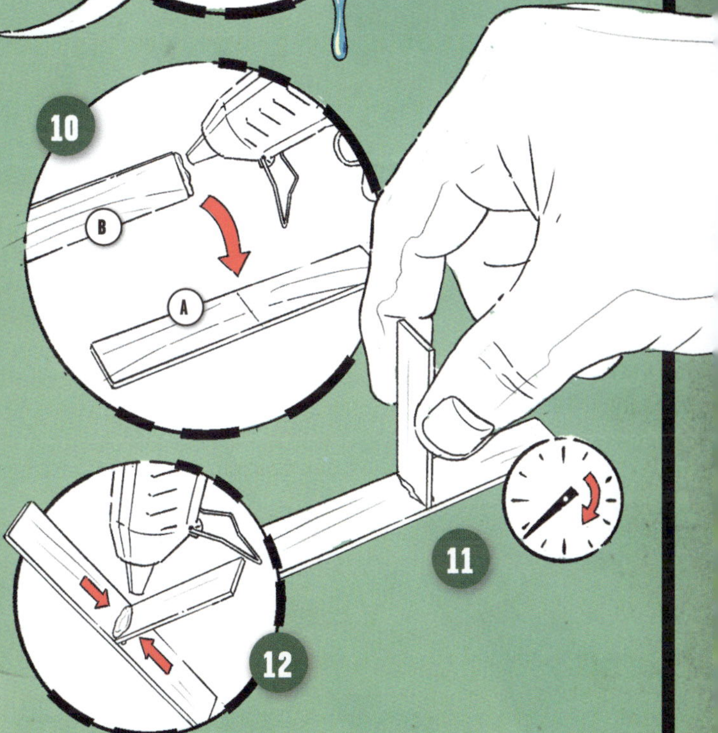

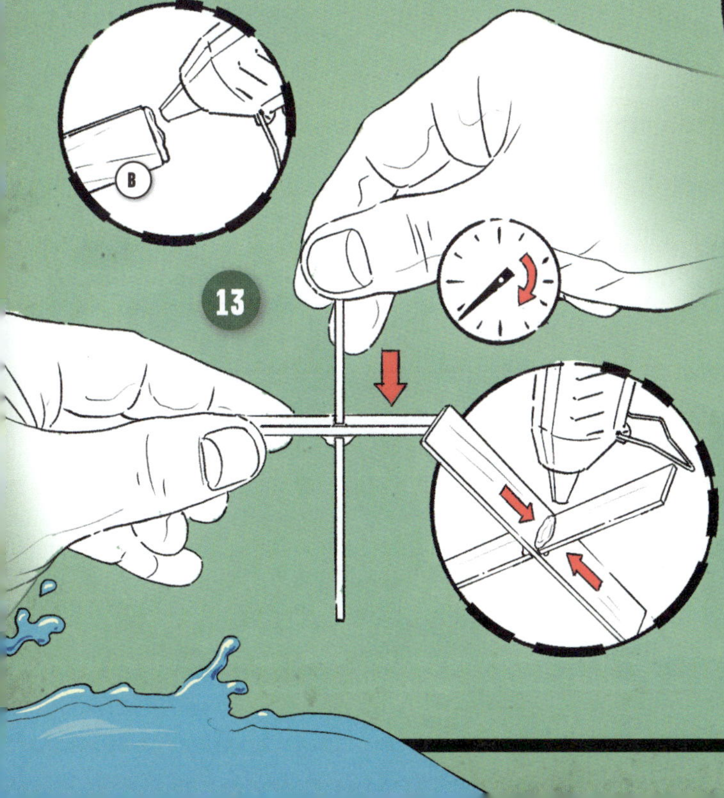

11 Klebt nun Stück B senkrecht auf die Markierung von Stück A. Das Stäbchen in Position halten, bis der Kleber trocken ist. Dies dauert 30 Sekunden oder länger (pustet etwas, damit der Kleber schneller abkühlt!).

12 Damit die Stäbchen fest miteinander verbunden sind, nacheinander auf beiden Seiten der Verbindungsstelle Heißkleber auftragen. Lasst den Heißkleber dazwischen gut abkühlen.

13 Auf das andere Stück B eine dicke Heißkleberschicht geben (siehe Schritt 11) und es senkrecht auf die andere Seite von Stück A kleben. Haltet es fest, bis der Kleber trocken ist. Wie in Schritt 12 die Verbindungsstellen verstärken.

HAIFISCHKÖRPER BEFESTIGEN

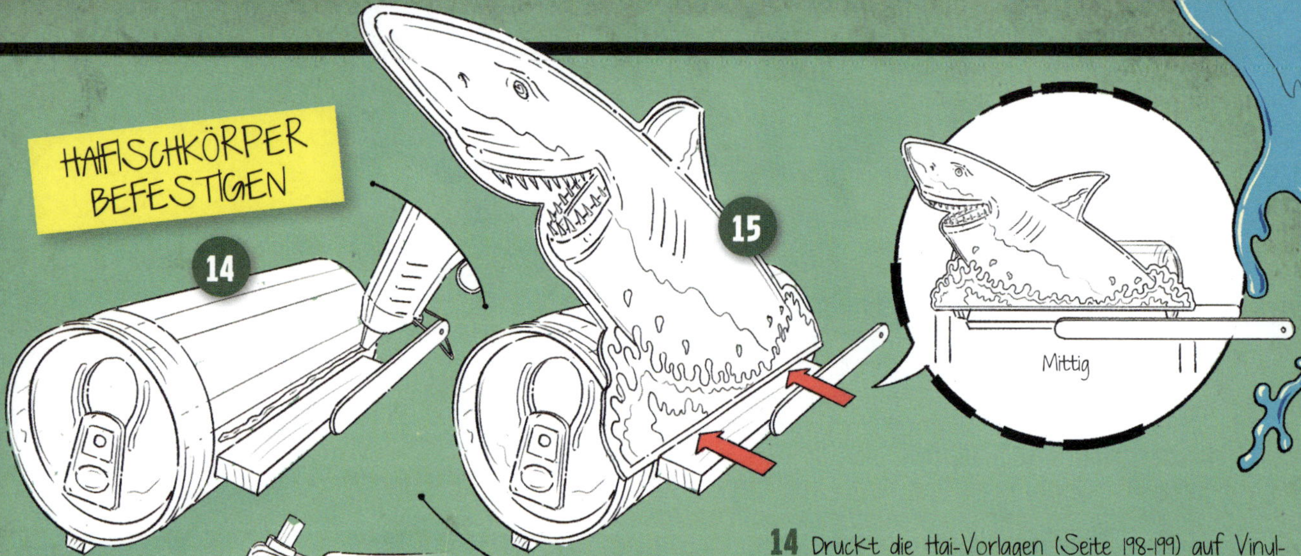

14 Druckt die Hai-Vorlagen (Seite 198-199) auf Vinyl-Aufkleberpapier aus, klebt sie aufs Moosgummi und schneidet sie aus. Den nach linksschauenden Hai zur Hand nehmen. Legt die Dose so vor euch, dass die Bastelstäbchen nach rechts schauen. Heißkleber oberhalb der Leiste auf die Dose geben.

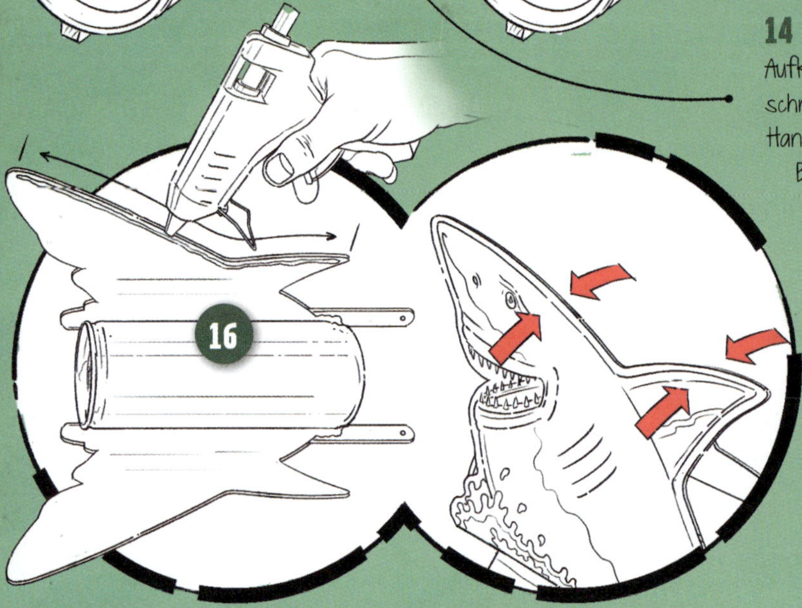

15 Klebt den Hai mittig an der Dose fest. Die Unterkante des Hais liegt dabei bündig auf der Leiste auf. Die Schritte 14 und 15 für den anderen Hai auf der anderen Dosenseite wiederholen..

16 Tragt innen an der Oberkante eines Hais eine dicke Heißkleberschicht auf, von der Nase bis zur Flossenspitze. Die Oberkanten beider Haie bündig zusammenkleben..

HAIFISCHFLOSSEN ANBRINGEN

17 Gebt Heißkleber auf ein Flossenende und befestigt es auf der gestrichelten Linie seitlich am Hai. Darauf achten, die richtige Flosse zu verwenden. Die Flossenspitze zeigt vom Kopf weg nach hinten! Wiederholt diesen Schritt für die andere Flosse.

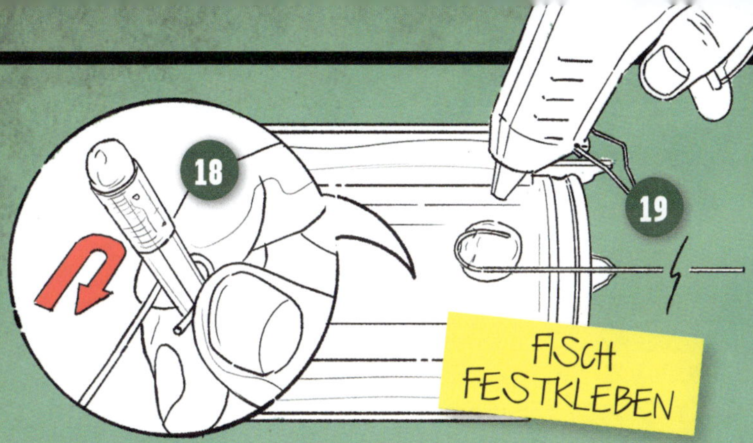

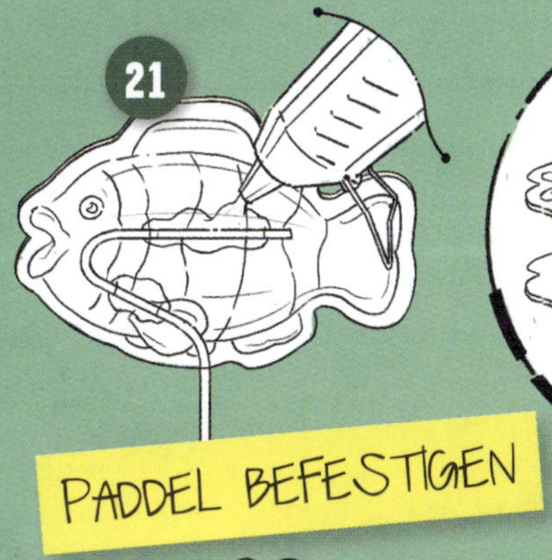

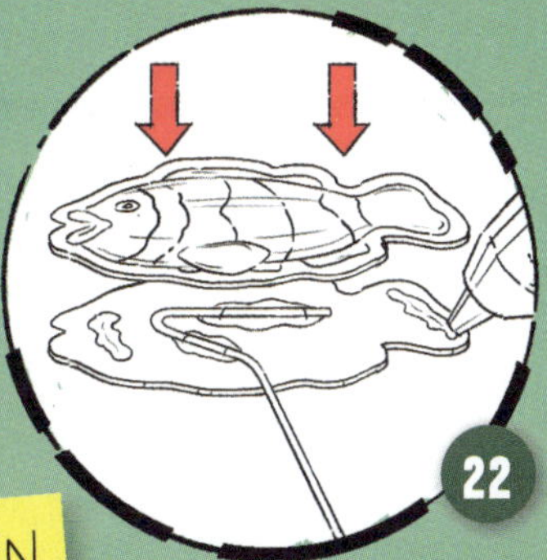

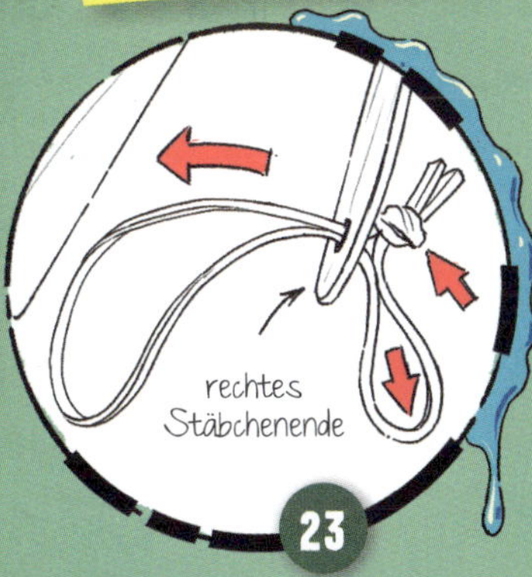

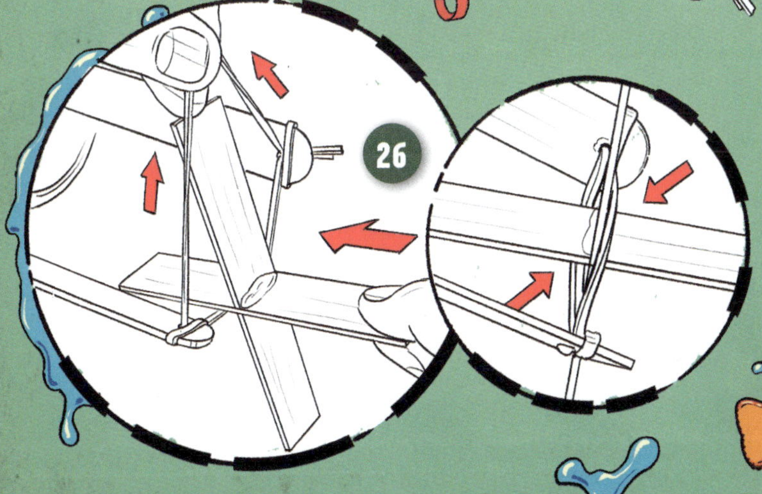

18 Den Draht vorsichtig mit den Fingern gerade biegen. Mithilfe eines Bleistiftes formt ihr an einem Drahtende einen „Haken".

19 Einen großen Tropfen Heißkleber in der Nähe der Kante auf die Dosenunterseite geben. Drückt den Haken in den Kleber und haltet ihn solange fest, bis der Kleber getrocknet ist.

20 Den Draht 9,5 cm von der Dose entfernt in einem rechten Winkel nach oben biegen.

21 Das andere Drahtende formt ihr zu einem Halbkreis und klebt es auf den Fisch (achtet darauf, dass der Fisch vom Hai wegschwimmt!).

22 Nun die beiden Fischseiten zusammenkleben. Der Draht befindet sich dazwischen.

23 Habt ihr kein passendes Gummiband (ca. 3 mm stark, 9 cm lang), schneidet euch ein längeres zurecht und verknotet die Enden (wie gezeigt). Das Band durch das Loch des rechten Bastelstäbchens schieben und eine kleine Schlaufe auf der rechten Seite bilden. Der Knoten liegt am Loch an.

24 Nun schiebt ihr die linke Schlaufe durch das Loch im linken Stäbchen. Die kleine rechte Schlaufe über das rechte Stäbchenende ziehen.

25 Die linke kleine Schlaufe stülpt ihr über das linke Stäbchenende.

26 Beide Gummibänder auseinanderziehen und das Paddel dazwischen positionieren. Wenn ihr die Bänder nun loslasst, liegt das Paddel zwischen den Bändern.

PROBELAUF

Das Paddel befindet sich mittig zwischen den beiden Holzleisten. Dreht nun das Paddel vom Hai weg. Dabei aufpassen, dass sich die Gummibänder nicht gleich wieder entdrehen. Seid ihr startklar? Dann ab mit dem Hai ins Wasser, loslassen und los geht's.

SCHLAG DIE ZEIT

Zählt die Umdrehungen des Paddels eures hungrigen Hais und stoppt die Zeit. Tragt eure Ergebnisse in die Tabelle unten ein.

15 UMDREHUNGEN — SEK

25 UMDREHUNGEN — SEK

35 UMDREHUNGEN — SEK

45 UMDREHUNGEN — SEK

? UMDREHUNGEN — SEK

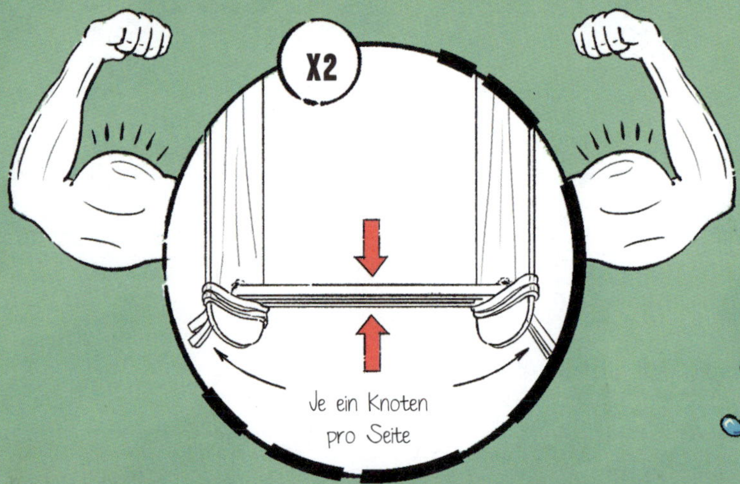

IHR WOLLT NOCH MEHR POWER?

Verwendet ein zweites Gummiband, um euren Hai schneller zu machen! Seid ihr sehr experimentierfreudig? Dann verknotet die Gummibandenden neu, um die Schlaufen zu verkleinern. Dreht sich euer Paddel nun noch schneller?

LASST EURER FANTASIE FREIEN LAUF

AUS DER FERNE GESTEUERT
Zielt mit einem Dartpfeil oder einer Wasserpistole auf euren hungrigen Hai, um seine Richtung zu ändern!

EIN WETTRENNEN MIT FREUNDEN
Zwei Haie machen doppelt so viel Spaß! Verwendet eure stärksten Gummibänder, um euren Konkurrenten zu schlagen.

BAHNEN ZÄHLEN
Schwimmt euer Hai in einem kleinen Planschbecken, dann dreht ihn um, wenn er eine Seite erreicht hat und zählt die Bahnen!

NUTZT DEN WIND
Aus welcher Richtung kommt der Wind? Nutzt ihn heimlich für euren Vorteil!

ANDERE BEUTE
Wie wäre es, wenn euer Hai keinen Fisch, sondern einen Taucher oder ein U-Boot jagt? Nutzt hierfür zum Basteln verschiedene Plastikverpackungen und einen Permanentmarker.

HIER FINDET IHR WEITERE IDEEN, UM EURE FANTASIE ANZUREGEN!

FISCH-GEGENANGRIFF

Lasst doch den Fisch den Hai jagen!
So funktioniert's:

1 Dreht den Fisch um 180 Grad herum.

2 Nun dreht ihr das Paddel in die andere Richtung und zwar in Richtung des Hais..

GARTENSCHLAUCH-MURMELBAHN

FÜR ANFÄNGER

Holt euch den Nervenkitzel einer Freizeitpark-Achterbahn in euren Garten! Ok, vielleicht ist es die Murmel, die den Adrenalinkick erhält, aber ihr habt Spaß bei der Streckenplanung und beim Bau von Loopings, Haarnadelkurven und buckeligen Brücken.

Nicht in jedem Garten findet man die gleichen Gartenmöbel, aber das ist kein Problem. Die Anleitung soll euch als Orientierung dienen und bei Bedarf improvisiert ihr.

MATERIALIEN

- Holz, 0,6 cm x 1,1 cm, ca. 30 cm lang
- Gartenschlauch, ø 13 mm, ca. 10 m lang
- Murmel, ø 22 mm
- Gartenmöbel
- Gewebeband
- Holzsäge
- Schmirgelpapier, 120-150er Körnung
- Geduld!

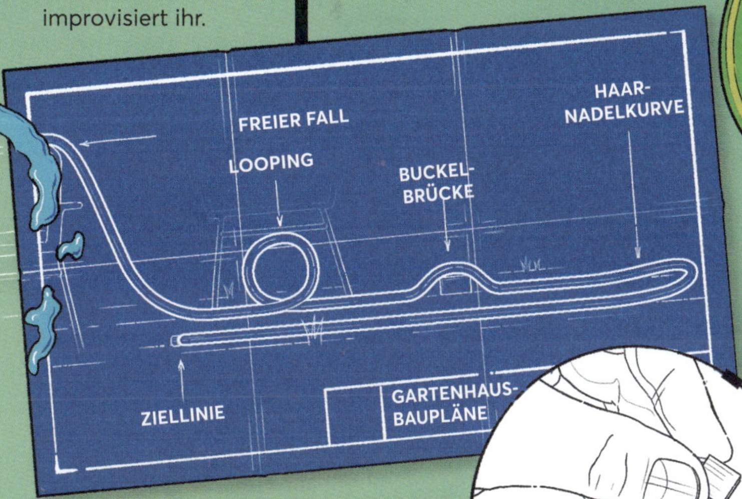

LOS GEHT'S

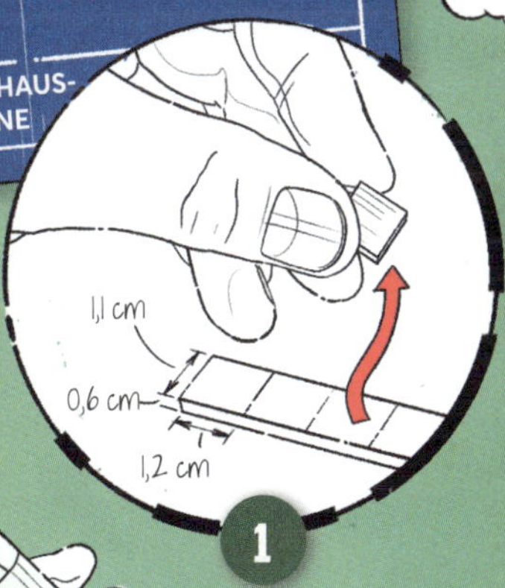

1 Zersägt eine 0,6 cm x 1,1 cm Holzleiste in etwa zwanzig 1,2 cm lange Stücke. Die Kanten mit Schmirgelpapier abschleifen.

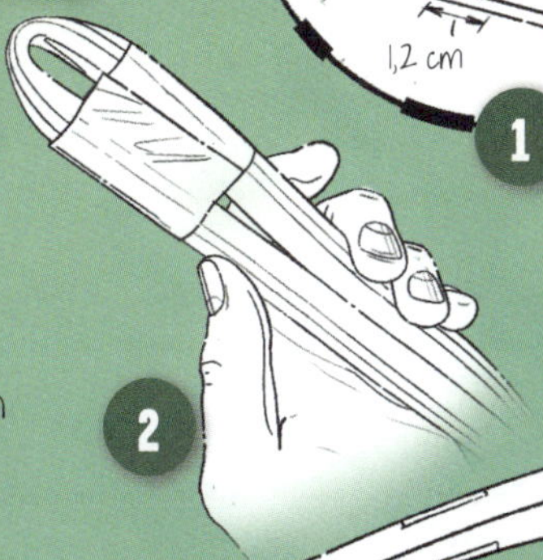

2 Zieht den Gartenschlauch vom Wasserhahn ab und entrollt ihn. Den Schlauch in der Mitte knicken und den Knick mit Gewebeband fixieren.

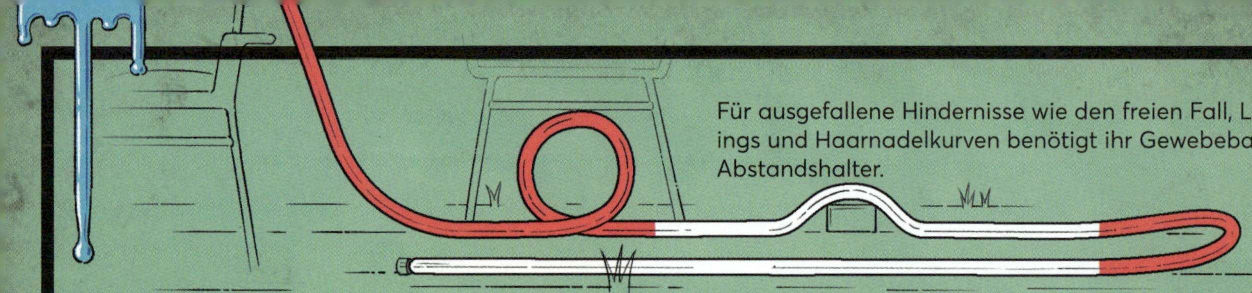

Für ausgefallene Hindernisse wie den freien Fall, Loopings und Haarnadelkurven benötigt ihr Gewebeband und Abstandshalter.

FREIER FALL UND LOOPING

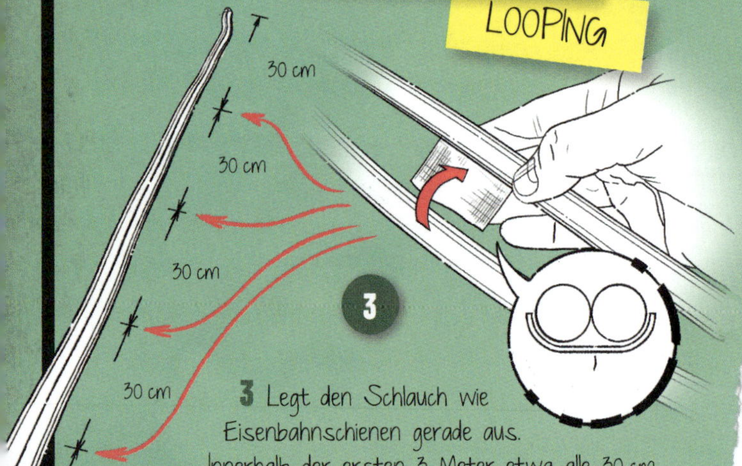

3 Legt den Schlauch wie Eisenbahnschienen gerade aus. Innerhalb der ersten 3 Meter etwa alle 30 cm beide Schläuche auf der Unterseite mit einem Stück Gewebeband fixieren.

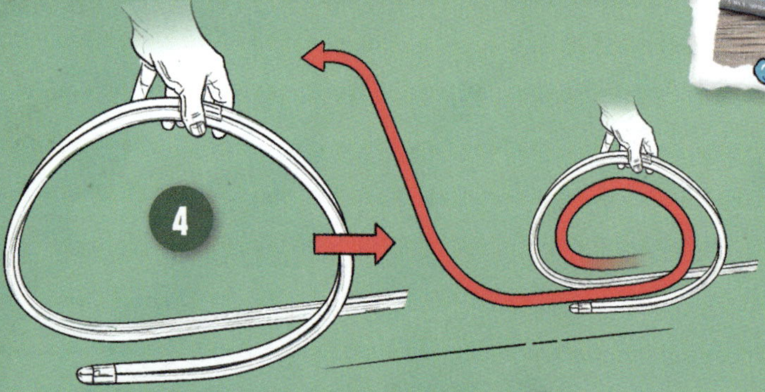

4 Nehmt den Schlauch an einer mit Gewebeband verbundenen Stelle in die Hand und formt einen Looping, so dass der Schlauch nach dem Looping mit einer Gewebebandverbindung auf dem Boden aufliegt.

5 Das Schlauchende mit Gewebeband oben an einer Stuhllehne (oder an einem anderen Gegenstand in Hüfthöhe) befestigen.

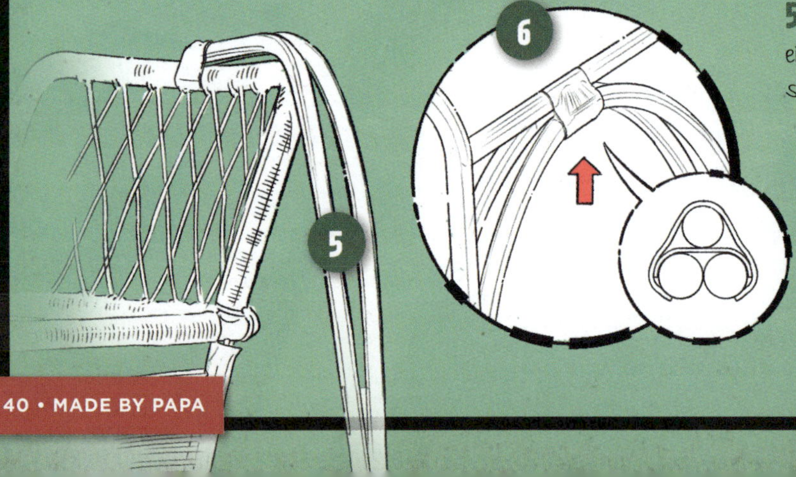

6 Nun fixiert ihr den Looping an der höchsten Stelle an einem anderen Stuhl. Versucht dabei, eine Kreisform mit einem Durchmesser von etwa 34 cm zu bilden.

EINSETZEN DER ABSTANDSHALTER

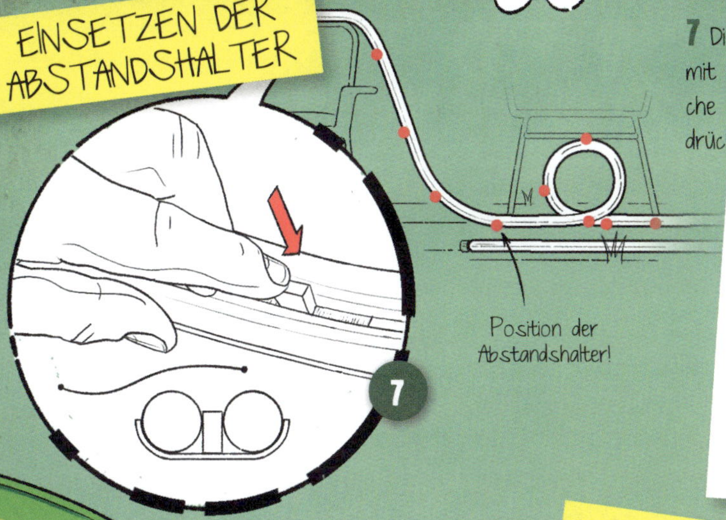

7 Die in Schritt 1 zugeschnittenen Abstandshalter an den mit Gewebeband verbundenen Stellen zwischen die Schläuche schieben.. Liegen die Schläuche zu eng aneinander, drückt sie leicht auseinander.

TIPP FÜR PAPA

DURCH DIE ABSTANDSHALTER ERHÖHT SICH DIE SPANNUNG DER SCHLÄUCHE UND ES KÖNNEN GRÖẞERE LÜCKEN ZWISCHEN IHNEN ENTSTEHEN. PASST DIE ABSTANDSHALTER ENTSPRECHEND AN. ENTFERNT HIERFÜR DAS GEWEBEBAND, LEGT DIE SCHLÄUCHE ENGER ZUSAMMEN, VERKLEBT SIE NEU UND SETZT DIE ABSTANDSHALTER WIEDER EIN.

BUCKLIGE BRÜCKEN

8 Für bucklige Brücken den Schlauch über einen Backstein legen. Lasst dabei einen Spalt zwischen den Schläuchen. Dies sollte hier ohne Gewebeband und Abstandshalter funktionieren.

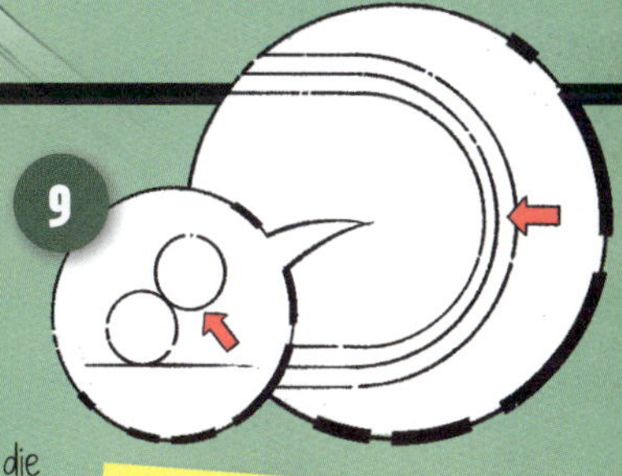

9 Formt eine Haarnadelkurve aus den Schläuchen. Der äußere Schlauch liegt dabei leicht über dem inneren, wodurch die „schräge" Kurve entsteht.

10 Die Schläuche in der Kurve an fünf Stellen mit Gewebeband fixieren (siehe Schritt 3) und wie in Schritt 7 Abstandshalter verwenden.

HAARNADELKURVE

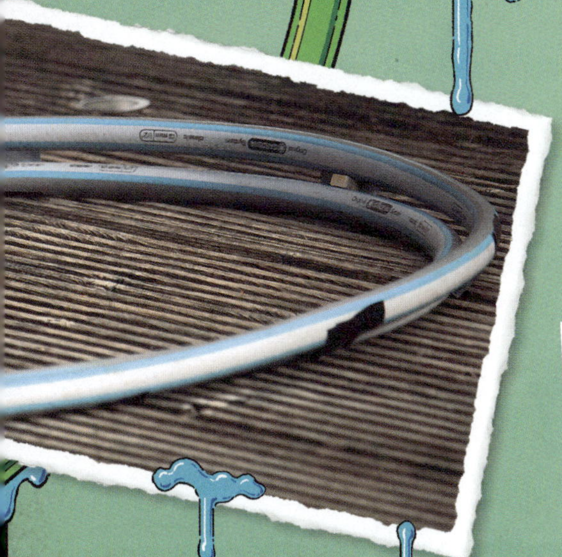

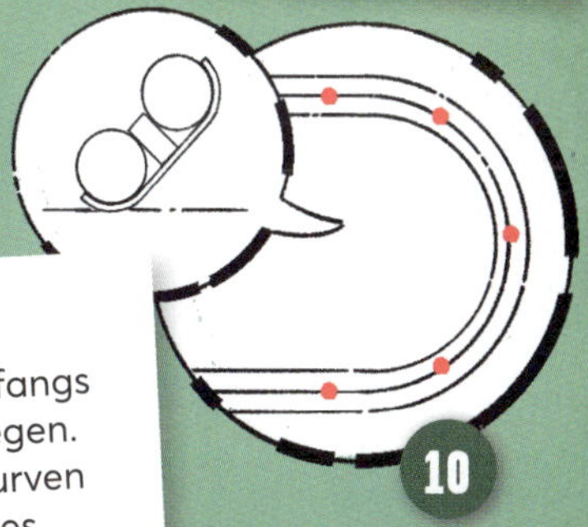

TESTEN UND SPIELEN

Nun ist es Zeit für einen Testlauf. Anfangs wird eure Murmel aus der Kurve fliegen. Passt die Schlauchabstände und Kurven entsprechend an. Danach sollte es funktionieren!

TURBINEN-SCHILDKRÖTE

FÜR PROFIS

Diese Schildkröte ist mit einer witzigen mechanischen Funktion ausgestattet. Wisst ihr mit welcher? Das Projekt besteht aus fünf Trinkdosen und ein paar anderen einfachen Materialien. Ihr kommt nicht drauf? Na dann lest mal weiter.

MATERIALIEN

- 3 Bastelstäbchen, 15 cm x 1,7 cm
- Rundholz, ø 0,6 cm (oder Essstäbchen aus Holz!), 30 cm lang
- 5 Getränkedosen aus Aluminium, 330 ml
- 2 Unterlegscheiben
- Draht, ø 2 mm, 40 cm lang
- Heißklebepistole
- Klebeband
- Sprühlack in Silber Metallic
- Gummiband, 3 mm stark, 12 cm lang
- Bohrmaschine
- Bohrer, ø 2,5 mm und ø 3 mm
- Zange mit Drahtschneider
- Filzstift
- Bleistift
- Lineal oder Maßband
- Schere und Cutter mit Schneideunterlage
- Papier, A4
- Moosgummi in Weiß, A4
- bedruckbares Vinyl-Aufkleberpapier, A4
- Fotokopierer oder Drucker (nach Wunsch)

VORLAGEN 5A, 5B UND 5C (SEITE 201-203)

SO GEHT DAS

Der Schildkrötenhals ist an einer einfachen Drahtkurbel befestigt, die wiederum mit der Turbine verbunden ist. Je schneller sich die Turbine dreht, umso schneller wippt der Kopf auf und ab.

DER SCHILDKRÖTENKOPF BEWEGT SICH AUF UND AB!

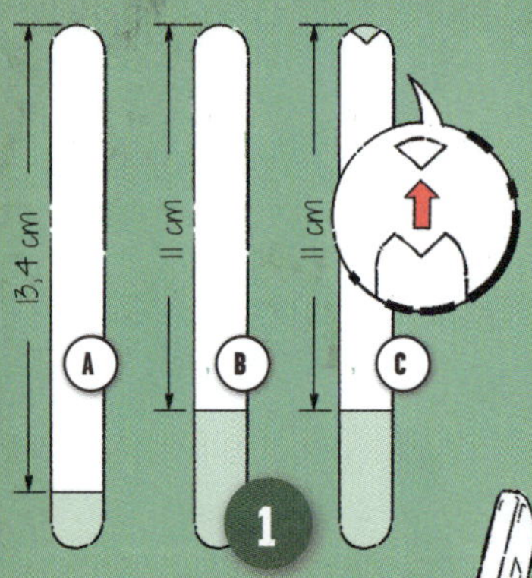

1 Mit der Schere drei Bastelstäbchen in die angegebenen Längen zuschneiden. Macht mit dem Cutter eine Kerbe ins abgerundete Ende von Teil C.

MATERIALIEN VORBEREITEN

2 Mit dem Cutter eine Dose aufschlitzen. Schiebt die Schere in den Schlitz und schneidet für Teil D den Dosenhals ab.

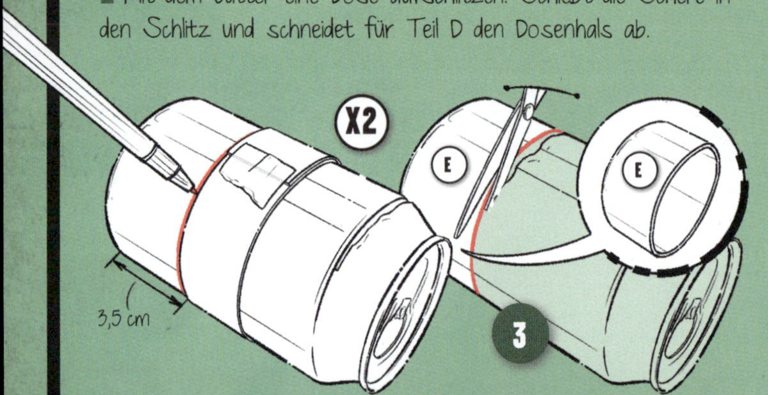

3 Um eine Dose, 3,5 cm vom Boden entfernt einen Papierstreifen wickeln und mit dem Filzstift entlang der unteren Papierkante wickeln. Schneidet für Teil E den Boden entlang der Linie ab. Ihr benötigt Teil E 2-mal.

4 Wie gezeigt mit Cutter und Schere aus zwei Dosen flache Aluminiumplatten herstellen. Um die Platten zu glätten, biegt sie entgegen der Dosenkrümmung.

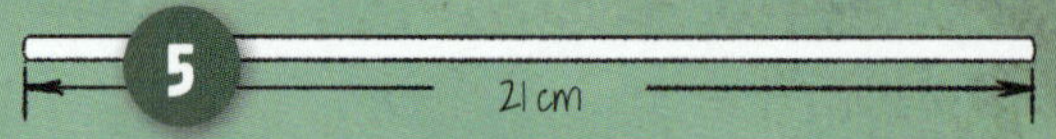

5 Ein 21 cm langes Rundholz zuschneiden. Wenn ihr möchtet, verwendet Holz-Essstäbchen!

SEITENRUDER VORBEREITEN

6 Das Rundholz mit Heißkleber auf Teil B kleben und beim Trocknen senkrecht halten.

7 Befestigt das gerade Ende von Teil C mit Heißkleber auf Teil B. Ist der Kleber trocken, die „Kerbe" ans Rundholz kleben.

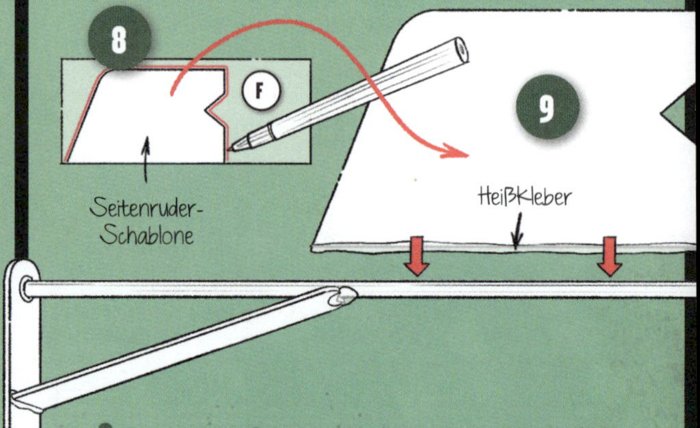

8 Druckt die Seitenruder-Schablone (Seite 202) auf Papier aus und schneidet sie aus. Auf Teil F legen und darauf übertragen.

9 Schneidet das Seitenruder mit der Schere aus und klebt es oben ans Rundholz.

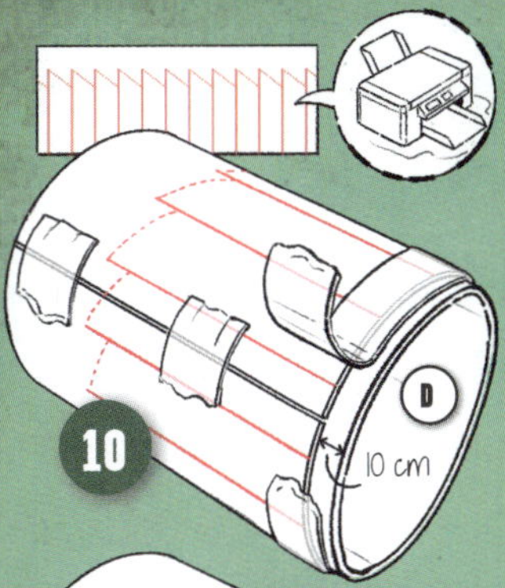

10 Die Turbinen-Schablone (Seite 203) ausdrucken und ausschneiden. Wickelt sie um die Dose D und befestigt sie gut mit Klebeband. Dabei zwischen dem oberen Dosenrand und der Schablone einen Abstand von 1 cm lassen.

TURBINEN BAUEN

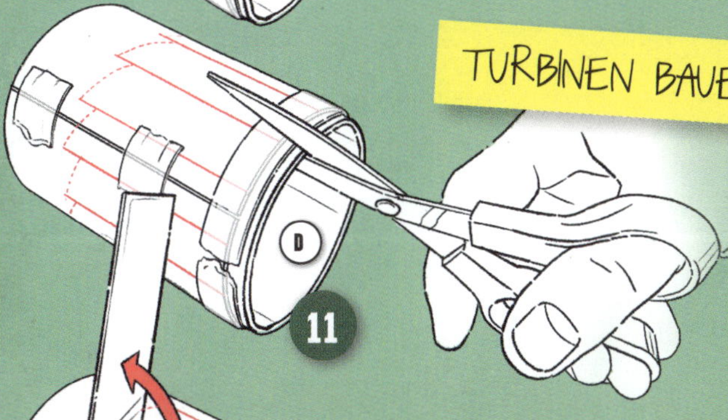

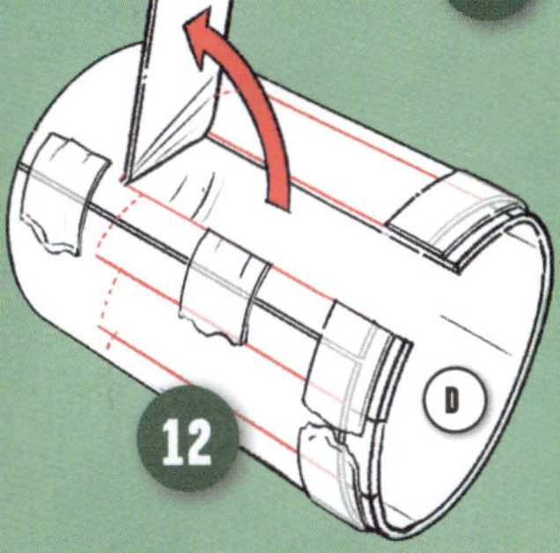

11 Schneidet nun die Dose entlang der geraden Linien auf.

12 Jedes Turbinen-„Blatt" nach oben umknicken. Orientiert euch an den gestrichelten Linien.

13 Nun Teil E fest in Teil D hineinschieben.

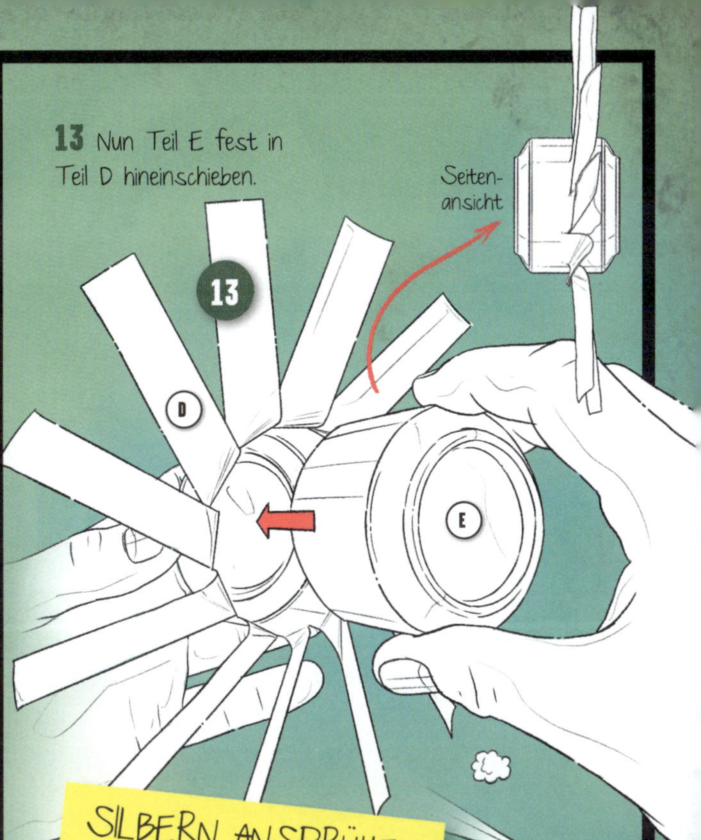

SILBERN ANSPRÜHEN

14 Besprüht die Turbine, das Seitenruder und das übrige F- und E-Teil mit silberner Metallicfarbe.

LÖCHER BOHREN

15 Die Kreisschablone (Seite 202) ausdruken, ausschneiden und mittig auf die Turbine legen. Bohrt in die Mitte ein 2,5 mm großes Loch. Diesen Schritt auf der anderen Seite wiederholen.

UNTERLEGSCHEIBEN USW.

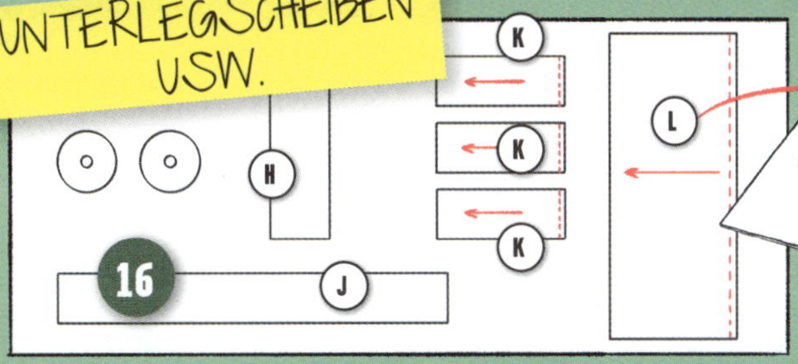

16 Verwendet die Vorlage „Unterlegscheiben usw." (Seite 203), um die übrigen Formen aus Teil F auszuschneiden. Die Unterlegscheiben mit der Zange festhalten und mittig je ein 3 mm großes Loch bohren.

17 Biegt mit der Zange die Unterkanten der K-Teile und des L-Teils nach unten und wickelt sie (in Pfeilrichtung) um ein Stück Draht. So entstehen „spiralförmige" Röhren, in denen sich der Draht drehen kann.

KURBELGEHÄUSE BEFESTIGEN

18 Teil E (das Kurbelgehäuse!) mit Heißkleber auf die Oberseite einer Dose kleben.

19 Bohrt in den Boden von Teil E, 2,1 cm von der Oberkante der unteren Dose entfernt, ein 2,5 mm großes Loch.

20 Wie gezeigt oben auf Teil E mit einem Filzstift die Linien einzeichnen. Schneidet mit dem Cutter oder der Schere entlang der durchgezogenen Linie. Die Laschen mit der Zange auseinander klappen.

KURBEL ANFERTIGEN

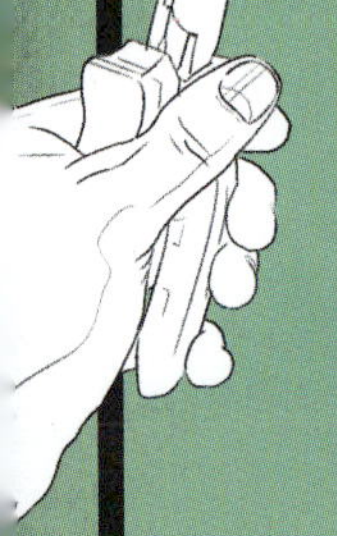

21 Biegt ein 20 cm langes Drahtstück mit der Bohrmaschine gerade (etwa 7 Umdrehungen).

22 Den Draht mit der Zange in die abgebildete Form biegen und mit dem Drahtschneider zurechtschneiden.

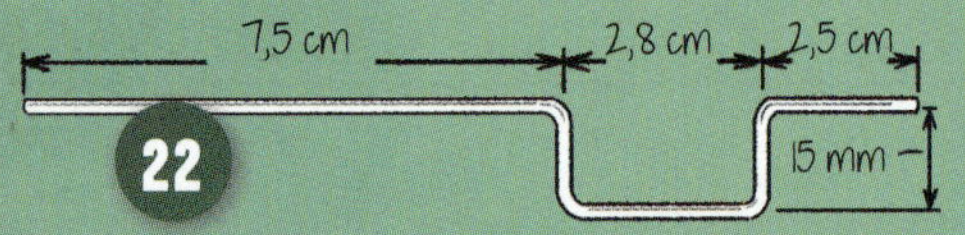

23 Zeichnet wie gezeigt zwei Linien auf Teil J an.

24 Die Schildkrötenhälse (Seite 201) auf Vinyl-Aufkleberpapier ausdrucken, ausschneiden und beidseitig bündig an die obere Linie auf Teil J kleben. Wickelt die Unterkante von Teil J bis zur unteren Linie um die „Kurbel".

KURBEL ANBRINGEN

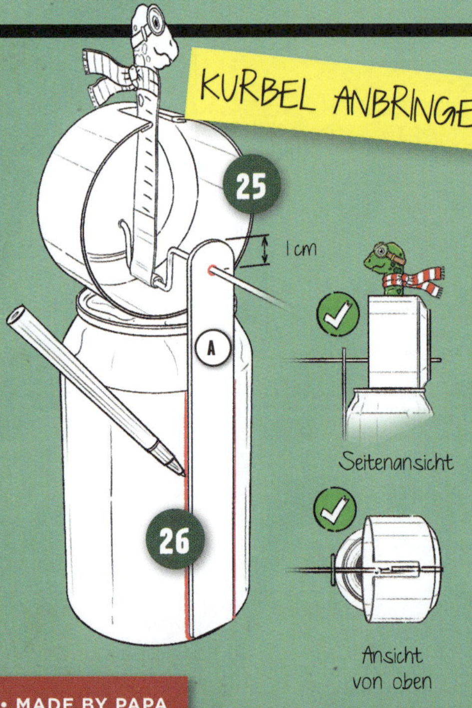

25 Ein 2,5 mm großes Loch in Teil A bohren, 1 cm vom abgerundeten Ende entfernt.

26 Baut wie gezeigt den Schildkrötenkopf und die Kurbel zusammen. Den Draht durch das Loch in Teil A schieben. Achtet darauf, dass Teil A mittig und senkrecht an der Dose anliegt und der Draht waagerecht ist. Nun die Position von Teil A auf der Dose markieren.

27 Gebt innerhalb der Markierung Heißkleber auf die Dose und klebt Teil A daran fest.

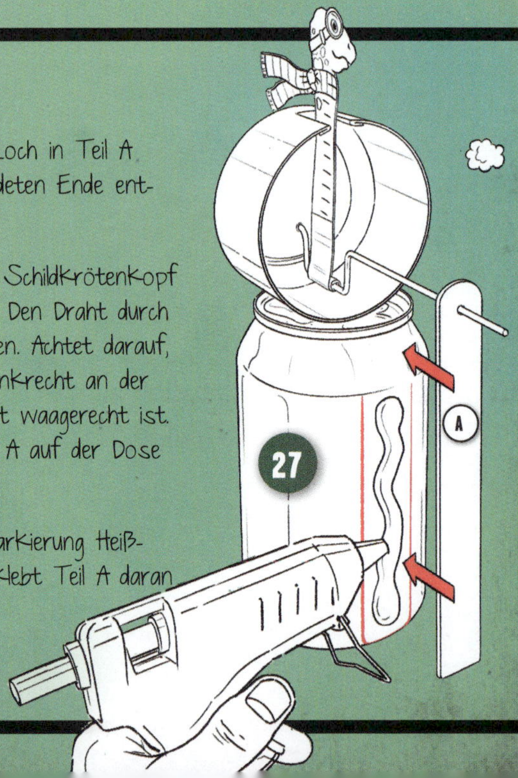

28 Teil H halbieren, es entsprechend der Dosenkrümmung biegen und an Teil E anpassen.

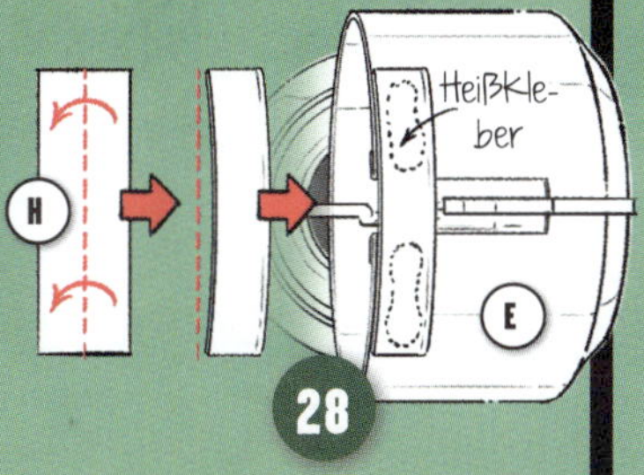

LETZTER SCHLIFF

32 Druckt die Schildkrötenpanzer (Seite 201) auf Vinyl-Aufkleberpapier aus, klebt sie aufs Moosgummi und schneidet sie aus. Nun die Panzer mit zwei Tropfen Heißkleber an die Dose und das Kurbelgehäuse kleben.

33 Druckt die Flugzeugsymbole (Seite 202) auf Vinyl-Aufkleberpapier aus, schneidet sie aus und klebt sie aufs „Flugzeug".

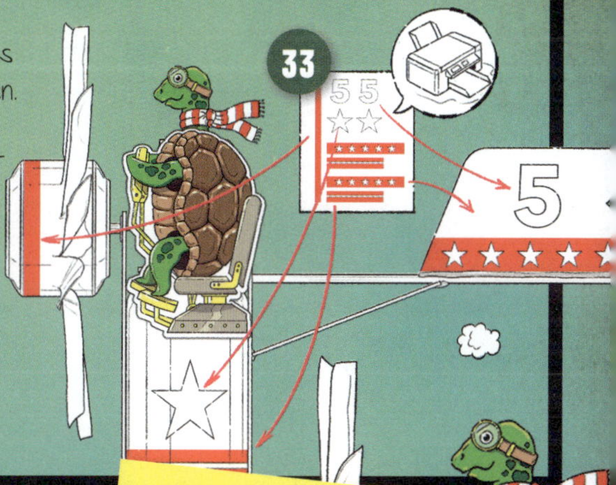

TURBINEN BEFESTIGEN

29 Schiebt eine Unterlegscheibe, ein „Rohr" (K) und die Turbine auf den Draht. Das Drahtende mit Heißkleber an der Turbinenvorderseite fixieren.

30 Schiebt auf das andere Drahtende, das aus dem Kurbelgehäuse schaut, ein „Rohr" (K) und klebt es auch fest.

ENDMONTAGE

34 Ein 18 cm langes Drahtstück gerade biegen (siehe Schritt 21). Bohrt in einen Zaunpfosten, ein hölzernes Schuppendach oder einen Baumast ein 3 mm großes Loch und steckt den Draht hinein. Ihr könnt auch ein Holzpfosten zusägen und nach Belieben anmalen wie auf (Seite 63, Schritt 7). Auf den Draht ein „Rohr" (K) bis 8 cm vor das Ende schieben und eine Unterlegscheibe hinzufügen.

35 Teil L mit Heißkleber mittig und senkrecht an Teil A kleben. Nun schiebt ihr Teil L auf den Draht und fertig ist euer Projekt!

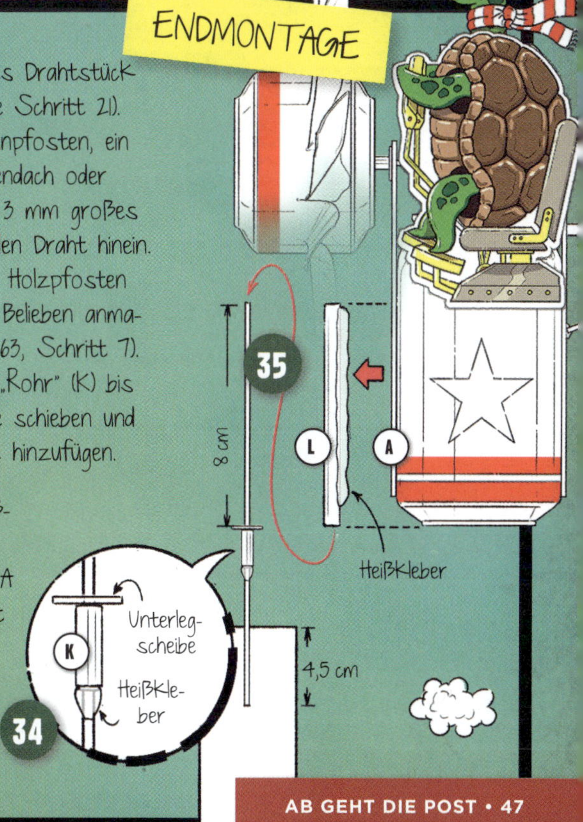

SEITENRUDER ANBRINGEN

31 Mit ausreichend Heißkleber das Seitenruder an der Dose befestigen.

PINGUIN-FLUGSCHULE

FÜR FORTGESCHRITTENE

Pinguine sind nicht für ihre Flugfähigkeiten bekannt. Jedenfalls bis jetzt. Unsere beiden frechen Pinguine haben Propellerantrieb. Sie können damit einige Sekunden lang fliegen und dabei über 6 Meter zurücklegen.

MATERIALIEN

Erste Option: Fertig-Propeller

- Holztäbchen, 1 cm x 0,6 cm, 15 cm lang
- Propeller mit Stockbefestigung und Haken für das Gummiband, 7 Zoll
- Gummiband, 5 mm stark, 7,7 cm lang

Befestigung des Pinguins

- Heißklebepistole
- Bleistift
- Lineal
- Schere
- Moosgummi in Weiß, A4
- Tonkarton, 160 g/m, A4 oder bedruckbares Vinyl-Aufkleberpapier, A4
- Fotokopierer oder Drucker (nach Wunsch)

Zweite Option: DIY-Propeller

- Bastelstäbchen, 15 cm x 1,7 cm
- Plastikflasche, ø 11 cm
- 2 eingetrocknete Filzstifte, ø 1 cm
- 2 Büroklammern, 3,3 cm lang
- Heißkleber
- Sprühfarbe in Rosa (nach Wunsch)
- Gummiband, 5 mm stark, 7,7 cm lang
- Säge
- Schmirgelpapier, 150-220er Körnung
- Bohrmaschine
- Bohrer, ø 2 mm
- Zange mit Drahtschneider
- Schere

SO FINDET IHR DEN PASSENDEN PROPELLER!

Kunststoffpropeller mit Befestigungshalterung für Holzstäbchen kann man kaufen, sind aber oft schwierig zu finden. Ihr könnt stattdessen auch den Propeller, Stab und Haken eines günstigen Aufziehflugzeug-Bausatzes verwenden. Aber keine Sorge. Es gibt auch eine Propeller-Bastelanleitung aus einer Plastikflasche.

VORLAGEN 6A UND 6B (SEITE 210-211)

ERSTE OPTION

FERTIG-PROPELLER

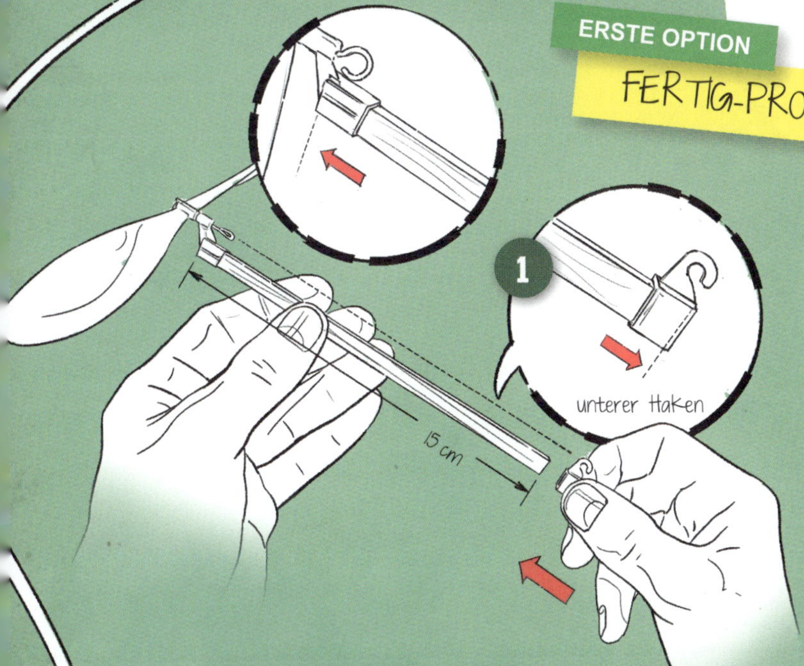

1 Verwendet ihr einen Spielzeugflug-zeug-Bausatz, kürzt den Stab vorher auf ca. 15 cm. Für einen gekauften Propeller benötigt ihr einen passenden Holzstab, den ihr auf ca. 15 cm Länge zuschneidet. Hat euer Propeller unten keinen Haken, kein Problem. Auch hierfür gibt es eine Bastelanleitung.

BEFESTIGUNG DES PINGUINS

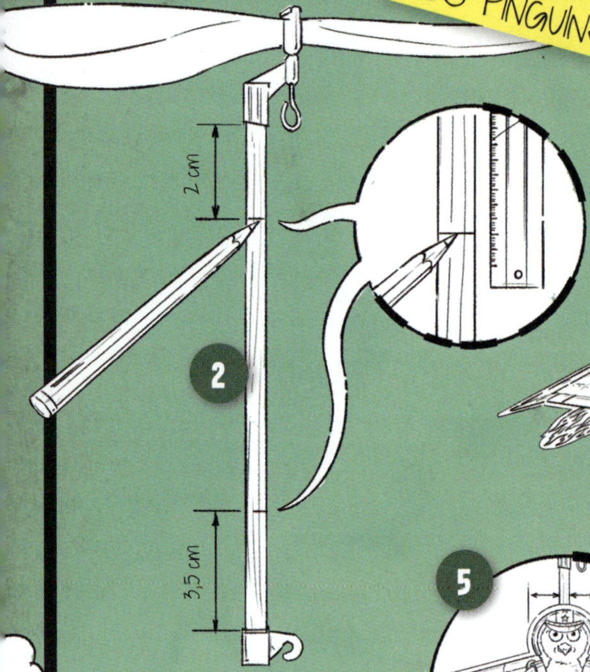

2 Zeichnet 2 cm von der Propellerhalterung und 3,5 cm vom unteren Haken entfernt eine Markierung an.

3 Die Pinguin-Vorlagen (Seite 210) auf 160 g/m² Tonkarton ausschneiden und die Vorderseite und die Rückseite zusammenkleben. Soll euer Projekt wasserfest sein, verwendet Vinyl-Aufkleberpapier und Moosgummi.

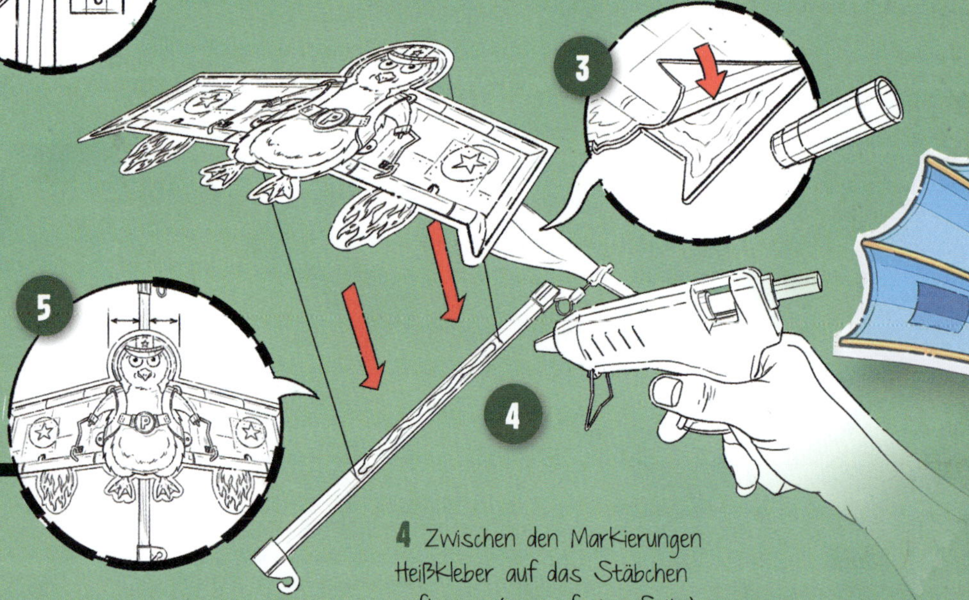

4 Zwischen den Markierungen Heißkleber auf das Stäbchen auftragen (nur auf eine Seite). Seid dabei sehr vorsichtig.

5 Nun eine Pinguin-Abbildung mit dem Kopf nach oben mittig auf dem Stäbchen platzieren. Orientiert euch dabei an den Markierungen. Festhalten bis der Kleber trocken ist.

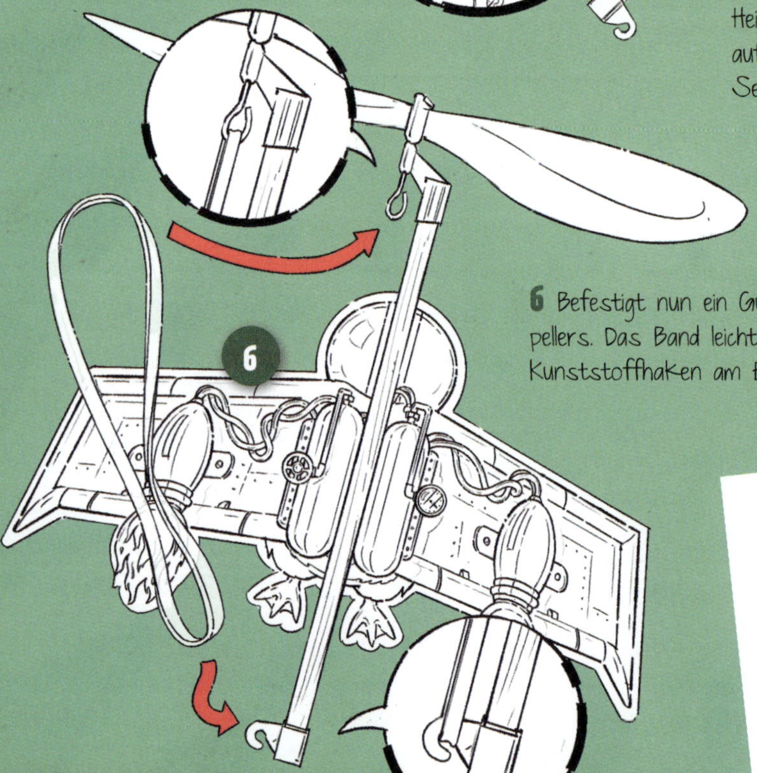

6 Befestigt nun ein Gummiband am Metallhaken des Propellers. Das Band leicht dehnen und die andere Seite um den Kunststoffhaken am Ende des Holzstäbchens schlingen.

PROFI-TIPP

DAS IDEALE GUMMIBAND IST 5 MM DICK UND 7,7 CM LANG (FLACHLIEGENDE SCHLAUFENLÄNGE). HABT IHR KEIN PASSENDES GUMMIBAND, SCHNEIDET EUCH EIN LÄNGERES AUF DIE RICHTIGE SCHLAUFENGRÖSSE ZURECHT UND VERKNOTET DIE ENDEN.

ZWEITE OPTION

DIY-PROPELLER

7 Sägt die Enden zweier Filzstifte ab, damit ein 1,2 cm A und ein 1,8 cm langes Stück B vor euch liegen. Hierfür Stifte mit abgerundeten Ecken verwenden.

8 Schleift die Schnittkanten ab und bohrt in jedes Endstück mittig ein 2 mm großes Loch.

9 Mit einer Zange eine Büroklammer gerade biegen und ein Ende zu einem kleinen Haken formen.

10 Schiebt den Draht durch das Loch im B-Stück. Der Haken verschwindet im Stiftinneren. Um den Draht zu befestigten, den Stift mit Heißkleber füllen.

11 Steckt den aus Stück B herausragenden Draht durch das Loch in Stück A. Die Stiftenden schauen dabei zueinander.

HAKEN UND ACHSEN

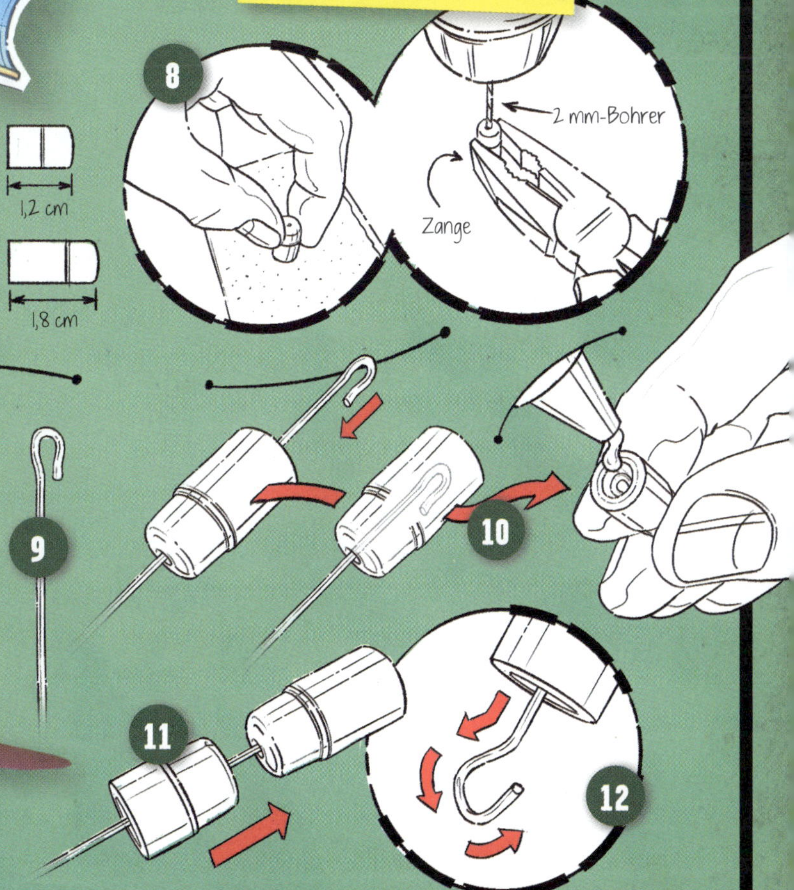

12 Mit der Zange einen Haken biegen, mit etwa 0,7 cm Abstand zu Stück A. Den überschüssigen Draht mit einer Drahtschere abschneiden. Achtet darauf, dass der restliche Draht gerade bleibt, um später die bestmögliche Leistung zu erzielen.

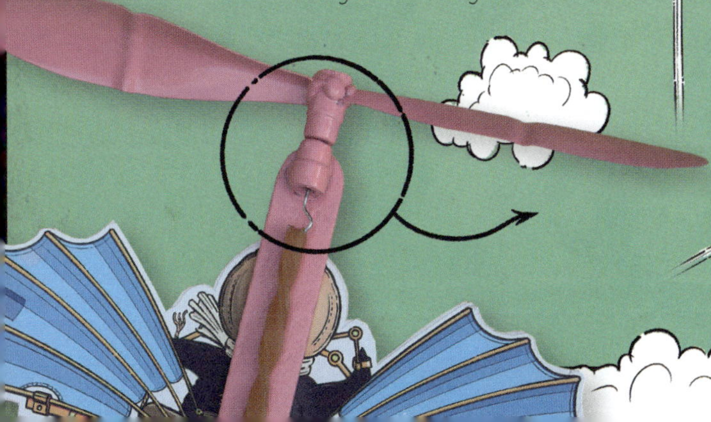

13 Stück A mit einem großen Tropfen Heißkleber an ein Ende eines großen Bastelstäbchens kleben.

14 Biegt eine weitere Büroklammer mit der Zange gerade und knickt sie in der Mitte.

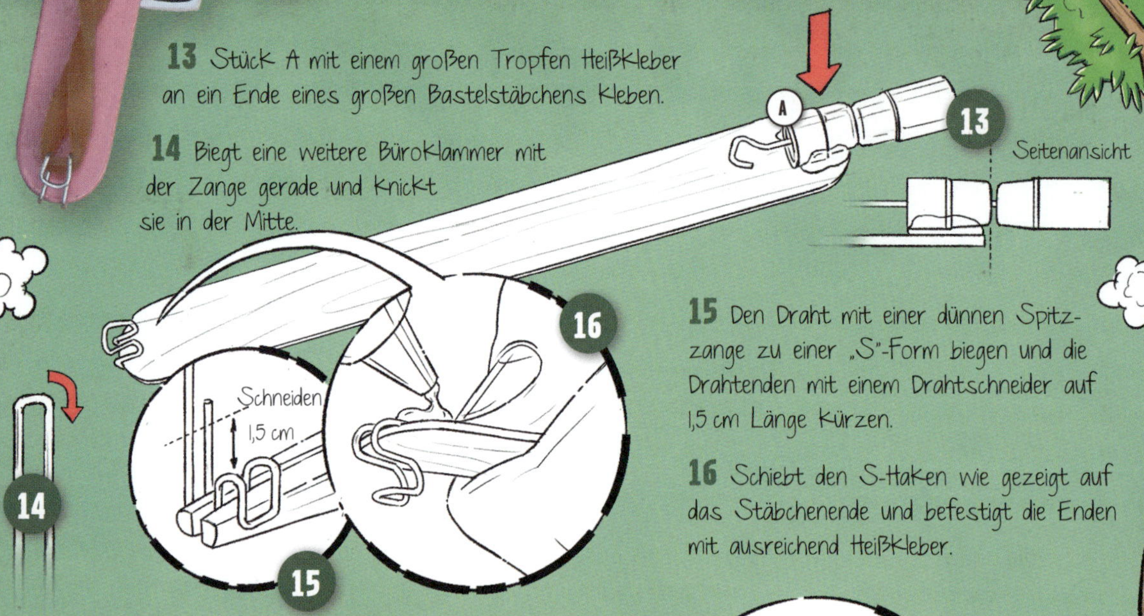

15 Den Draht mit einer dünnen Spitzzange zu einer „S"-Form biegen und die Drahtenden mit einem Drahtschneider auf 1,5 cm Länge kürzen.

16 Schiebt den S-Haken wie gezeigt auf das Stäbchenende und befestigt die Enden mit ausreichend Heißkleber.

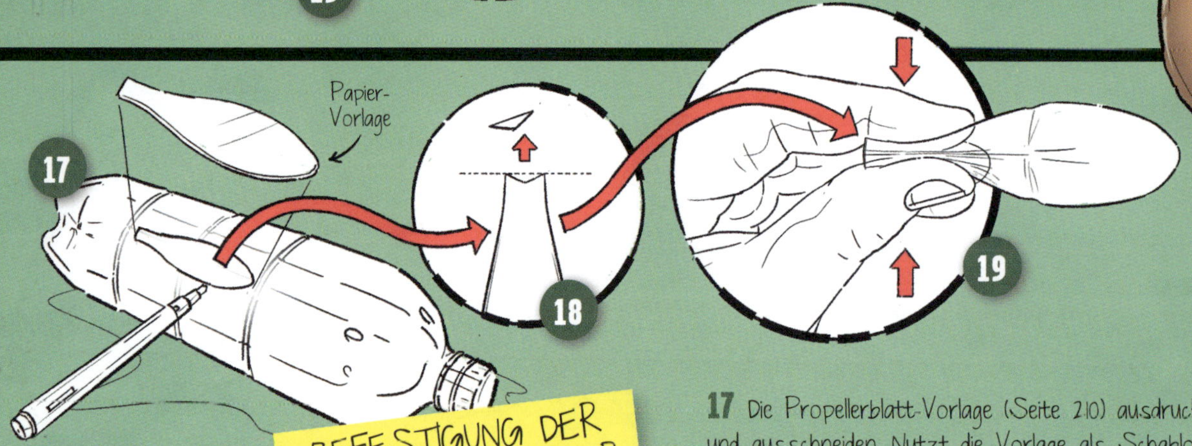

BEFESTIGUNG DER PROPELLERBLÄTTER

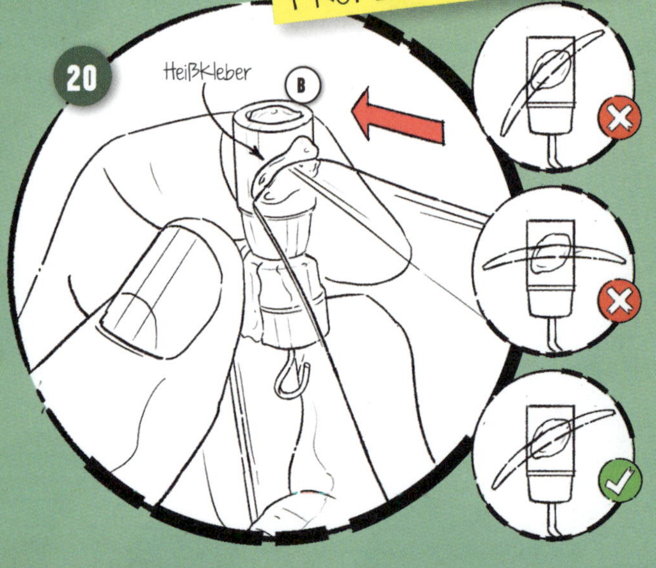

17 Die Propellerblatt-Vorlage (Seite 210) ausdrucken und ausschneiden. Nutzt die Vorlage als Schablone und zeichnet zwei „Rotorblätter" auf eine große Plastikflasche (Durchmesser 10 cm).

18 Mit einer Schere die Rotorblätter ausschneiden und an den schmalen Enden eine kleine „V"-Kerbe machen.

19 Faltet die schmalen Enden leicht zusammen (dadurch erhöht sich die Stabilität).

20 Mit Heißkleber das schmale Ende eines Rotorblattes im richtigen Winkel seitlich an Stück B festkleben. Orientiert euch dabei an den Abbildungen. Das andere Rotorblatt auf der gegenüberliegenden Seite festkleben.

Die Pinguine und Gummibänder befestigt ihr entsprechend der Schritte 1 bis 6. Wenn ihr wollt, könnt ihr den Propeller und das Stäbchen mit rosa Sprühfarbe besprühen!

DIE FLUGSTUNDEN

Haltet den Pinguin gut mit einer Hand fest. Nun den Propeller mit den Fingern der anderen Hand im Uhrzeigersinn drehen (1).

Dreht den Propeller solange, bis sich das Gummiband zweifach verdreht hat, das entspricht in etwa 50-60 Umdrehungen (2).

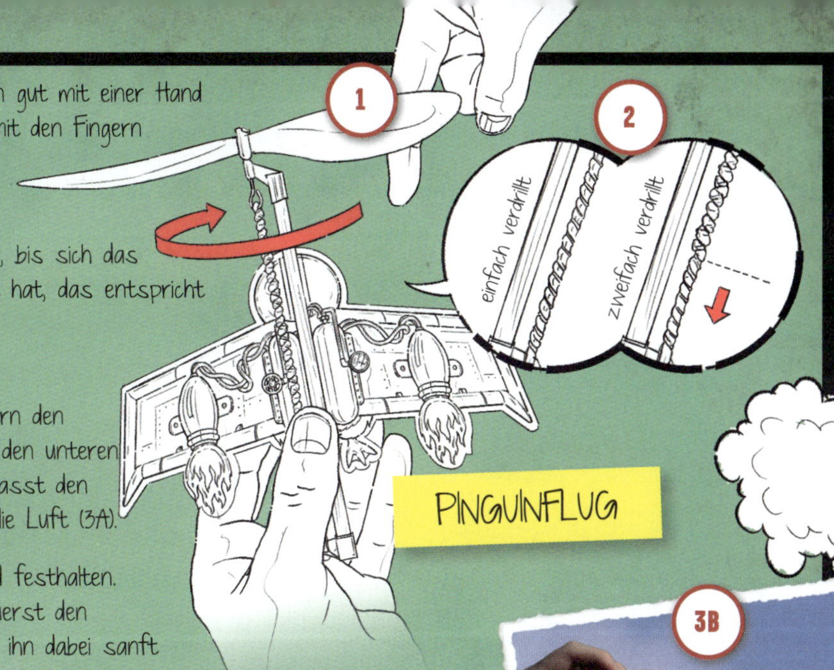

PINGUINFLUG

ZWEI WEGE ZUM START:

Den Pinguin in eine Hand nehmen, mit den Fingern den Propeller festhalten und mit der anderen Hand den unteren Haken. Nun streckt ihr die Arme nach vorne, lasst den Propeller los und „werft" den Pinguin leicht in die Luft (3A).

Den Pinguin und den Propeller je mit einer Hand festhalten. Nun streckt ihr die Arme nach vorne, lasst zuerst den Propeller und dann den Pinguin los und „werft" ihn dabei sanft in die Luft (3B).

MESSEN OHNE MAßBAND

Lauft von der Start- bis zur Landeposition und zählt die Schritte. Dabei einen Fuß vor den anderen setzen. Mithilfe der Schrittanzahl könnt ihr eure Pinguin-Flugleistungen vergleichen.

PUNKTLANDUNG

Versucht euren Pinguin auf bestimmten Zielen landen zu lassen z. B. auf einer Picknickdecke oder in einem Hula-Hoop-Reifen. Ihr könnt auch einen Eisberg bauen, indem ihr ein weißes Laken über einen Stuhl werft.

SPIELE FÜR ZWEI

Zwei Pinguine sind definitiv besser als einer! Hier sind zwei lustige Spiele, die das beweisen!

WER ALS LETZTES LANDET, GEWINNT!

Zählt von 3 rückwärts und lasst eure Pinguine bei „Los“ starten. Schaut genau hin: Der Pinguin, der als letztes landet, gewinnt. Spielt 5 Sätze hintereinander, um den wahren Gewinner zu ermitteln. Tauscht der Fairness halber nach jedem Satz eure Pinguine.

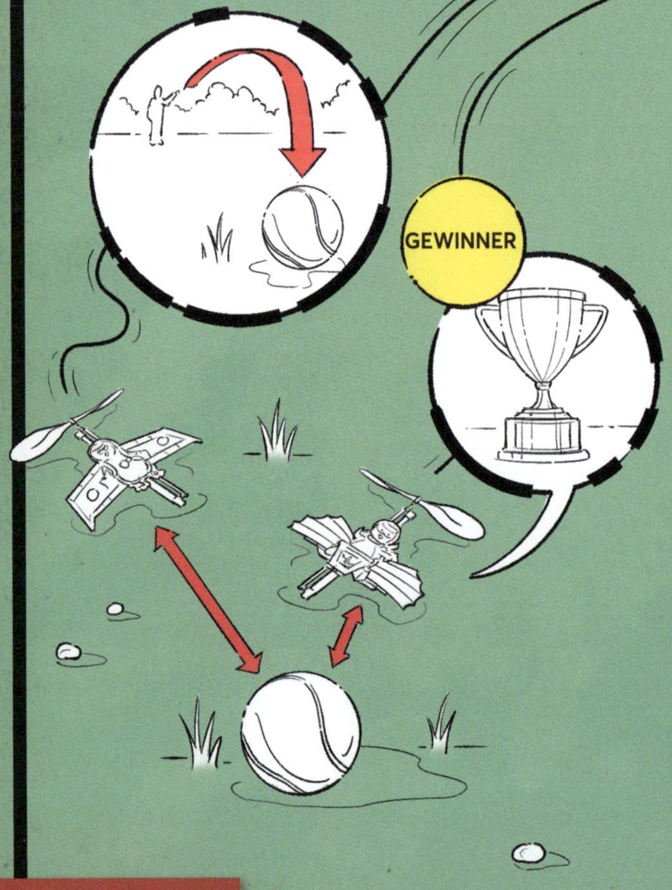

PINGUIN WURFSPIEL

Einen beliebigen Ball, z. B. einen Tennisball, etwas von euch wegwerfen. Steht ihr nebeneinander, dann lasst eure Pinguine gleichzeitig starten. Sind sie gelandet, die Entfernung zwischen Pinguin und Ball messen, indem ihr wie auf Seite 53 beschrieben die Schritte zählt. Der Spieler, dessen Pinguin dem Ball am nächsten liegt, erhält einen Punkt. Spielt 5 Sätze hintereinander, um den König oder die Königin des Wurfspiels zu krönen.

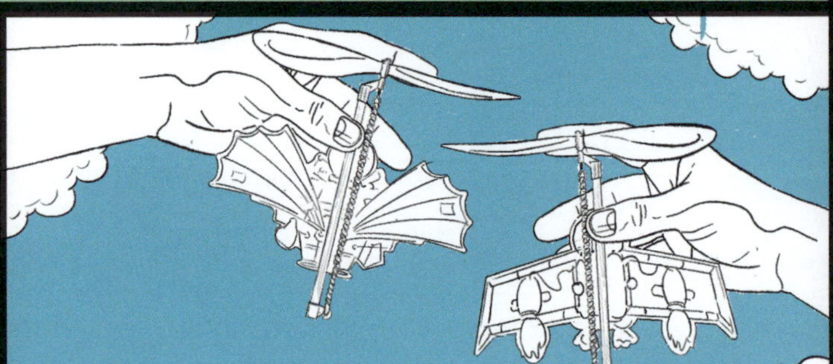

EINE LETZTE HERAUSFORDERUNG

Könnt ihr beide Pinguine gleichzeitig aufziehen und starten lassen?

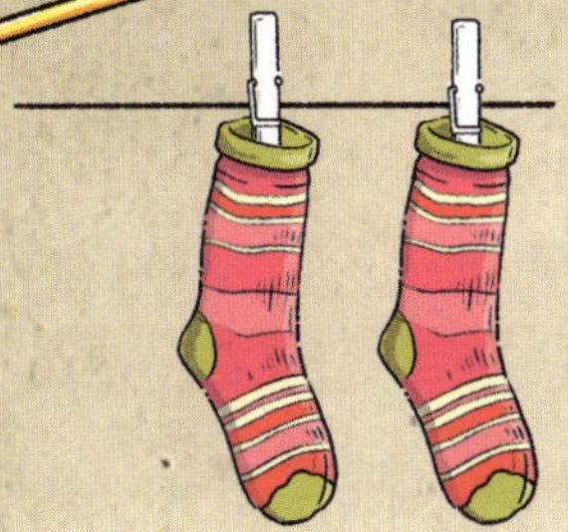

KAPITEL 2: KNIFFLIGE ZIELE

ERDMÄNNCHEN-KNOCKDOWN

FÜR PROFIS

Schon klar: ihr wollt kein Schlag-das-süße-Erdmännchen-Spiel! Aber keine Sorge. Unser Erdmännchen-Spiel ist anders. Versucht die Zielscheibe, die das Erdmännchen in den Pfoten hält, zu treffen. Habt ihr Erfolg, verschwindet es in seinem Bau. Denn auch mutige Erdmännchen wollen nicht ein zweites Mal getroffen werden!

MATERIALIEN

- Sperrholz, 0,3 cm stark, 6,5 cm x 23,5 cm
- Holz, 3,4 cm x 3,4 cm, 49 cm lang
- 2 Bastelstäbchen, 15 cm x 1,7 cm
- PVC-Rohr, ø 11 cm, 30,2 cm lang
- Pflanzkelle
- Schraube, 4 mm x 50 mm
- 3 Schrauben, 3,5 mm x 20 mm
- Draht, ø 2 mm, 6,5 cm lang
- Heißklebepistole
- Klebeband
- Gewebeband
- Holzleim, wasserfest
- Acrylfarbe in Braun
- Säge
- Schmirgelpapier, 120-150er und 240er Körnung
- Hobel oder grobes Schmirgelpapier
- Bohrmaschine
- Bohrer, ø 2 mm und ø 4 mm
- Zange mit Drahtschneider
- Pinsel
- Bleistift
- Lineal oder Maßband
- Schere und Cutter mit Schneideunterlage
- Papier, A3 oder 2x A4 + Rest
- Moosgummi in Weiß, A4
- Vinyl-Aufkleberpapier, A4
- Fotokopierer oder Drucker (nach Wunsch)

VORLAGEN 7A, 7B UND 7C (SEITE 205-207)

SO GEHT DAS

Wenn das Erdmännchen getroffen wird, gleitet der Haltedraht über einen Schraubenkopf und das Erdmännchen rutscht eine Stange hinunter – komplett unsichtbar!

Fragt ihr euch, wohin das Erdmännchen verschwindet? Tja, bei diesem raffinierten Projekt versteckt sich das Erdmännchen in einem vergrabenen Stück Rohr!

HOLZ ZUSÄGEN

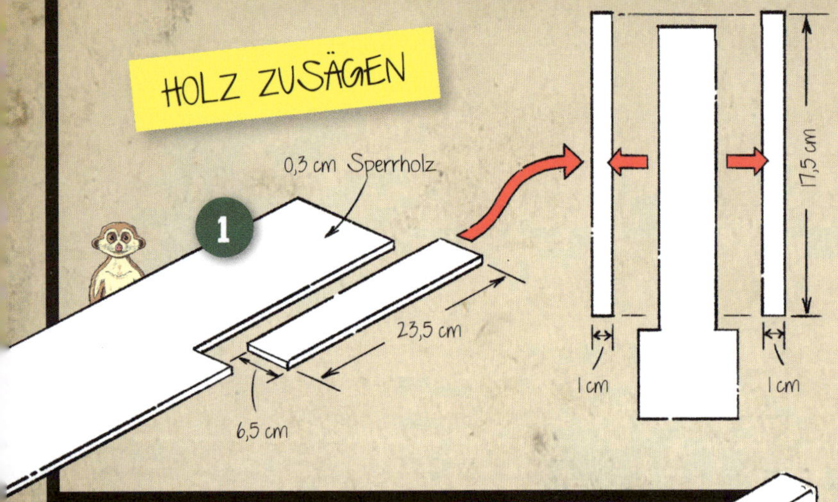

1 Sägt ein 6,5 cm x 23,5 cm großes, rechteckiges Stück Sperrholz zurecht. Beidseitig an der Längsseite, wie abgebildet, zwei 1 cm x 17,5 cm große Stücke entfernen.

2 Nun sägt ihr aus dem 3,4 cm x 3,4 cm Holz ein 30 cm langes Stück A und ein 18 cm langes Stück B zu.

3 Vom Holz B der Länge nach ein 1,5 cm breites und 18 cm langes Stück absägen (nicht schlimm, wenn's leicht schief wird!).

4 Dieses Stück nun in zwei 6 cm lange Stücke C und ein 5 cm langes Stück D schneiden.

5 Markiert die gerade Seite, das ist vermutlich die Seite, die in der Werkstatt bearbeitet wurde und nicht die, die du zugeschnitten hast.

6 Abschnitt D noch einmal zuschneiden und die Breite von 3,4 cm auf 2,2 cm reduzieren. Glättet mit 120-150er Schmirgelpapier die Kanten der zugeschnittenen Hölzer.

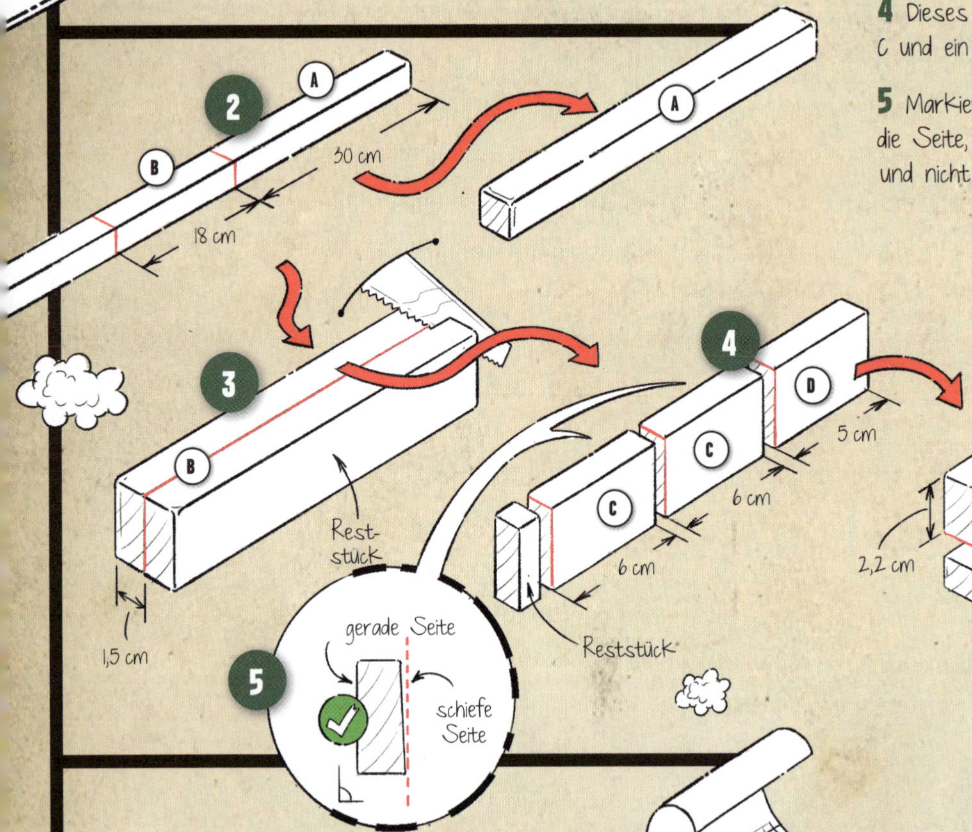

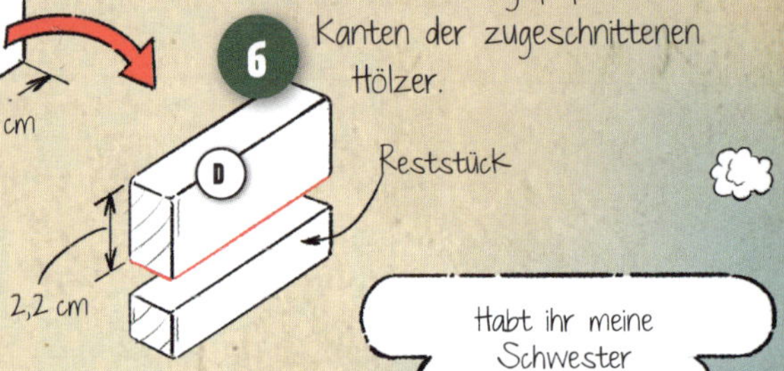

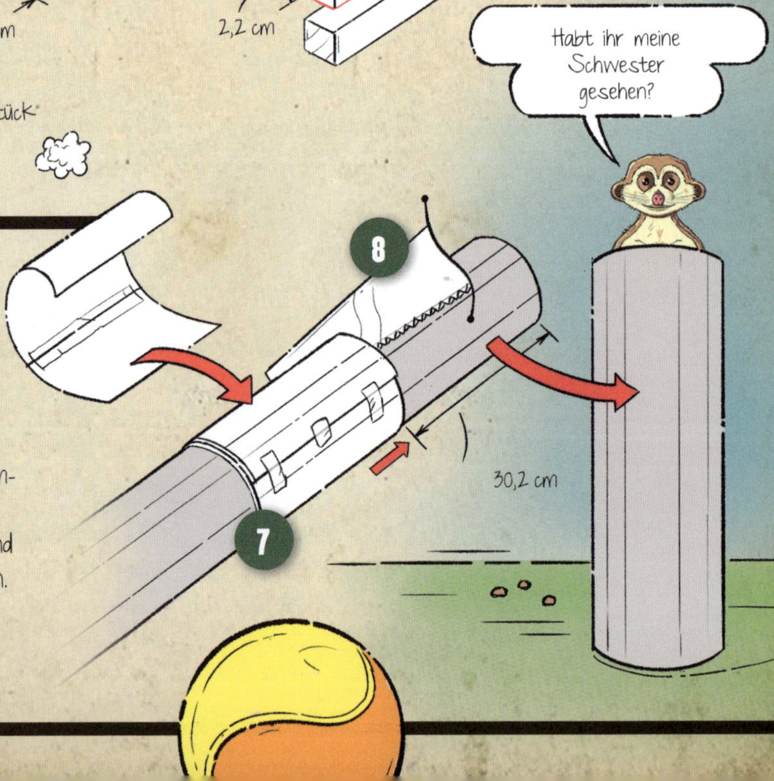

7 Wickelt ein A3-Papier ums Rohr (das funktioniert auch mit zwei A4-Blättern!). Die Enden bündig überlappen lassen und mit Klebeband festkleben.

8 Schiebt euer flexibles Papier-Lineal bis zur 30,2 cm-Markierung (haltet es oder klebt es mit Klebeband fest). Das Rohr entlang der Papierkante zusägen und die rauen Kanten mit 120-150er Schmirgelpapier glätten.

9 Mit Heißkleber (trocknet schneller als Holzleim) ein C-Stück, mit der glatten Seite nach innen zeigend, an eine Kante des Sperrholzes kleben.

DER GLEITSCHLITTEN

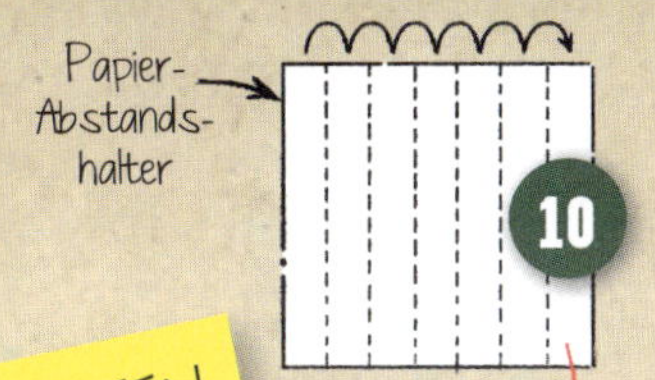

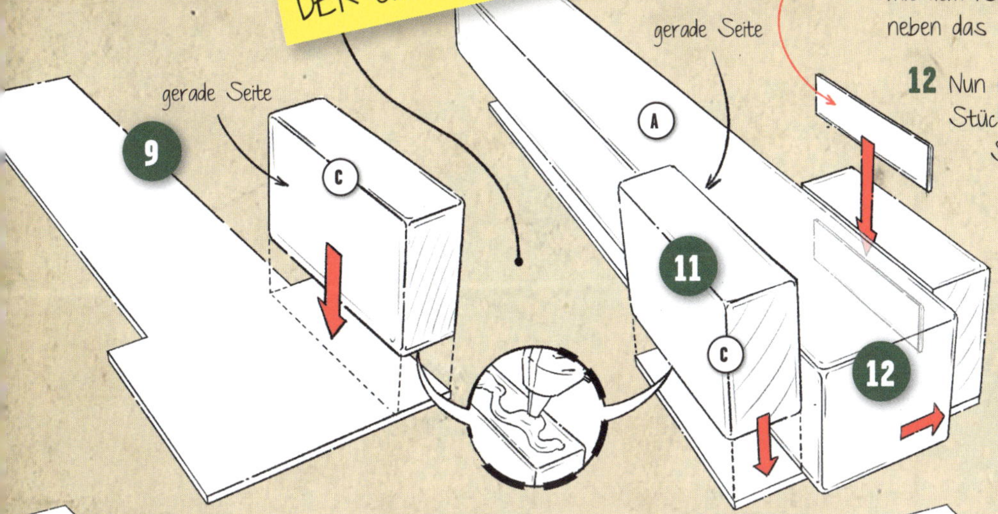

10 Schneidet ein 5 cm x 5 cm großes Rechteck aus Papier aus und bastelt einen Abstandshalter. Hierfür das Papier 7-mal falten.

11 Legt das Holzstück A (eure Stange A), mit dem Abstandshalter dazwischen, parallel neben das soeben befestigte Stück C.

12 Nun mit Heißkleber das zweite C-Stück gegenüber dem ersten auf die Sperrholzplatte kleben. Drückt es beim Anbringen gegen „Stange" A und stellt sicher, dass es bündig zur Kante des Sperrholzes liegt.

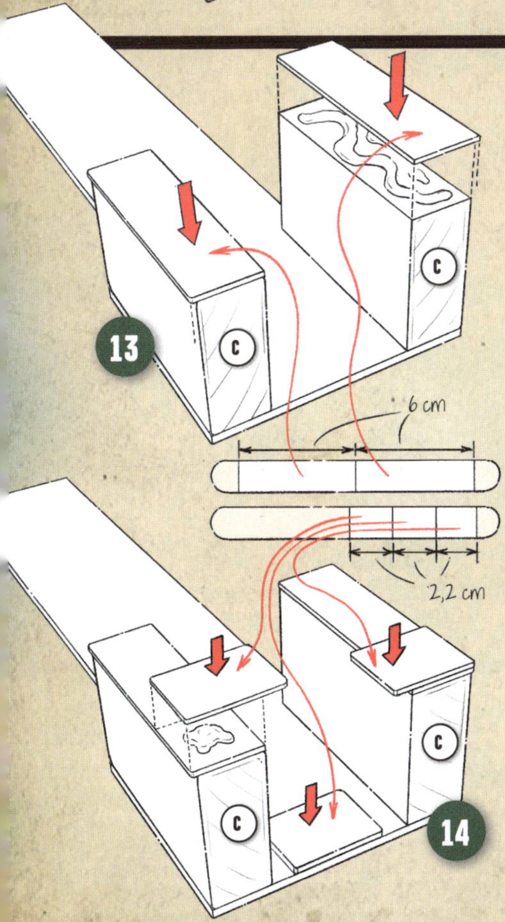

13 Mit der Schere aus einem Bastelstäbchen zwei 6 cm lange Teile zurechtschneiden. Klebt die Teile mit Heißkleber auf die Oberkanten der C-Stücke. Die Stäbchen schließen dabei bündig mit den C-Stück-Innenkanten ab und stehen nach außen leicht über.

14 Das zweite Bastelstäbchen in drei 2,2 cm lange Stücke zerschneiden. Befestigt mit Heißkleber ein Stück zwischen den C-Teilen. Es liegt dabei bündig an der Sperrholzunterkante an. Klebt die beiden anderen Stücke auf den C-Teil-Oberseiten fest, wobei sie mit den äußeren und den unteren Kanten der C-Teile bündig abschließen und zur Mitte hin leicht überstehen.

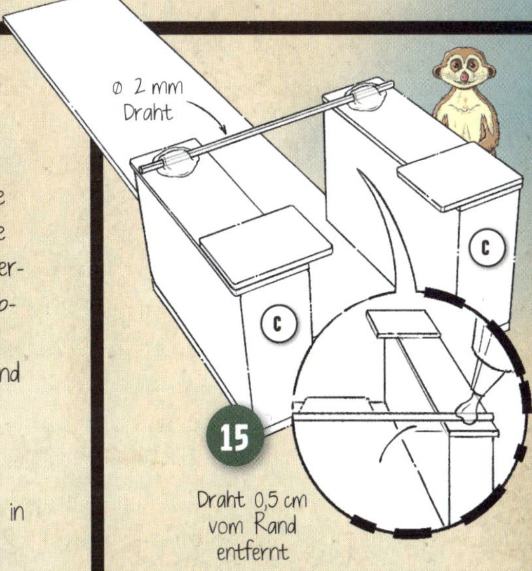

15 Vom Draht ein 6,5 cm langes Stück abschneiden und mit der Zange gerade biegen. Klebt die Drahtenden mit Heißkleber an den in Schritt 13 befestigten Bastelstäbchen, etwa 0,5 cm von der Oberkante entfernt fest.

16 Bohrt in 0,5 cm Abstand zu einem Stangenende mittig ein 2 mm großes Loch vor. Nun eine 3,5 mm x 20 mm Schraube ins Loch bohren und den Kopf ca. 1 mm rausragen lassen.

VORBEREITUNG DER „STANGE"

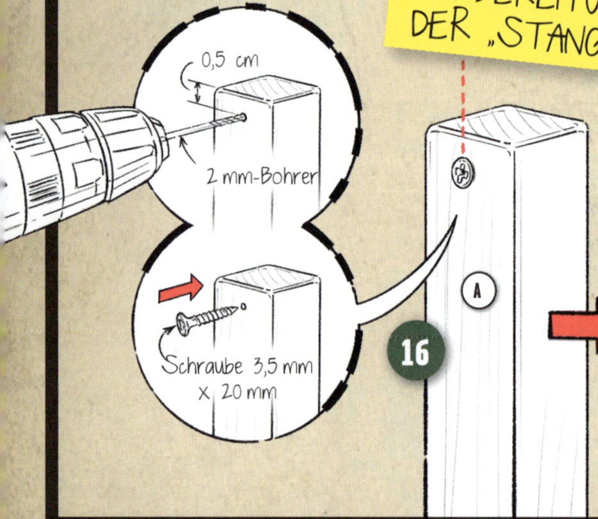

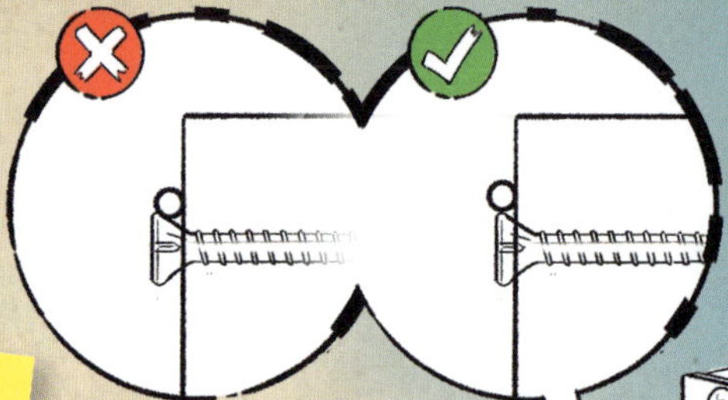

17 Schiebt den „Gleitschlitten" auf die Stange und befestigt den Draht am Schraubenkopf. Hält der Draht nicht an der Schraube, diese noch etwas herausdrehen. Hält er, dann testet, ob der Draht einfach von der Schraube rutscht, wenn ihr den Schlitten leicht anschiebt. Funktioniert das nicht, die Schraube noch etwas anziehen.

18 Legt Stück D mittig in Längsrichtung auf das andere Ende von Stange A. Durch die Mitte von Teil D und die Stange ein 2 mm großes Loch vorbohren.

19 Nun bohrt mit einem 4 mm-Bohrer das Loch in Teil D nach.

20 Wasserfesten Holzleim auftragen und Teil D mit einer 4 mm x 50 mm Schraube an Teil A befestigen.

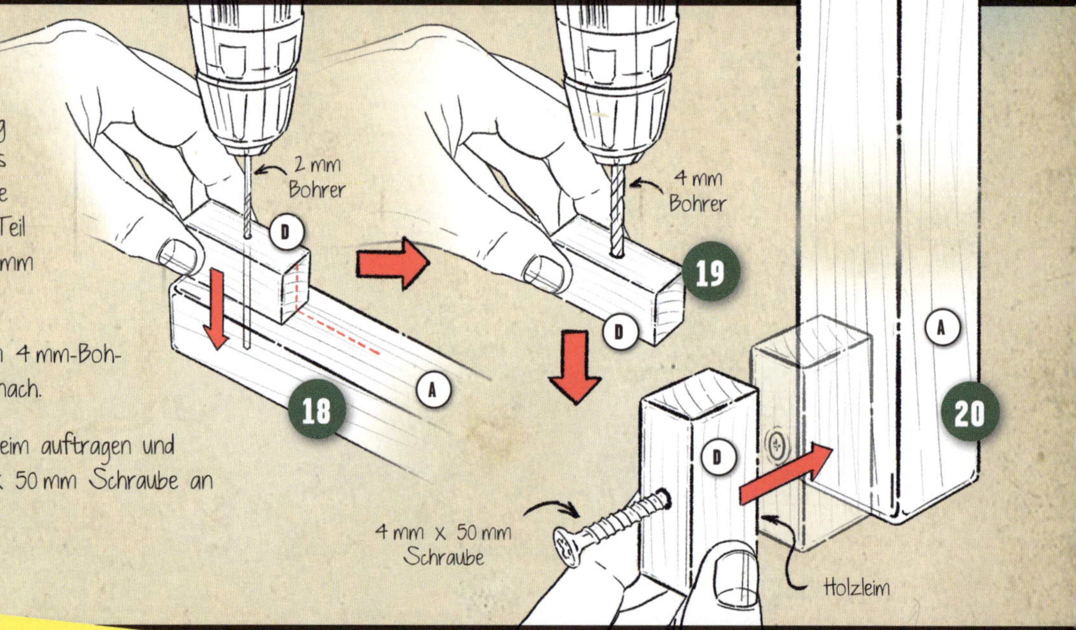

ZEIT ZU MALEN

21 Bemalt das Holz mit brauner Acrylfarbe. Nach dem Trocknen mit 240er Schmirgelpapier die Farb-Oberflächen glätten, die sich berühren.

22 Druckt die Erdmännchen Vorlage (Seite 205) auf A4-Vinyl-Aufkleberpapier aus und klebt sie auf das Moosgummi. Für Tipps zur Erstellung eurer eigenen Vorlagen lest das Kapitel Materialien und Werkzeuge (Seite 10). Das Erdmännchen mit einer Schere oder einem Cutter ausschneiden.

23 Befestige das Erdmännchen mit Heißkleber an der Vorderseite des „Gleitschlittens". Auf der Rückseite mit Gewebeband fixieren, damit sich die Kanten nicht so sehr kräuseln.

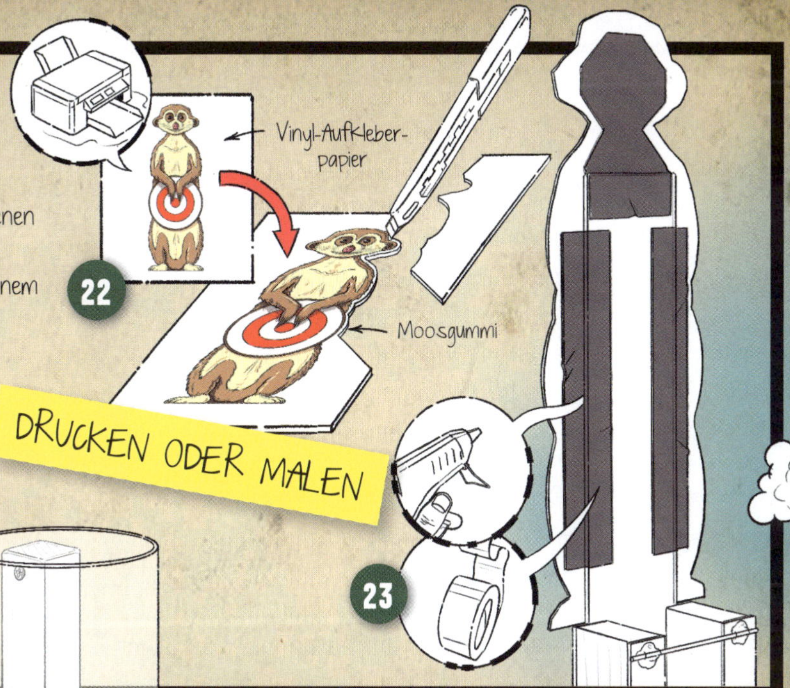

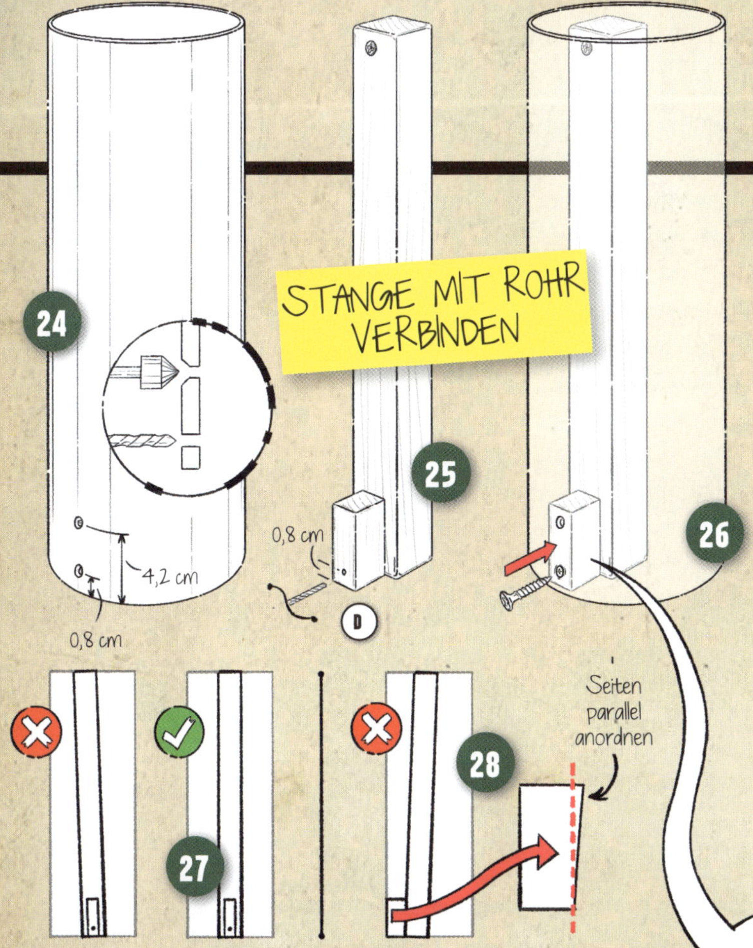

24 Wie abgebildet, zwei 4 mm große Löcher seitlich ins Rohr bohren und sie anschließend absenken.

25 Bohrt mittig, in 0,8 cm Abstand zur Unterkante von Teil D ein 2 mm großes Loch vor.

26 Die „Stange" ins Rohr schieben und eine 3,5 mm x 20 mm Schraube durch das untere Loch im Rohr fest in das vorgebohrte Loch im Teil D schrauben.

27 Richtet die Stange so aus, dass sie senkrecht steht. Falls nötig mit Winkeln.

28 Nun überprüft ihr, ob sich der Mast nicht zu stark in die andere Richtung neigt. Wenn die Seiten schräg zusammenlaufen oder nicht parallel zueinander sind, passt sie mit Schmirgelpapier oder Hobel an (es muss nicht perfekt werden!).

29 Bohrt durch das obere Loch im Rohr ein 2 mm großes Loch in der Stange vor und dreht eine 3,5 mm x 20 mm Schraube fest hinein.

30 Zur Fixierung Heißkleber an die Stelle geben, an der das Rohr und Abschnitt D aneinander liegen.

31 Stellt das Rohr senkrecht aufs Gras und schneidet mit einem Cutter (oder einem Malspachtel) um das Rohr herum. Habt ihr die Grasnarbe durchtrennt, dann könnt ihr sie entfernen.

32 Nun geht's in die Tiefe! Mit einer Pflanzkelle (und euren Händen) ein Loch graben. Das Rohr sollte leicht ins Loch zu schieben sein. Schaut das Rohr nur noch 4-5 cm aus dem Loch heraus, habt ihr es geschafft!

33 Um einen realistischen Erdmännchenbau zu erhalten, häuft um das Rohr herum etwas Erde an!

NUN IST ES ZEIT FÜR SCHLAG-DAS-ERDMÄNNCHEN!

Schiebt das Erdmännchen auf die Stange, sodass der Draht auf dem Schraubenkopf liegt. Nun kann es endlich losgehen. Verwendet Soft- oder Kindertennisbälle (keine Steine), um euer Ziel zu treffen.

Wenn ihr wirklich keine Lust auf Schlag-das-Erdmännchen habt, wie wär's denn mit Schlag-den-Koala? Dieses Projekt hat eine coole Extra-Funktion: „Fällt der Koala von seinem Baum", erscheint eine versteckte Punktzahl.

Verwendet hier die Erdmännchen-Anleitung auf Seite 56 und passt sie folgendermaßen an:

GLEITSCHLITTEN

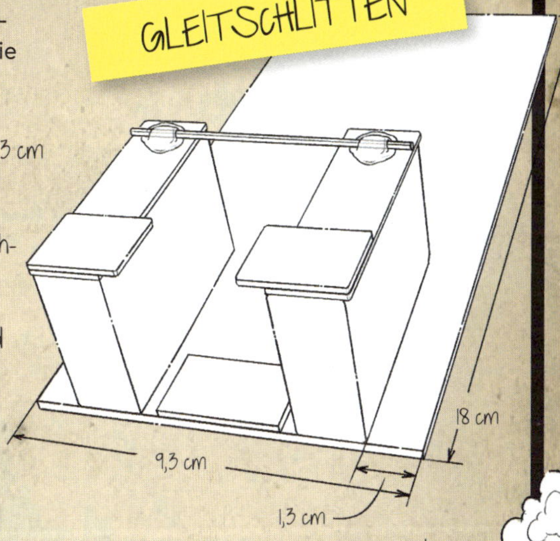

1 Das Sperrholz hat eine Größe von 9,3 cm x 8 cm.

2 Befestigt Stück C 1,3 cm von der rechten Seitenkante entfernt.

3 Das andere Stück C wird im Abstand von 1,3 cm zu der anderen Seitenkante befestigt. Orientiert euch dabei an den Schritten 10 bis 12.

KOALA DRUCK

4 Die Koala- und die Punktzahl-Vorlage 7B und 7C (Seite 206-207) auf Vinyl-Aufkleberpapier ausdrucken und aufs Moosgummi kleben.

5 Schneidet den Koala aus und klebt ihn auf die Sperrholzvorderseite wie in Schritt 23 gezeigt.

PFAHL

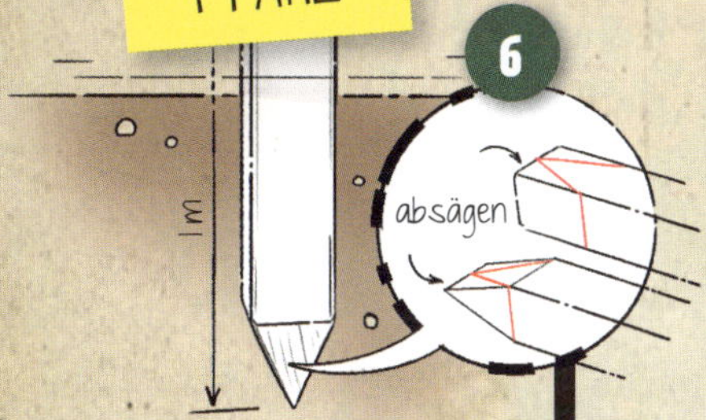

6 Stück A ist 1 m lang und wird nicht an Stück D befestigt. Stattdessen das untere Ende spitz zusägen, damit es sich später leichter in den Boden schlagen lässt.

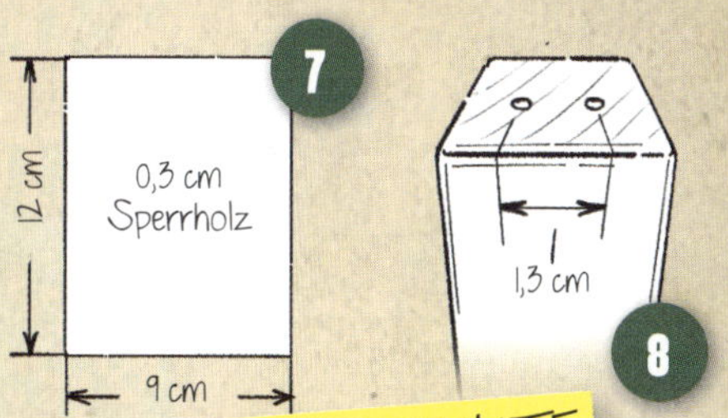

7 Schneidet ein weiteres Sperrholzstück zu 9 cm x 12 cm.

8 Im Abstand von 1,3 cm zwei 2,5 mm große Löcher oben in die Stange A bohren.

VERSTECKTE PUNKTZAHL

9 Schneidet mit der Drahtschere zwei 10 cm lange Stücke vom Draht ab und steckt die Drahtstücke in die Löcher. Das Sperrholz mit Heißkleber an den Drähten befestigen.

10 Schneidet die Punktzahl aus und klebt sie auf die Sperrholzvorderseite (befolgt hierfür Schritt 23).

Schiebe den Koala auf den Pfahl A, indem du den Draht an der Schraube einhakst, und schiebe dann die Kerbe in die beiden Löcher. Jetzt bist du bereit, einen Koala zu schlagen!

WASSERSPIEL „HUNGRIGE RAUPE"

FÜR ANFÄNGER

Diese hungrige Raupe ist sehr faul! Sie braucht euch, um an ihr Mittagessen zu kommen. Zielt hierfür mit der Wasserpistole auf den Pappbecherboden. Aber Vorsicht: die Raupe ist auch gierig – also überfüttert sie nicht (Seite 68).

MATERIALIEN

- Kleiner Pappbecher, ø 8 cm, 9,3 cm hoch
- 7 Büroklammern, 33 mm lang
- Heißklebepistole
- Schnur oder reißfestes Garn
- Zange mit Drahtschneider
- Bleistift
- Schere und Cutter mit Schneideunterlage
- Moosgummi in Weiß, A4
- bedruckbares Vinyl-Aufkleberpapier, A4
- Drucker oder Fotokopierer (nach Wunsch)

VORLAGEN 8 (SEITE 212)

SO GEHT DAS

Durch eine Büroklammer gleitet der Pappbecher an der Schnur entlang und das Futter verschwindet ohne Probleme im Raupenbauch.

LÖCHER BOHREN

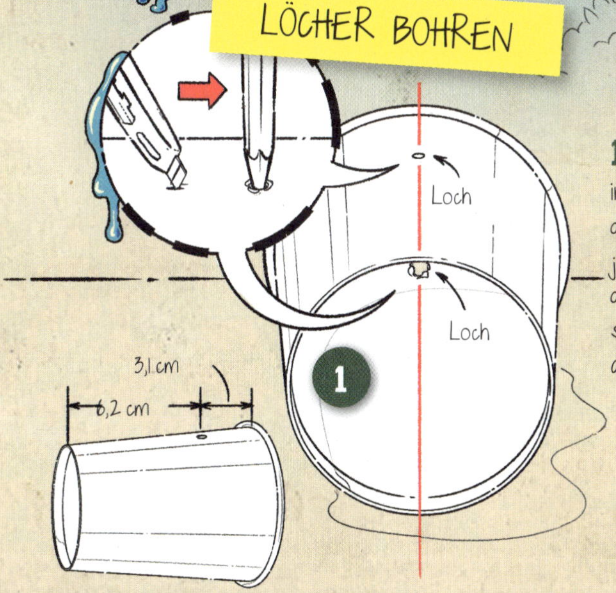

1 Schneidet mit dem Cutter in den Boden und die Seite des Bechers wie gezeigt je ein Loch und vergrößert diese mit einem spitzen Bleistift (seitlich auf 0,1–0,2 cm, am Boden auf 0,3 cm).

BÜROKLAMMER BEFESTIGEN

2 Das Ende einer Büroklammer entweder mit den Händen oder einer Zange leicht aufbiegen.

3 Schiebt das aufgebogene Ende durchs seitliche Becherloch und klebt es wie gezeigt mit Heißkleber fest.

AUFKLEBEN UND AUSSCHNEIDEN

4 Die Raupenvorlage (Seite 212) auf Vinyl-Aufkleberpapier ausdrucken. Klebt alles außer der Zielscheibe aufs Moosgummi und schneidet es mit der Schere oder dem Cutter aus.

5 Die Raupenhälften wie gezeigt an zwei Stellen zusammenkleben.

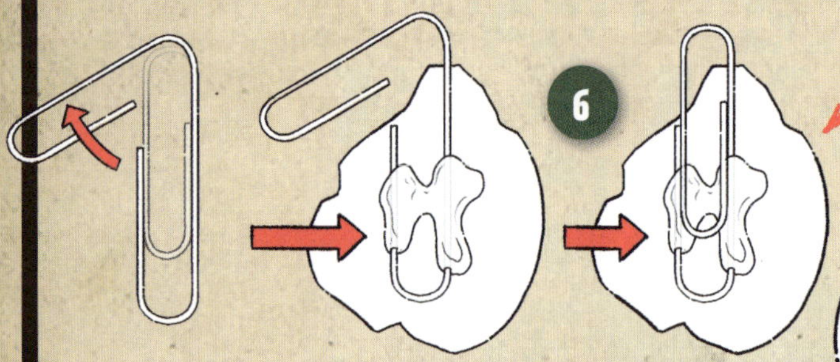

6 Biegt das Innere einer Büroklammer nach oben und klebt den unteren Teil an einem Lebensmittel fest. Dann das Klammerinnere wieder zurückbiegen. Wiederholt diesen Schritt für die restlichen Lebensmittel.

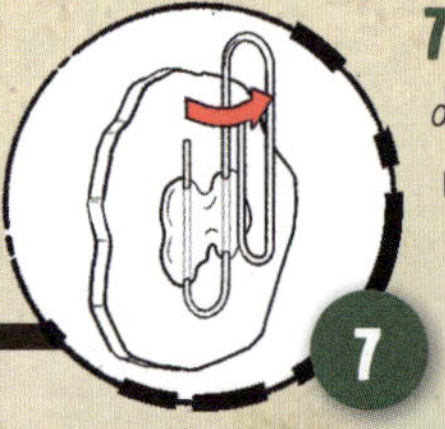

7 Nach Wunsch das Klammerinnere aufdrehen, damit das Essen (wie auf den Abbildungen) nach außen zeigt. Das sieht toll aus, verhedert sich aber leichter.

ZIELSCHEIBE ANBRINGEN

8 Schneidet die Zielscheibe aus, entfernt das Trägerpapier und klebt sie auf den Becherboden.

RAUPE FESTKLEBEN

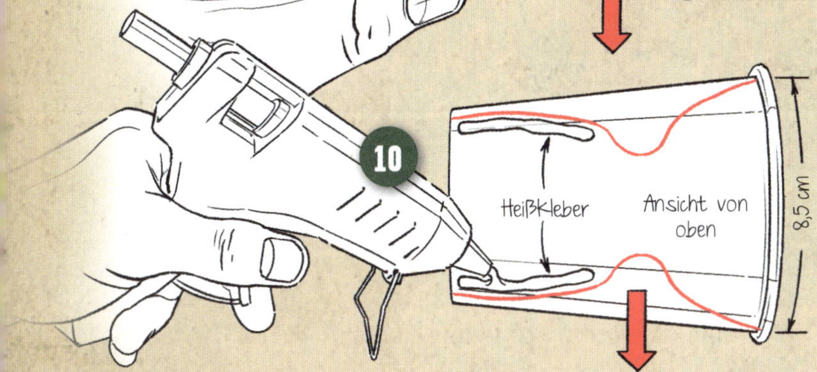

9 Die Raupe auseinander klappen und auf den Becher setzen (über das Loch mit der Büroklammer). Orientiert euch dabei an der Seiten- und Vorderansicht. Nun die Raupenposition auf dem Becher mit einem Stift markieren.

10 Gebt innerhalb der Markierung Heißkleber auf den Becher. Es reicht völlig aus, die Raupe wie auf der Abbildung gezeigt nur hinten festzukleben.

11 Die Raupe ausrichten und an der Markierung befestigen. Haltet sie fest, bis der Kleber getrocknet ist.

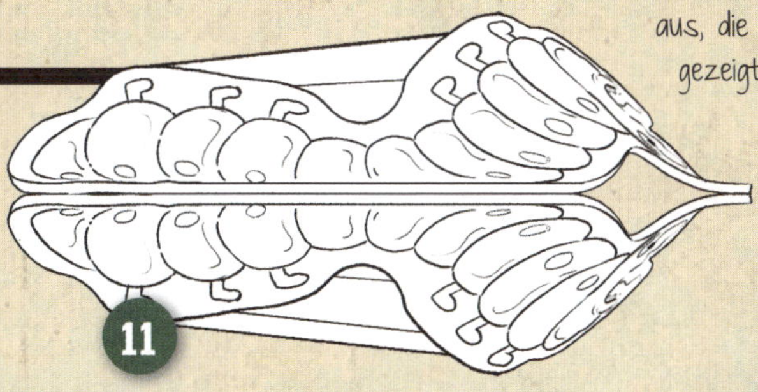

DIE SCHNUR SPANNEN

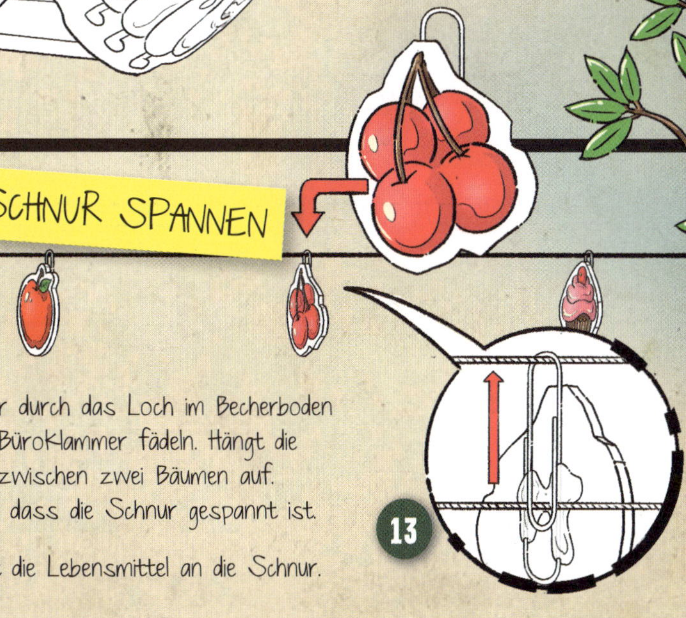

12 Die Schnur durch das Loch im Becherboden und durch die Büroklammer fädeln. Hängt die Schnur z. B. zwischen zwei Bäumen auf. Darauf achten, dass die Schnur gespannt ist.

13 Nun hängt die Lebensmittel an die Schnur.

SPIELZEIT

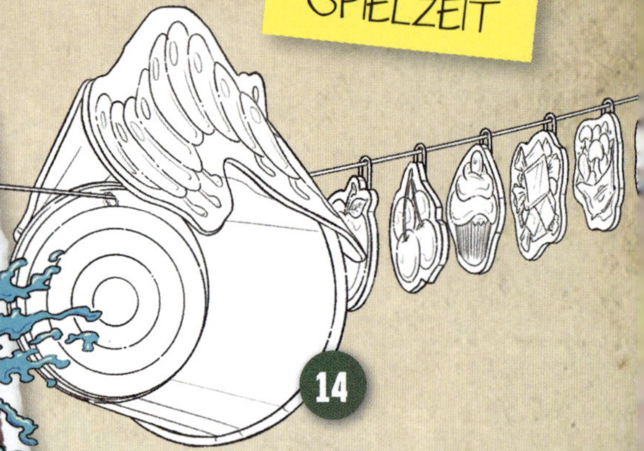

14 Wollt ihr gegeneinander antreten, bastelt zwei Raupen und hängt sie parallel an zwei Schnüren auf.

15 Jetzt schießt mit einer leistungsstarken Wasserpistole auf die Zielscheibe!

Das passiert, wenn ihr eure Raupe überfüttert!

WEITERE SPIELIDEEN

Ihr braucht für einen Wettbewerb nicht unbedingt zwei Raupen! Gewonnen hat z. B. wer am schnellsten ist (stoppt die Zeit mit eurem Handy) oder wer am wenigsten Schüsse braucht.

Ihr könnt auch paarweise gegeneinander antreten. Verbindet hierfür dem Schützen die Augen: das wird ein nasser Spaß!

Oder ihr stellt euch hinter einer Linie auf und schießt von dort aus. Je weiter weg die Raupe ist, umso schwieriger wird es, sie zu treffen!

AFFEN-WILDWASSERFAHRT

FÜR FORTGESCHRITTENE

Niemand mag vorlaute Affen. Lasst diesen hier baden gehen! Zielt auf die Zielscheibe am Ast und bringt so den Baumstamm zum Kippen.

MATERIALIEN

- Bastelstäbchen, 15 cm x 1,7 cm
- 2 Plastikflaschen, 500 ml
- Draht, ø 2 mm, 60 cm lang
- Heißklebepistole
- Gewebeband
- Acrylfarbe in Dunkelbraun, Hellbraun, Beige und Schwarz
- Acrylstifte in Schwarz
- Filzstift
- Bohrmaschine
- Bohrer, ø 3 mm
- Zange mit Drahtschneider
- Schere und Cutter mit Schneideunterlage
- Pinsel
- Moosgummi in Weiß, A4
- Vinyl-Aufkleberpapier, A4
- Fotokopierer oder Drucker (nach Wunsch)

VORLAGE 9 (SEITE 204)

SO GEHT DAS

Ein Gegengewicht aus Draht hält den Affen über Wasser. Der Baumstamm kann sich unabhängig davon bewegen. Trefft ihr die Zielscheibe mit einem Pfeil, so dreht sich der Stamm mit dem „Loch" Richtung Wasseroberfläche (1).

Taucht das Loch unter die Wasseroberfläche, füllt sich der Baumstamm mit Wasser (2).

Der Baumstamm verliert dadurch schnell seinen Auftrieb und beginnt zu sinken (3). Der Affe geht baden!

1 Zeichnet mit einem Filzstift auf die beiden Plastikflaschen Markierungen ein wie abgebildet. Die Flasche mit der Schere und dem Cutter entlang der Markierungen einschneiden. Ihr braucht zwei Teile: eine Flasche mit großem Loch ohne Flaschenhals A und den Boden der anderen Flasche B.

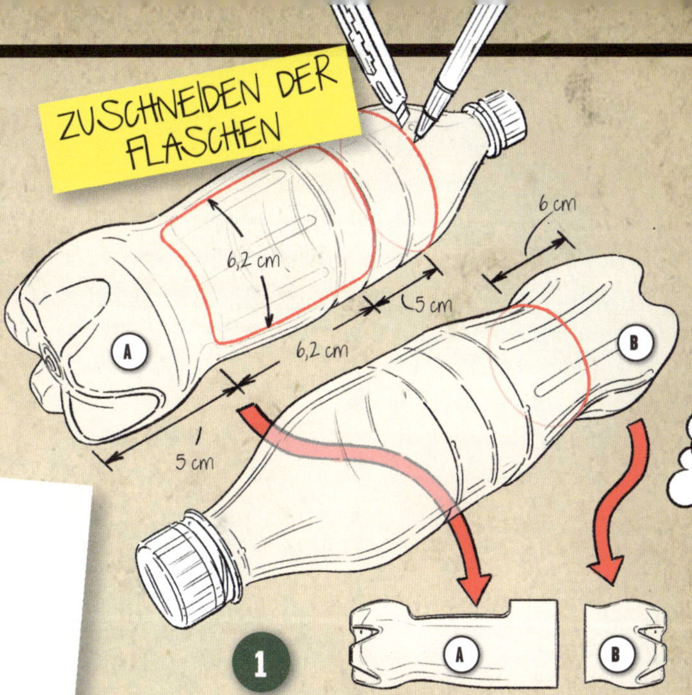

TIPP FÜR PAPA

FÜR EINE REALISTISCHE BAUMSTAMMSTRUKTUR VERWENDET EINE FLASCHE MIT GERIFFELTEM BODEN.

2 Verwendet ihr eine wie hier abgebildete Flasche, so schiebt ihr Teil B in Teil A und dichtet die Teile mit Gewebeband ab. Hat eure Flasche eine andere Form, dann legt die Teile dicht aneinander und verklebt sie gut mit Gewebeband.

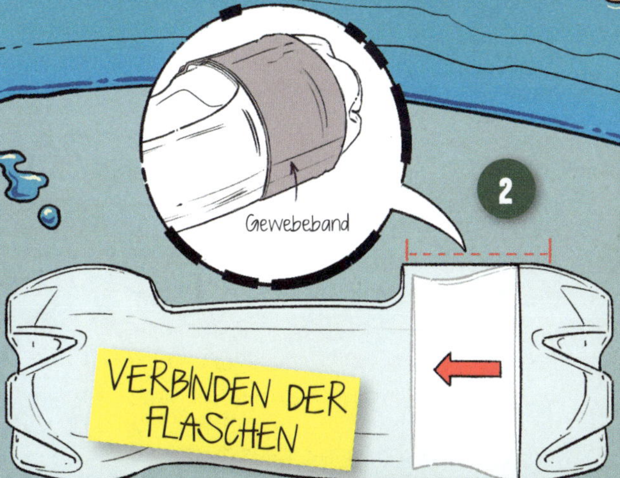

3 In beide Flaschenböden und in beide Deckel mittig je ein 3 mm großes Loch bohren.

4 Klebt je einen Deckel mit ausreichend Heißkleber auf die Flaschenböden. Darauf achten, dass die Löcher dabei übereinander liegen.

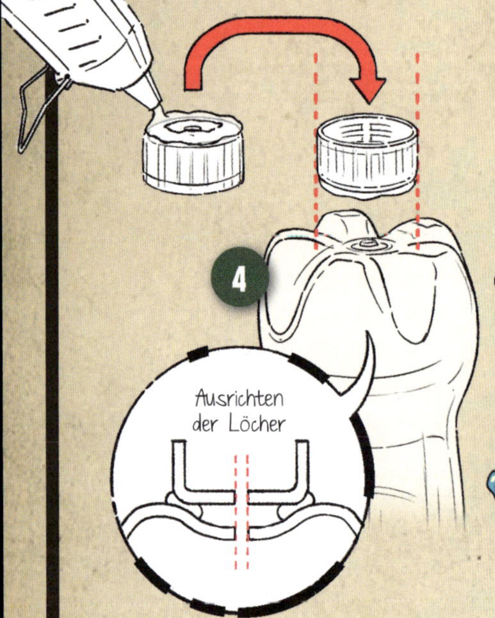

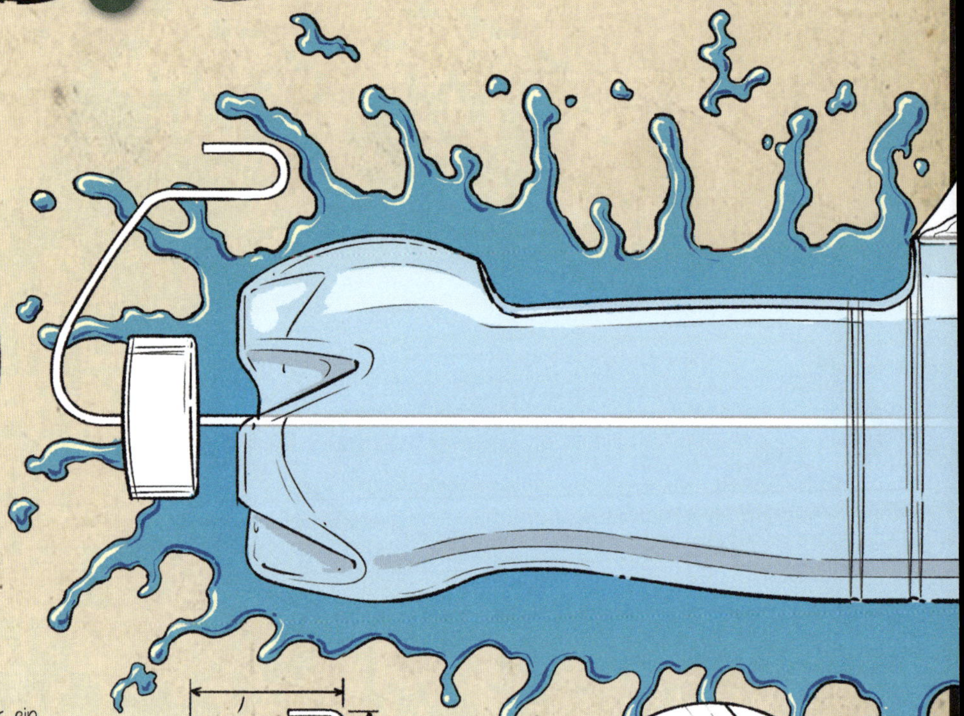

5 Schneidet mit dem Drahtschneider ein 60 cm Drahtstück ab. Mit den Händen und der Zange gerade biegen und es dann wie in Abbildung 5 formen.

6 Schiebt den Draht durch den „Stamm" und biegt, wie gezeigt, das andere Ende (das „Gegengewicht"). Das Gegengewicht liegt dem anderen Drahtende gegenüber. Nun das Drahtende (nicht das Gegengewicht) mit der Zange festhalten und Richtung Deckel biegen. Achtet darauf, zwischen Draht und Deckel einen kleinen Abstand zu lassen, damit sich der Draht frei drehen kann.

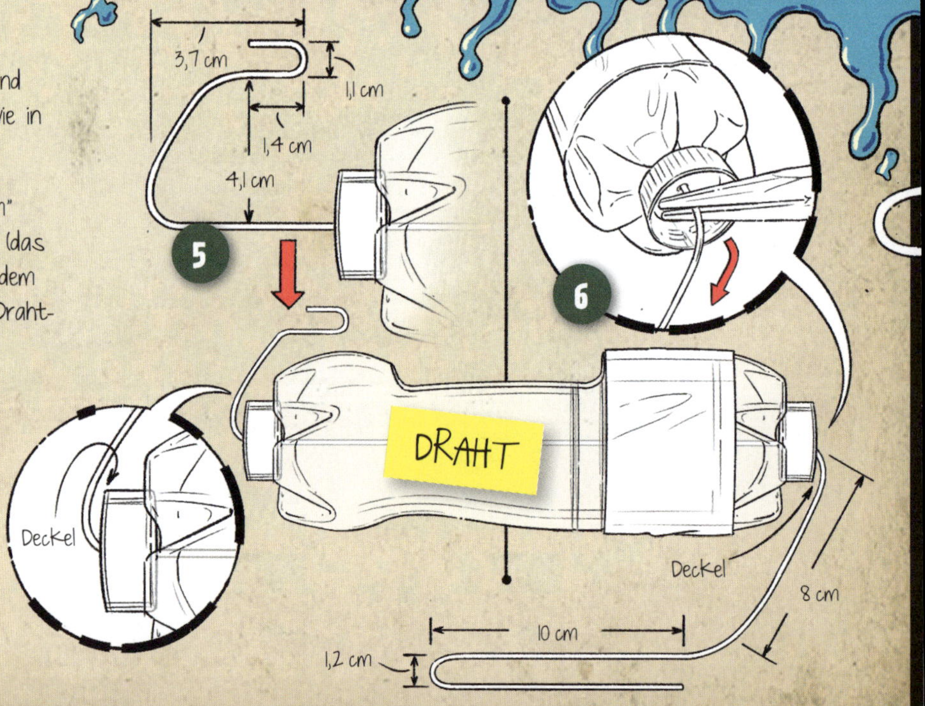

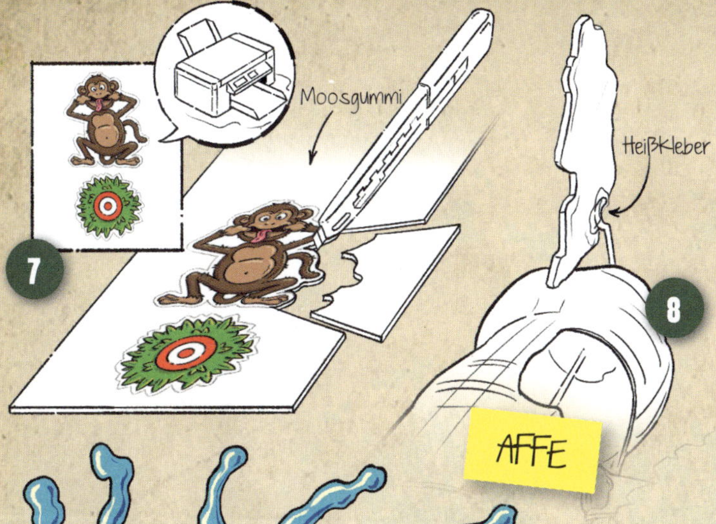

7 Druckt die Vorlage (Seite 204) auf Vinyl-Aufkleberpapier aus, klebt sie aufs Moosgummi und schneidet sie mit der Schere oder dem Cutter aus.

8 Den Affen mit Heißkleber an der oberen Drahtschleife festkleben.

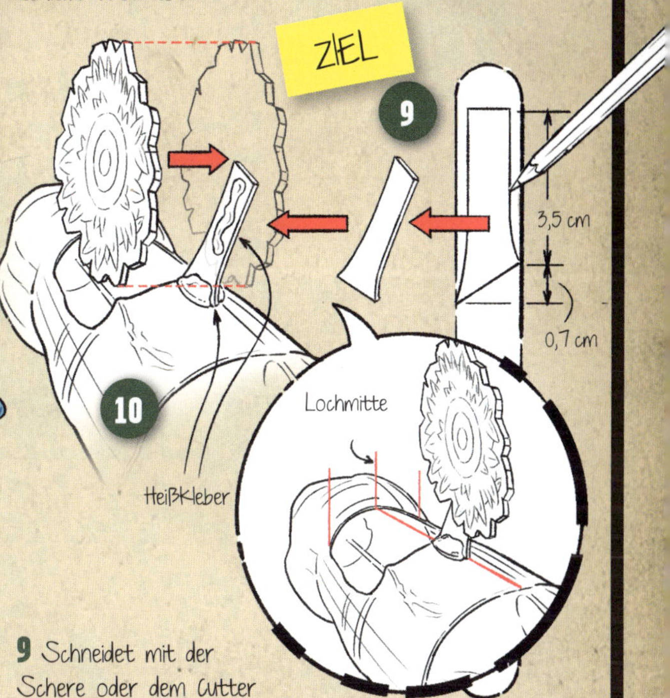

9 Schneidet mit der Schere oder dem Cutter aus dem Bastelstäbchen einen Ast zurecht.

10 Den Ast mit Heißkleber direkt neben das Loch im Stamm aufs Gewebeband kleben.

11 Malt den Stamm mit Acrylfarbe in Schwarz, Braun, Hellbraun und Beige an. Mit Acrylstiften könnt ihr feine Details wie die Holzmaserung einzeichnen.

AUFBAU & SPIELEN

Lasst euren Baumstamm im Pool, Eimer oder vielleicht sogar in der Badewanne schwimmen. Die Zielscheibe zeigt dabei senkrecht nach oben. Nun schießt ihr mit einer Wasserpistole oder Dartpfeilen darauf. Nach mehreren Treffern wird euer Affe baden gehen!

WASSERPISTOLEN-ZAUBERBILDER

FÜR ANFÄNGER

Wachsgemälde sind eine beliebte Maltechnik, aber normalerweise beschießt man sie nicht mit wasser- und farbgefüllten Pistolen. Was macht euch mehr Spaß: mit Wasser oder mit Farbe schießen?

SO GEHT DAS

MATERIALIEN

- Zeichenpapier, A3
- Kunststoffpipetten
- Marmeladengläser
- Wasserpistolen
- Gartenschlauch mit Brause
- Schnur und Wäscheklammern
- Wäscheleine
- Malerkrepp
- Klebeband
- Marker in Schwarz (nach Wunsch)
- Wachsmalstifte in Weiß oder Transparent
- Plakatfarben nach Wunsch
- Schere

VORLAGEN 10 (SEITE 217)

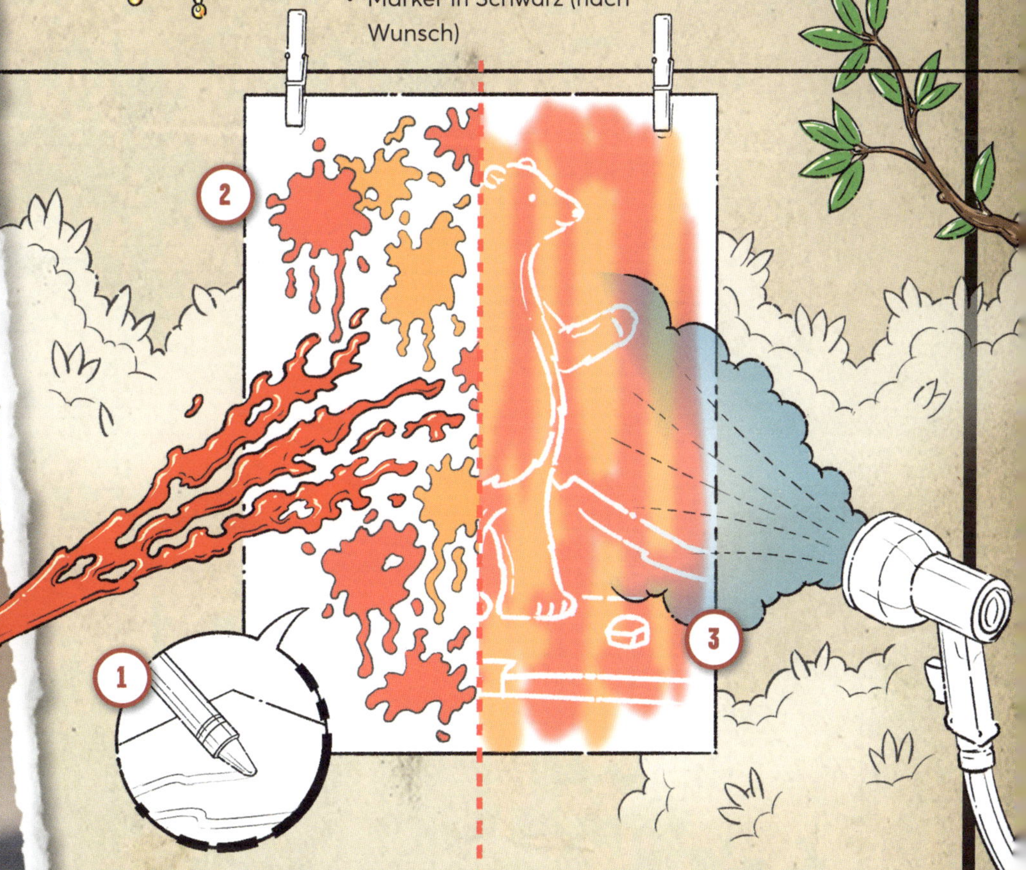

Ihr malt mit einem transparenten Wachsmalstift verschiedene Motive auf Zeichenpapier (1). Dann beschießt ihr die Blätter mit Wasserpistolen. Zuerst mit wasserverdünnter Farbe (2) und anschließend mit Wasser (3). So kommen wie aus Zauberhand versteckte Bilder zum Vorschein. Wenn das nicht magisch ist!

Das kleckert! Geht dafür am besten auf den Rasen.

1 Am schnellsten, aber auch am schwierigsten ist es, euer verborgenes Bild direkt mit transparentem Wachsmalstift aufs Zeichenpapier zu malen. Denn ihr seht nicht, was ihr malt. Aber so macht es auch am meisten Spaß und ihr könnt es direkt an der Wäscheleine aufhängen.!

2 Für ein garantiert tolles Ergebnis: malt ein Bild ab. Seid ihr künstlerisch begabt, könnt ihr es direkt mit schwarzem Marker frei Hand aufs A3-Papier zeichnen.

3 Aber ihr könnt auch ein Bild ausdrucken, z. B. die Tierkonturen auf Seite 217. Wenn möglich skaliert die A4-Seite auf A3-Format. Dann die zwei Seiten mit Klebeband zusammenkleben, außer natürlich ihr habt einen A3-Drucker!

ERSTE OPTION
FREESTYLE!

ZWEITE MÖGLICHKEIT
ABMALEN!

AUSDRUCKEN UND ZUSAMMENKLEBEN

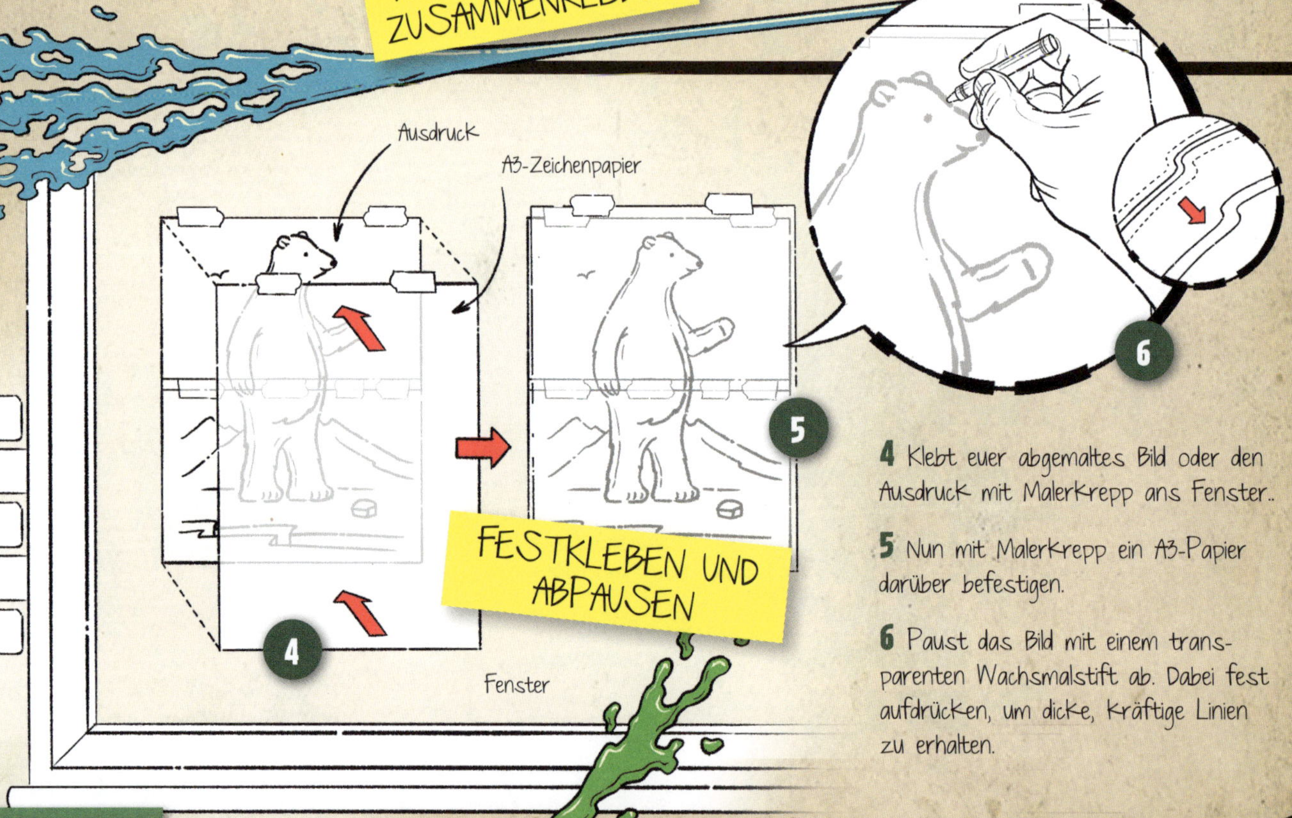

FESTKLEBEN UND ABPAUSEN

4 Klebt euer abgemaltes Bild oder den Ausdruck mit Malerkrepp ans Fenster..

5 Nun mit Malerkrepp ein A3-Papier darüber befestigen.

6 Paust das Bild mit einem transparenten Wachsmalstift ab. Dabei fest aufdrücken, um dicke, kräftige Linien zu erhalten.

7 Hängt eure Wachsbilder an eine Schnur und befestigt sie mit Wäscheklammern.

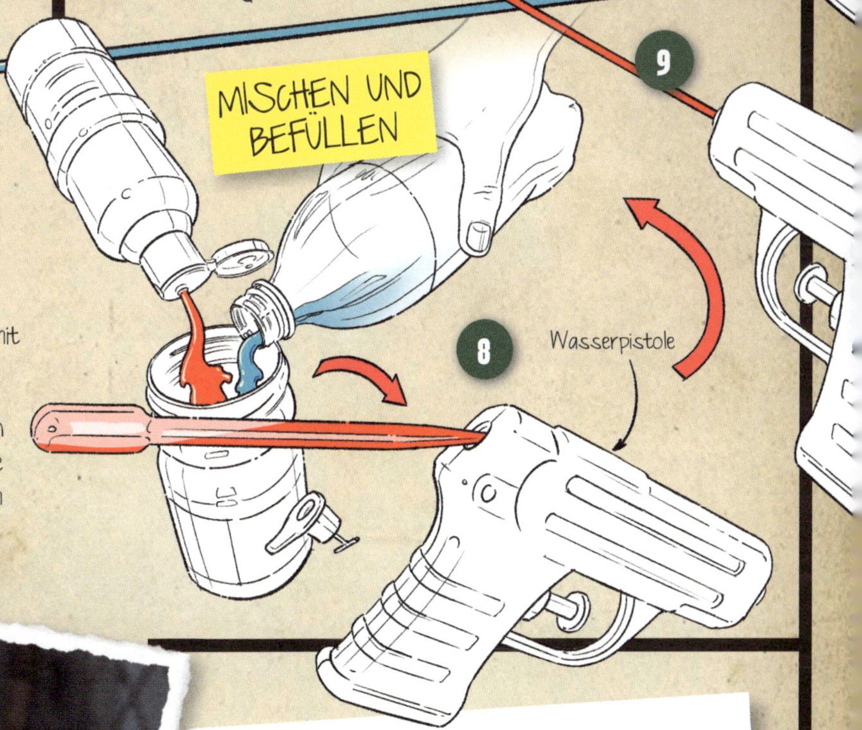

8 In alten Marmeladengläsern verschiedene Plakatfarben mit Wasser anmischen (Verhältnis 1:3) und dann mithilfe der Kunststoffpipetten in die Wasserpistolen füllen.

9 Nun lasst uns spielen! Beschießt eure Bilder mit Farbe. Je mehr Farbe, umso besser.

10 Danach spritzt ihr mit einem Wasserschlauch (oder einer Wasserpistole) auf die Bilder und eure verborgenen Zeichnungen kommen zum Vorschein!

DAS PERFEKTE PARTY-SPIEL

Es treten zwei Personen gegeneinander an: jeder schießt auf sein eigenes Ziel. Wer schafft es als erstes, das verborgene Bild aufzudecken und es zu benennen?

SACKLOCHSPIEL „BLINZELNDER WURM"

FÜR PROFIS

Sackloch ist ein super lustiges Outdoor-Spiel. Das Spiel macht dank eines raffinierten Gimmicks noch viel mehr Spaß. Versenkt ihr ein Säckchen im Loch, dann zwinkert euer Wurm!

MATERIALIEN

- Sperrholz, 1,2 cm stark, 61 cm x 121,9 cm
- Holz, 2,7 cm x 7 cm, 4,5 m lang
- 3 Bastelstäbchen, 15 cm x 1,7 cm
- Quadrat aus flexiblem Plastik, 17 cm x 17 cm (z. B. eine Ordnerhülle)
- 24 Schrauben, 4 mm x 40 mm
- 8 Schrauben, 5 mm x 60 mm
- 2 Flügelschrauben, 6 mm x 80 mm mit 2 Unterlegscheiben
- Ösenschraube, 25 mm
- kleiner Schraubhaken
- Heißklebepistole
- Gewebeband
- Holzleim (nach Wunsch)
- Spachtelmasse (nach Wunsch)
- Polyurethan-Lack in Satinweiß
- Acrylfarbe in Rosa, Schwarz, Grün und Creme (idealerweise Acrylstifte in Schwarz und Creme)
- Filzstift in Schwarz, wasserfest
- Gummiband, 3 mm stark, 12 cm lang
- Säge
- Lochsäge, 152 mm (nach Wunsch)
- Stichsäge
- Schmirgelpapier, 120-150er und 300-400er Körnung
- Bohrmaschine
- Bohrer, ø 2 mm, ø 3 mm, ø 4 mm, ø 5 mm und ø 6 mm
- Senkbohrer
- Akkuschrauber
- Zirkel
- Pinsel
- Bleistift
- Lineal oder Maßband
- Anschlagwinkel
- Schere und Cutter mit Schneideunterlage
- Moosgummi in Weiß, A4
- bedruckbares Vinyl-Aufkleberpapier, A4
- Drucker oder Fotokopierer (nach Wunsch)

VORLAGEN 11A UND 11B (SEITE 208-209)

Die Sackloch-Plattform entspricht dem Standard, aber das Loch („Auge") ist mit einer Sprungfeder ausgestattet. Jedes Mal, wenn ein Säckchen im Loch landet, zwinkert euer Wurm!

HOLZ ZUSÄGEN

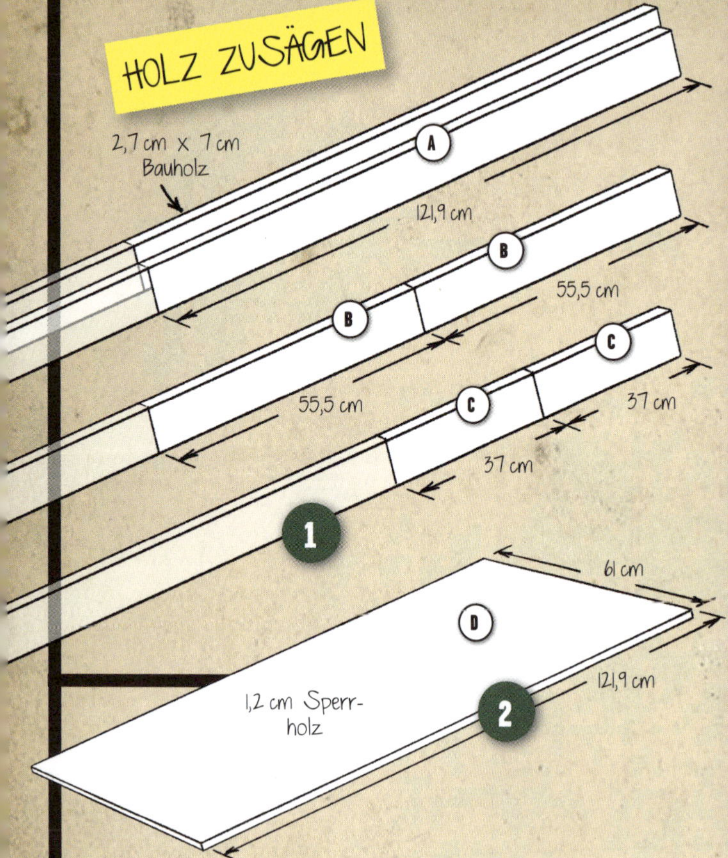

1 Sägt aus dem 2,7 cm x 7 cm Holz zwei 121,9 cm A, zwei 55,5 cm B und zwei 37 cm lange Teile C zu.

2 Ein 61 cm x 121,9 cm großes Sperrholzstück D zurechtsägen.

3 Glättet mit 120-150er Schmirgelpapier alle Kanten der zugeschnittenen Hölzer.

KANTEN GLÄTTEN

RAHMEN ZUSAMMENBAUEN

In den Schritten 4 bis 7 wird eine Ecke des Rahmens zusammenbaut. Wiederholt diese Schritte für die restlichen drei Ecken.

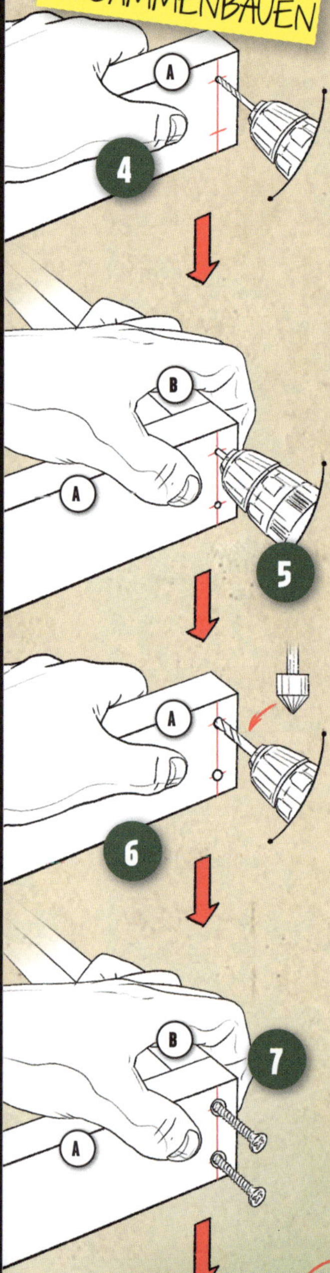

4 Wie gezeigt zwei 2 mm große Löcher am Ende von Teil A vorbohren.

5 Haltet Teil B an Teil A, um eine Ecke zu bilden. Bohrt nun durch die Löcher in Teil A zwei 2 mm große Löcher.

6 Vergrößert die Löcher in Teil A mit einem 5 mm-Bohrer und senkt sie anschließend ab.

7 Nun Teil A und Teil B mit zwei 5 mm x 60 mm Schrauben verbinden. Nach Wunsch könnt ihr die Ecke mit Holzleim dauerhaft fixieren.

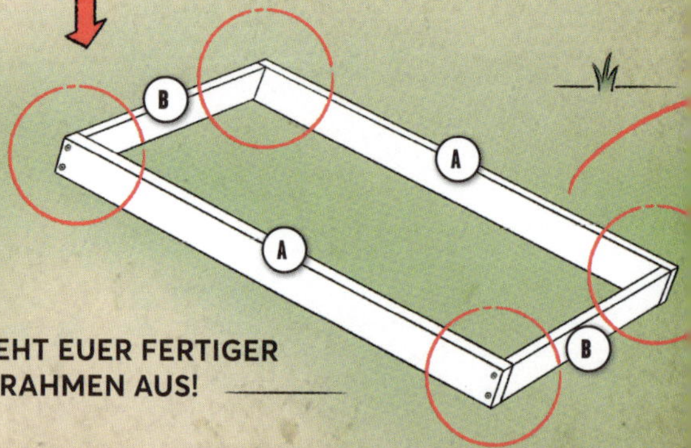

SO SIEHT EUER FERTIGER RAHMEN AUS!

LOCH BOHREN

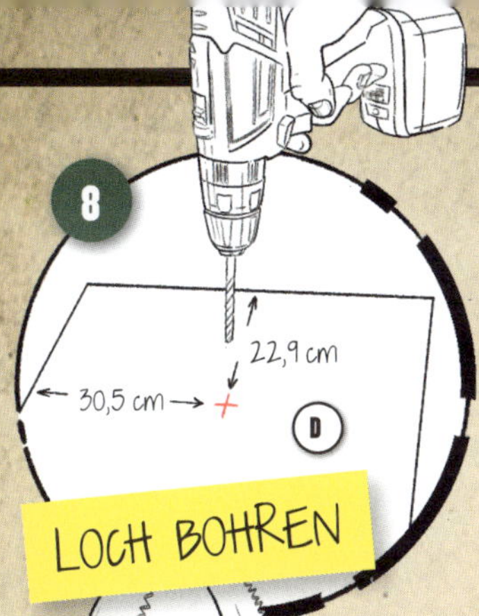

8 Bohrt in Teil D wie abgebildet ein 3 mm großes Loch vor.

9 Das Loch mit einer Lochsäge vergrößern (Ø 152 mm – der Kauf lohnt sich!) oder stattdessen mit einem Zirkel einen Kreis aufzeichnen und mit der Stichsäge ausschneiden.

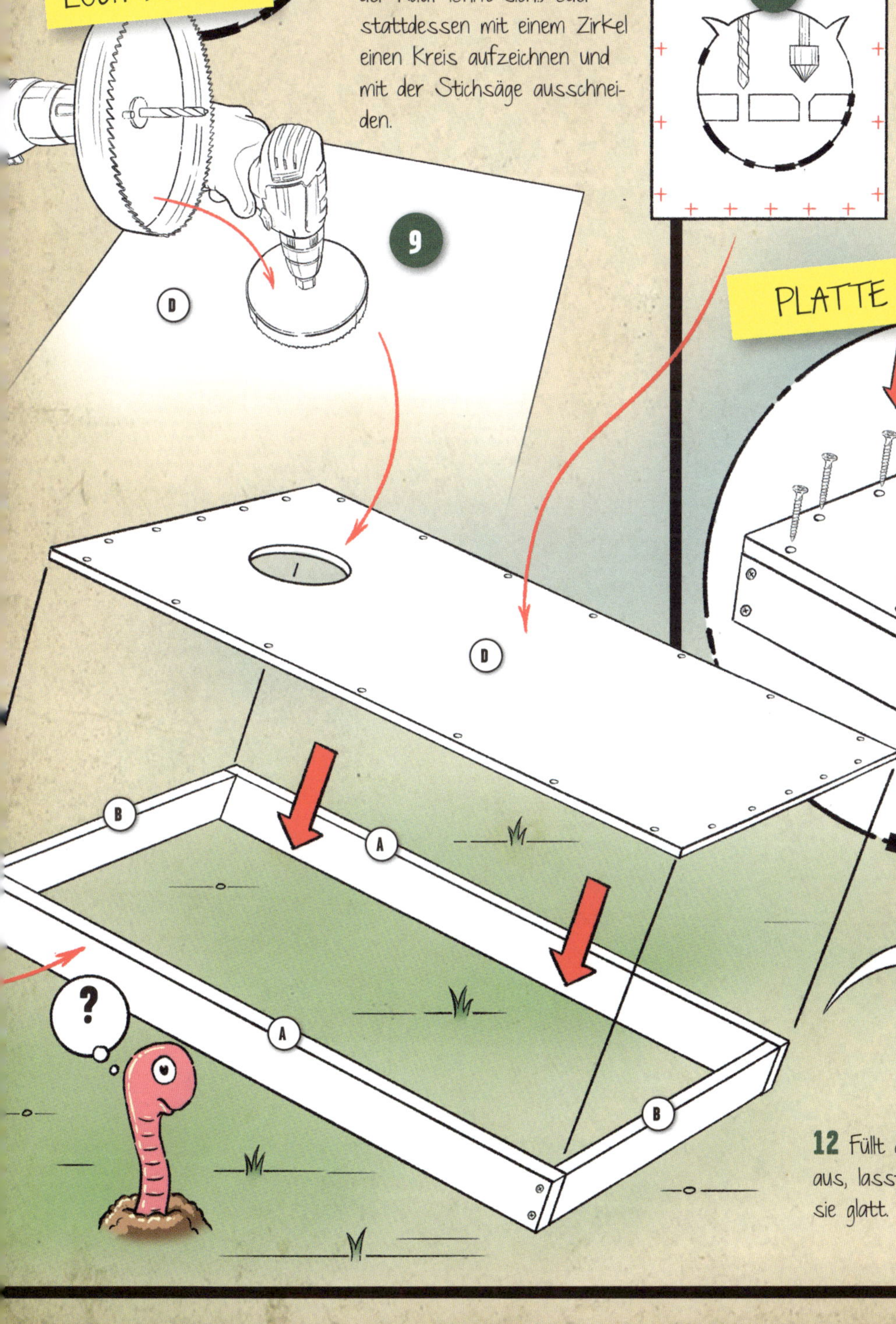

10 Bohrt mit einem Senkbohrer im Abstand von 1,3 cm zum Rand rund um die Platte 4 mm große Löcher und senkt diese anschließend ab.

11 Mit einem Akkuschrauber (ohne vorzubohren) Platte D mit 4 mm x 40 mm Schrauben am Rahmen befestigen. Fangt in den Ecken an, um den Rahmen rechtwinklig auszurichten. Nach Wunsch Holzleim zum dauerhaften Fixieren verwenden.

PLATTE ANBRINGEN

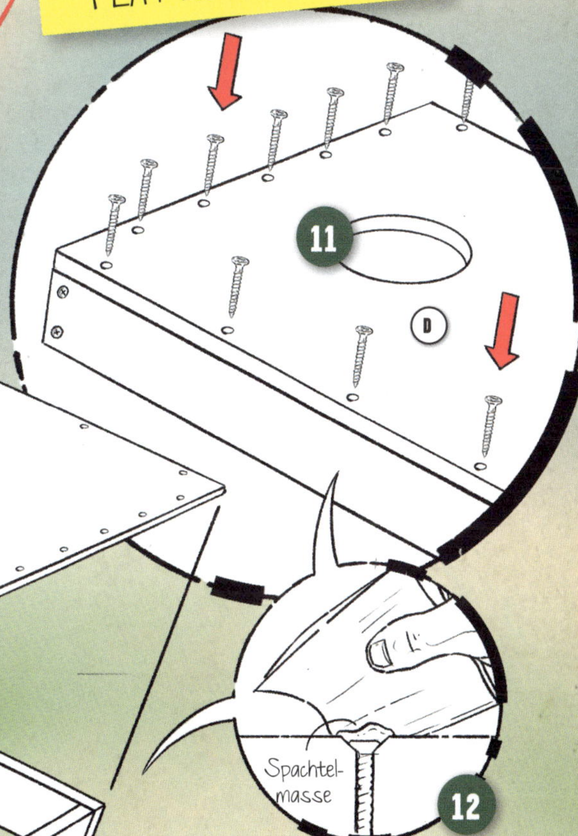

12 Füllt die Löcher mit Spachtelmasse aus, lasst sie trocknen und schmirgelt sie glatt.

BEINE VORBEREITEN

13 Mit Anschlagwinkel und Bleistift je zwei Linien wie gezeigt auf beide C-Teile zeichnen.

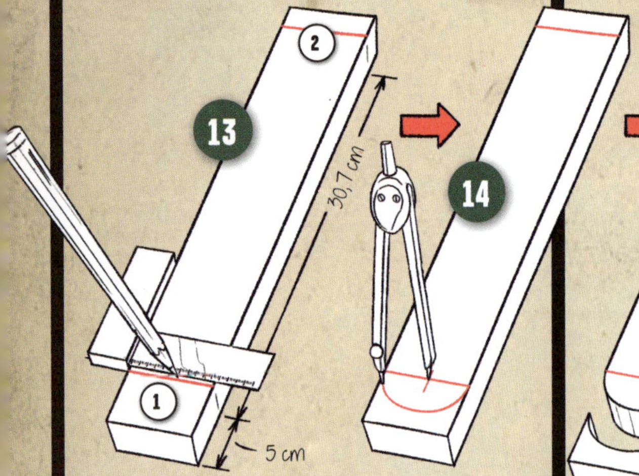

14 Markiert mit einem Lineal die Mitte der unteren Linie und zeichnet mit dem Zirkel einen Halbkreis von Außenkante zu Außenkante ein.

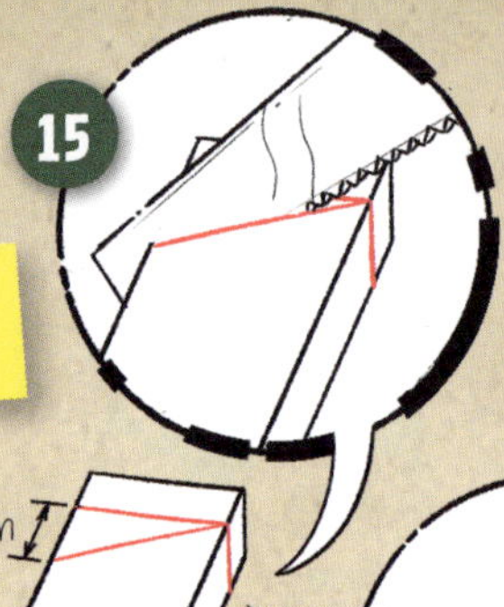

15 4,2 cm von der oberen Linie entfernt eine Markierung machen und wie gezeigt eine schräge Linie auf ein C-Teil einzeichnen.

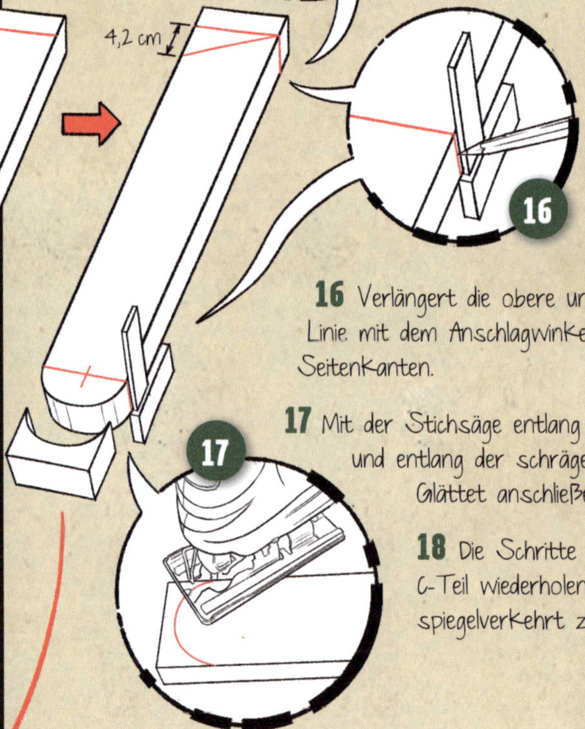

16 Verlängert die obere und untere Linie mit dem Anschlagwinkel über die Seitenkanten.

17 Mit der Stichsäge entlang des Halbkreises und entlang der schrägen Linie sägen. Glättet anschließend die Kanten.

18 Die Schritte 14–17 für das andere C-Teil wiederholen. Achtet darauf, spiegelverkehrt zu arbeiten.

BEINE ANBRINGEN

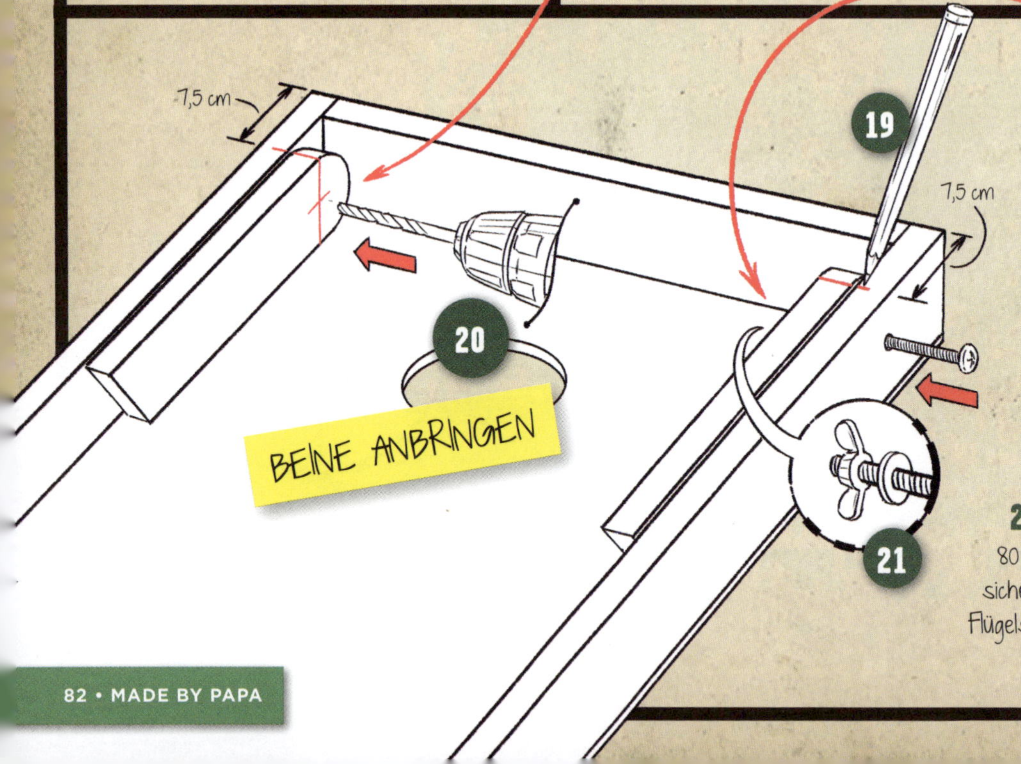

19 Dreht den Rahmen um. Beidseitig, 7,5 cm von der Oberkante entfernt, eine Markierung einzeichnen.

20 Legt die Beine mit der unteren Linie bündig an die eben gemachten Markierungen. Mittig durch die Linien ein 6 mm großes Loch bohren (durch die Beine und durch den Rahmen).

21 Dreht von außen je eine 6 mm x 80 mm Schraube in die Löcher und sichert sie innen mit Unterlegscheibe und Flügelschraube.

WURM MALEN

23 Skaliert die Vorlage (Seite 208) und druckt sie aus. Die Blätter mit Klebeband zusammenkleben und auf die Platte legen. Zeichnet mit schwarzem, wasserfestem Filzstift die Umrisse nach und malt alles mit grüner und rosa Acrylfarbe an.

24 Mit 300-400er Schmirgelpapier die Oberfläche glätten und weitere Schichten mit Wasser verdünnter Farbe auftragen.

25 Zeichnet mit Acrylstiften die schwarzen Umrisse nach und fügt weitere Details hinzu.

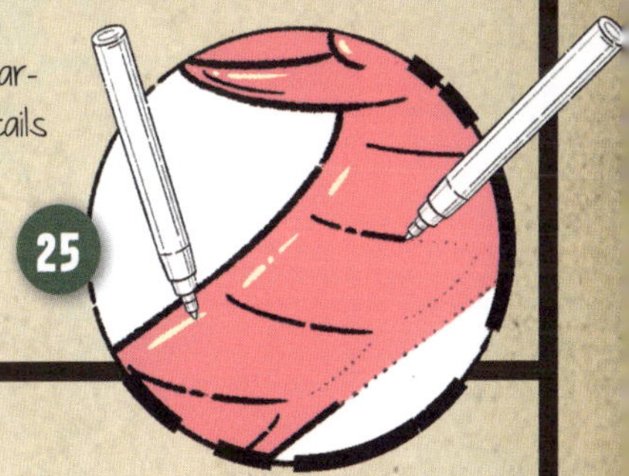

22 Die Beine entfernen. Malt den Rahmen, die Platte und die Beine mit weißer Farbe an. Acryl- oder lösungsmittelbasierte Farben verwenden. Mit lösungsmittelbasierten Farben wird die Oberfläche glatter, was besser fürs Sacklochspielen ist!

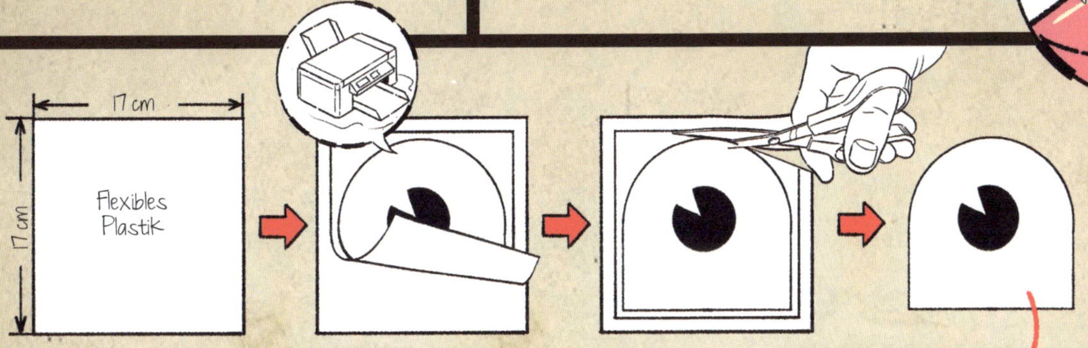

KLAPPE MIT AUGE BEFESTIGEN

26 Aus flexiblem Plastik (z. B. aus einer Ordnerhülle) ein 17 cm großes Quadrat ausschneiden. Druckt die Augen-Vorlage (Seite 209) auf Vinyl-Aufkleberpapier aus, klebt sie aufs Plastikquadrat und schneidet sie aus. Das Auge mit Gewebeband von innen an der Platte befestigen, sodass eine bewegliche Klappe entsteht.

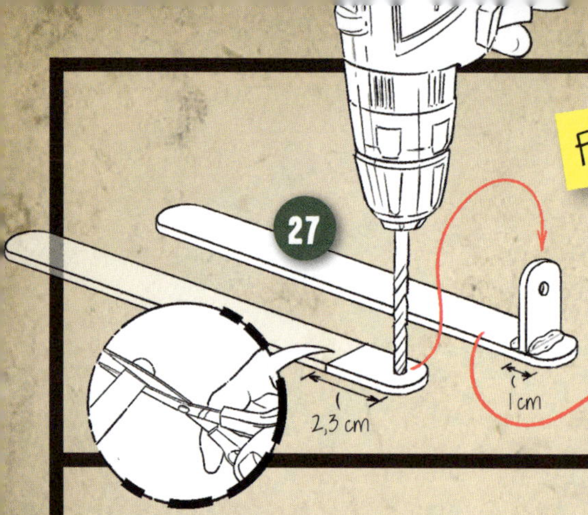

FEDER MONTIEREN

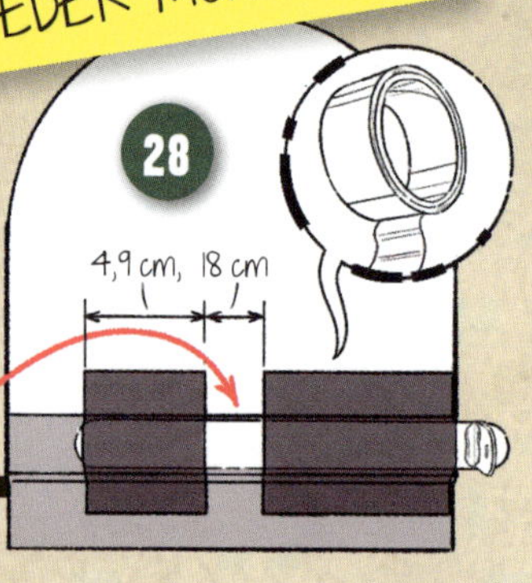

27 Schneidet von einem großen Bastelstäbchen ein 2,3 cm langes Stück ab, bohrt ins Ende ein 4 mm großes Loch und klebt es rechtwinklig mit Heißkleber auf ein anderes Stäbchen, 1 cm vom Ende entfernt.

28 Das Stäbchen mit zwei Klebestreifen an der Klappe befestigen. Lasst dazwischen eine Lücke frei!

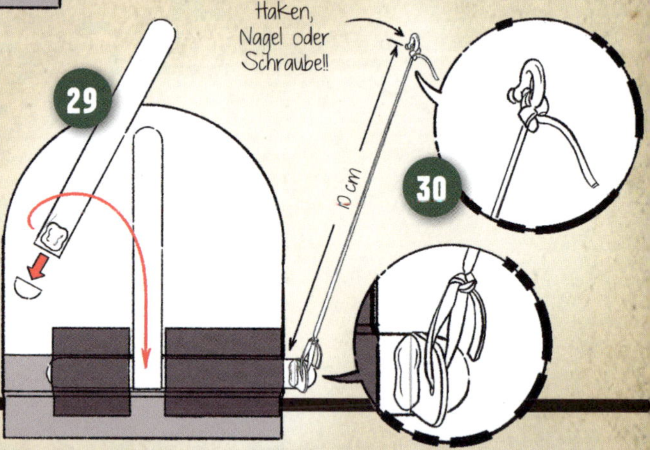

29 Vom letzten Stäbchen das Ende abschneiden und mit Heißkleber ans Stäbchen an der Klappe kleben.

30 Knotet das eine Ende des Gummibandes (3 mm stark, 12 cm lang) ans Loch im Stäbchen. Etwa 10 cm von der Klappe entfernt eine Ösenschraube in die Platte drehen und das andere Gummibandende daran festknoten. Das Band muss gespannt sein, damit die Klappe von alleine schließt!

SÄCKCHEN

Ihr benötigt für zwei Spieler insgesamt 8 Säckchen in 2 Farben.

Die Säckchen bestehen aus 15,2 cm großen Stoffquadraten, die mit 400 bis 450 g Mais gefüllt sind. Ihr könnt sie kaufen oder selbst nähen!

LASST UNS SPIELEN

Stellt euch etwa 4,5 m bis 8 m vom Spielbrett entfernt auf. Werft abwechselnd die Säckchen aufs Brett. Fällt ein Säckchen ins Loch, zählt es drei Punkte; bleibt es auf dem Brett liegen, nur einen Punkt. Die Säckchen müssen direkt, ohne Aufspringen, auf dem Brett landen und dürfen nicht den Boden berühren. Sonst erhaltet ihr keine Punkte.

Offiziell kann man auch Punkte verlieren, aber für den Anfang ist es einfacher, die Punkte nur zu addieren. Gewonnen hat wer als erstes die vorher vereinbarten Punkte erzielt hat.

Viel Spaß beim Werfen!

KAPITEL 3: ÜBERLEBENSHELFER

PFIFFIGER WÜRSTCHENDIEB

FÜR PROFIS

Wie kann man ohne Essen in der Wildnis überleben? Nun, ihr könntet wilde Beeren, Nüsse, Kräuter und Pilze sammeln. Oder ihr bastelt einfach diesen super-genialen Würstchendieb und „stehlt“ klammheimlich einen leckeren Snack vom Grill, wenn Mama und Papa nicht hinschauen (oder erst recht, wenn sie es tun!).

MATERIALIEN

- Holz, 3,4 cm x 1,8 cm, 116,8 cm lang
- Rundholz, ø 0,6 cm, 6,8 cm lang
- Rundholz, ø 1,8 cm, 9 cm lang
- Bastelstäbchen, 15 cm x 1,7 cm
- 2 Metallgabeln
- eingetrockneter Filzstift, ø 7-8 mm
- 5 Ösenschrauben, 30 mm
- 2 Schrauben, 3,5 mm x 25 mm
- Schraube, 4 mm x 40 mm
- Draht, ø 2 mm, 112 cm lang
- Heißklebepistole
- Gewebeband
- Acrylfarbe, nach Wunsch
- Gummiband , 3 mm stark, 5 cm lang
- Säge
- Schmirgelpapier, 120-150er Körnung
- Bohrmaschine
- Bohrer, ø 1,5 mm, ø 2 mm, ø 2,5 mm und ø 4 mm
- Senkbohrer
- Schraubendreher
- Zange mit Drahtschneider
- Pinsel
- Bleistift
- Lineal oder Maßband
- Schere oder Cutter mit Schneideunterlage

HOLZ ZUSÄGEN

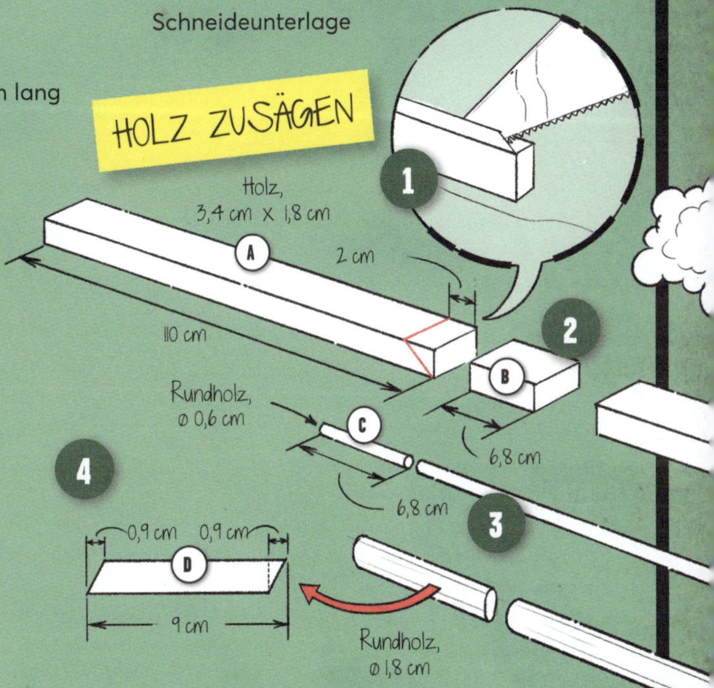

1 Zeichnet wie in Abbildung 1 eine Linie auf das Holz A (3,4 cm x 1,8 cm) an und sägt dann schräg entlang der (roten) Hilfslinie.

2 Vom gleichen Holz (3,4 cm x 1,8 cm) ein 6,8 cm langes Stück B absägen.

3 Sägt ein 6,8 cm langes Stück C vom Rundholz (ø 0,6 cm) ab.

4 Nach Wunsch für einen Griff die Enden eines Rundholzstückes (ø 1,8 cm) schräg absägen. Orientiert euch hierbei an den Maßen in Abbildung 4.

5 Von einem Filzstift mit ausreichend großem Innendurchmesser, zwei 1,8 cm lange Stücke E absägen. Das Rundholz (ø 6 mm) muss sich darin drehen können.

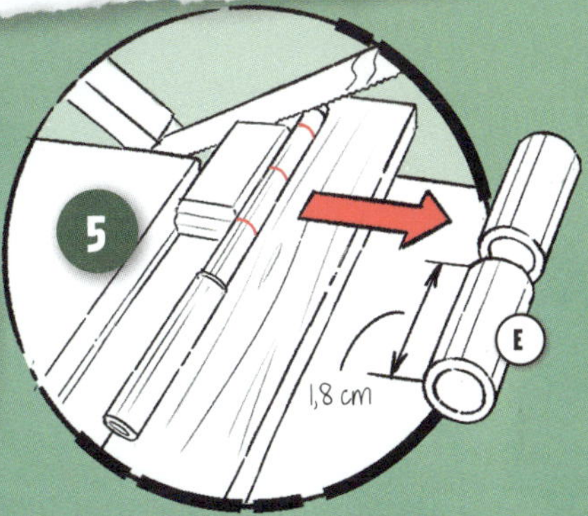

TIPP
VERWENDET SCHLEIFPAPIER, UM RAUE KANTEN ZU GLÄTTEN.

HABT IHR ALLES VERSTANDEN?
KÖNNT IHR ANHAND DER ZEICHNUNG SCHON ERAHNEN, WIE DER GREIFER FUNKTIONIERT?

BOHRLÖCHER

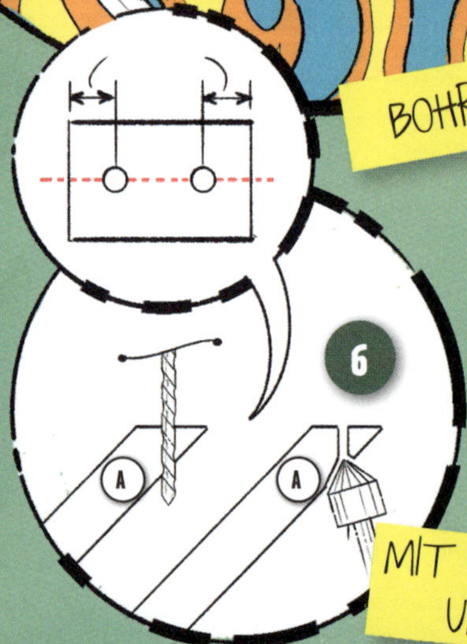

6 Bohrt senkrecht ins abgeschrägte Ende von Stück A wie in Bild 6 zwei 3,4 mm große Löcher und senkt sie auf der gegenüberliegenden Seite ab.

MIT GEWEBEBAND UMWICKELN

7 Ein 2 cm breites Stück Gewebeband (insgesamt dreimal) um den Griff einer Gabel wickeln, sodass ein Abstand von 10 cm zwischen dem Gabelende und dem Gewebeband entsteht.

MONTAGE DER LAGER

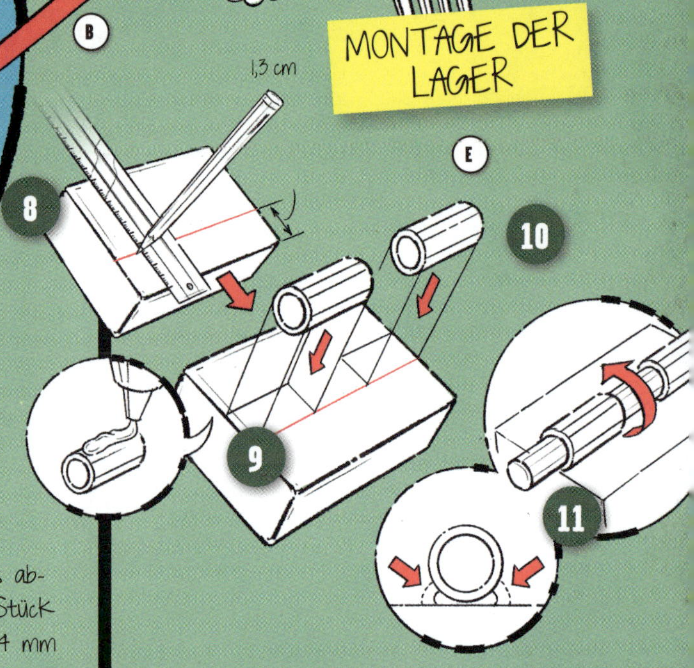

8 Zeichnet auf Stück B 1,3 cm von der Unterkante entfernt eine Markierungslinie an.

9 Der Länge nach Heißkleber auf die Teile E auftragen und oberhalb der Markierungslinie auf Stück B kleben. Die „Lager" E schließen dabei rechts und links bündig mit der Holzkante von Teil B ab.

10 Schiebt das Rundholz C durch beide „Lager". Es sollte sich leicht drehen lassen. Tut es das nicht, wiederholt Schritt 9.

11 Um die „Lager" zu fixieren, mehr Heißkleber auf die Verbindungsstellen auftragen, wie abgebildet.

HERSTELLUNG DES HEBELS

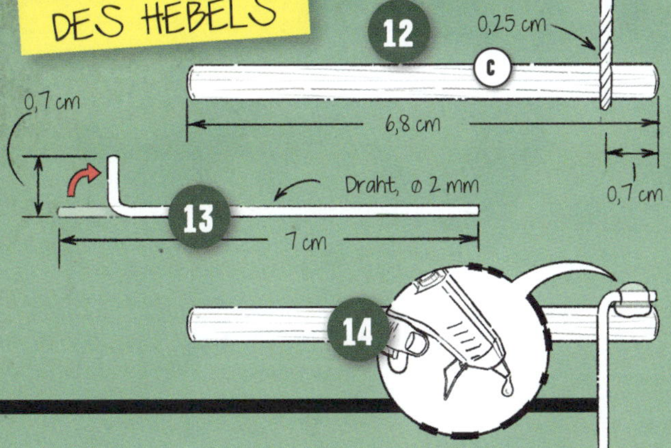

12 Bohrt ein 2,5 mm großes Loch 0,7 cm von einem Ende entfernt ins Rundholz C.

13 Mit dem Drahtschneider ein 7 cm langes Drahtstück abschneiden und (falls nötig) geradebiegen. Biegt den Draht 0,7 cm von einem Ende entfernt mit der Zange im rechten Winkel nach oben.

14 Den Draht durch das Loch schieben. Das kurze Drahtende liegt auf dem kurzen Holzende auf. Nun klebt ihr den Draht mit Heißkleber fest.

BEFESTIGUNG DER GABEL

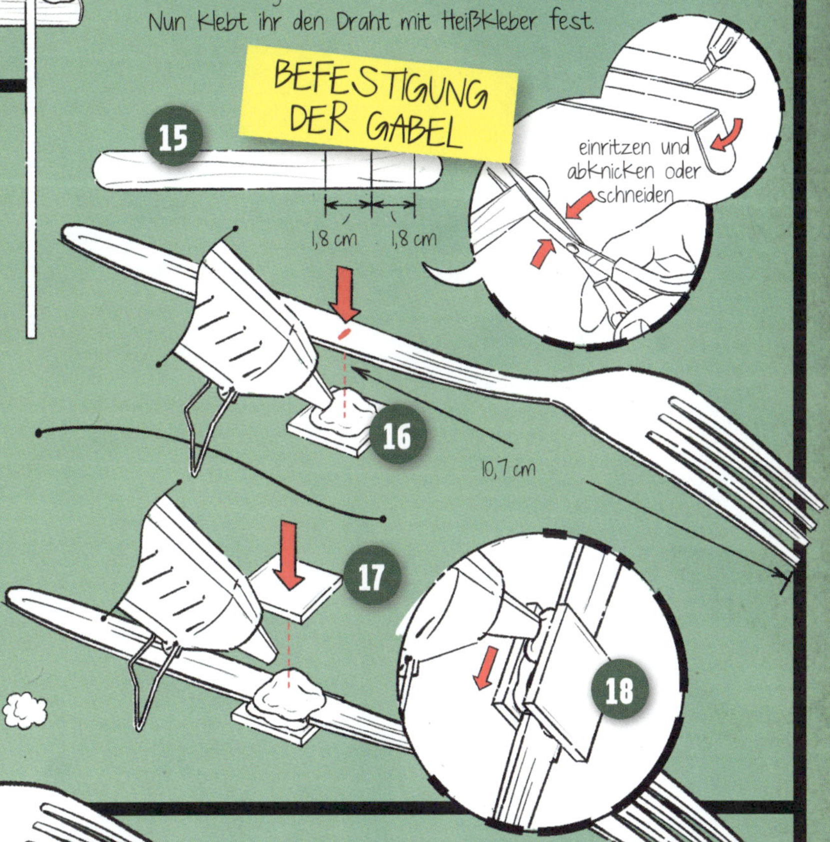

15 Mit der Schere zwei 1,8 cm lange Stücke von einem Bastelstäbchen (15 cm x 1,7 cm) abschneiden.

16 Markiert den Griff der zweiten Gabel 10,7 cm von der Spitze entfernt. Die Gabel mit viel Heißkleber auf ein Stäbchenstück kleben, sodass die Markierung in der Mitte liegt.

17 Klebt das zweite Stäbchenstück mit ausreichend Heißkleber so auf die Gabelmarkierung, dass beide Stäbchenstücke genau übereinander liegen.

18 Zur Verstärkung der Verbindungsstelle noch mehr Heißkleber zwischen die Stäbchenstücke geben.

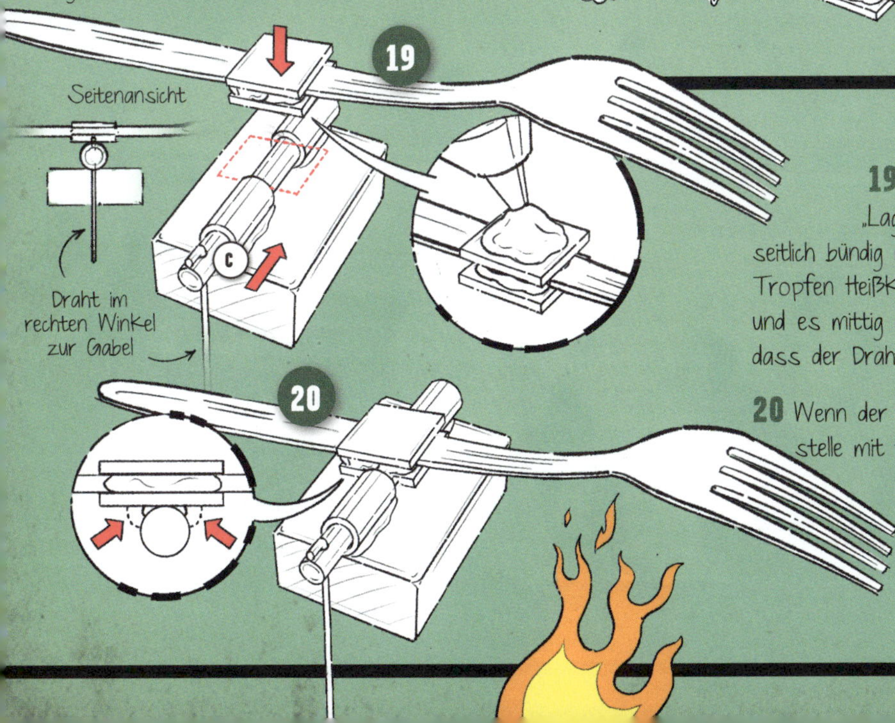

19 Schiebt das Rundholz C durch die „Lager". Das Holzende ohne Draht schließt seitlich bündig mit dem „Lager" ab. Nun einen großen Tropfen Heißkleber auf das untere Stäbchenstück geben und es mittig auf das Rundholz C kleben. Passt auf, dass der Draht dabei im rechten Winkel zur Gabel steht.

20 Wenn der Kleber getrocknet ist, die Verbindungsstelle mit Heißkleber verstärken.

MONTIEREN DER ÖSEN

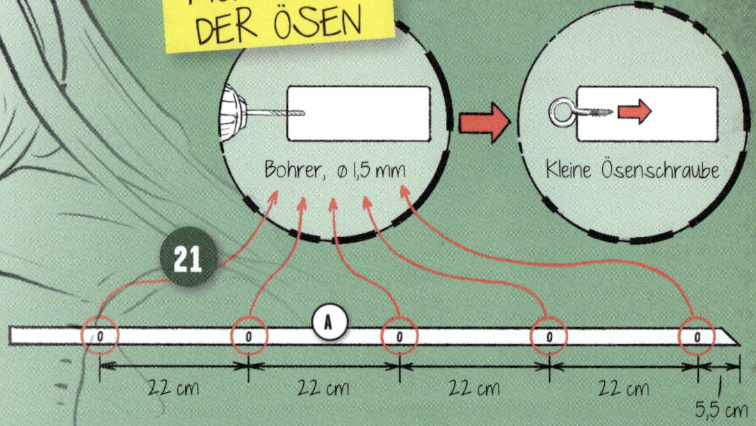

21 Bohrt fünf 1,5 mm große Löcher in die Kante von Teil A vor, wie in Abbildung 21. Anschließend fünf Ösenschrauben in die Löcher drehen. Die Ösen müssen senkrecht stehen, damit der Draht später durchpasst.

22 Nun drückt ihr das abgeschrägte Ende von Teil A mittig auf Teil B (gegenüber der befestigten Gabel). Die Spitze von Teil A soll bündig mit der Oberkante von Teil B abschließen.

23 Durch die in Teil A vorhandenen Löcher zwei 2 mm große Löcher in Teil B vorbohren.

24 Legt die Gabel mit dem Gewebeband zwischen Teil A und Teil B und dreht zwei 3,5 mm x 25 mm Schrauben durch die abgesenkten Löcher in die Vorbohrungen.

ANBRINGEN DES GREIFERS

25 Die Gabel mit dem Gewebeband so ausrichten, dass sich die Zinken beider Gabeln im geschlossenen Zustand berühren (Wenn sich die Gabel nicht bewegen lässt, löst die Schrauben leicht). Falls nötig, die Gabeln etwas auseinanderbiegen, damit der Greifer sich weiter öffnen lässt.

VERBINDEN DES DRAHTS

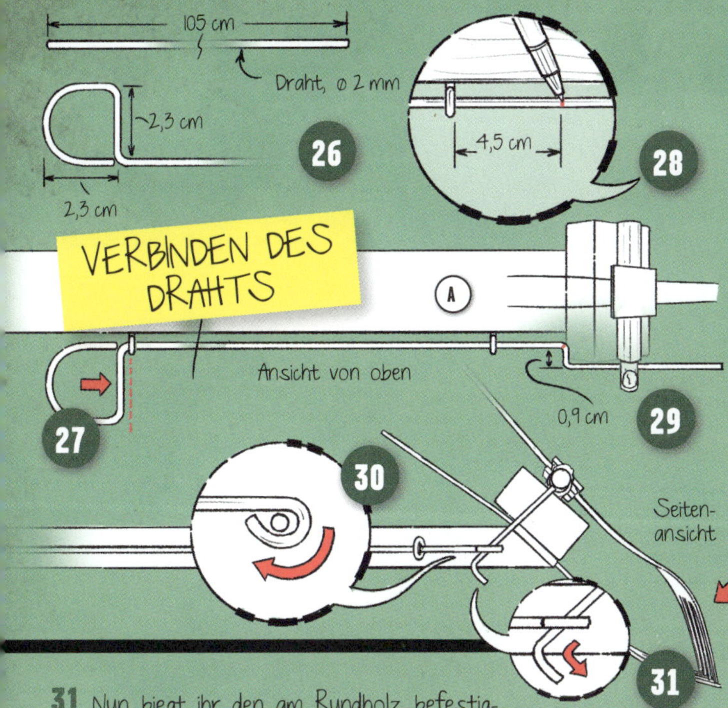

26 Schneidet ein 105 cm langes Drahtstück ab und biegt es mit der Hand gerade. Mit der Zange an einem Drahtende einen Griff wie in Abbildung 26 formen.

27 Schiebt den Draht durch die Ösenschrauben, bis der Drahtgriff an der ersten Öse anliegt.

28 4,5 cm hinter der letzten Öse (Drahtende ohne Griff) eine Markierung auf den Draht zeichnen.

29 Biegt den Draht an der Markierung mit der Zange zweimal im rechten Winkel. Der Griff soll dabei nach außen gerichtet sein.

30 Die Doppelbiegung an die letzte Öse schieben. Schließt die Gabeln und wickelt den Draht mit der Zange locker um den am Rundholz befestigten Draht. Den Draht nach Bedarf kürzen.

31 Nun biegt ihr den am Rundholz befestigten Draht ca. 7 mm vom Ende entfernt im rechten Winkel und schneidet ggf. überschüssigen Draht ab.

32 Ein Gummiband als Feder um beide Gabeln spannen.

33 Bohrt für den (optionalen) Griff ein 2 mm großes Loch ins Rundholz C vor und ein 4 mm großes, abgesenktes Loch (im gleichen Winkel) durch Teil A. Nun mit einer 4 mm x 40 mm Schraube beide Teile verbinden.

LETZTE HANDGRIFFE

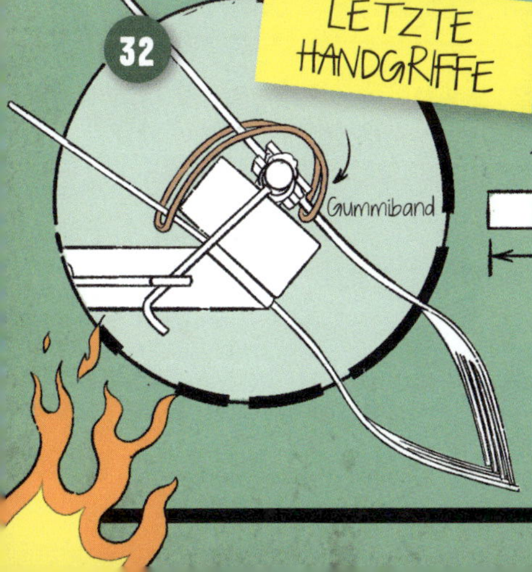

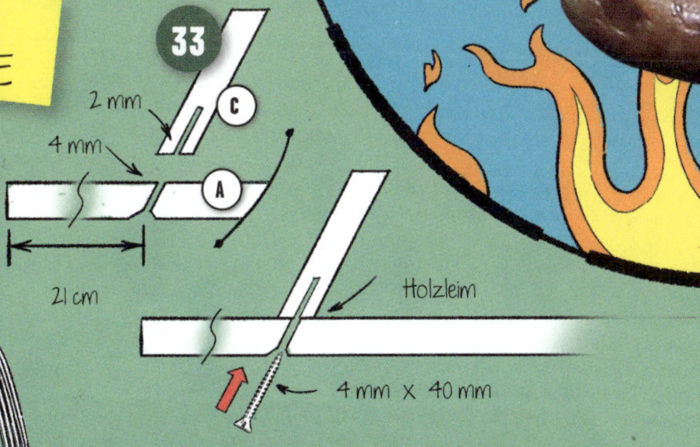

SPIONAGE-SEHROHR

FÜR FORTGESCHRITTENE

Mit diesem genialen, himmelblau-getarnten Sehrohr, Periskop genannt, gelingt es euch zu „sehen, ohne gesehen zu werden". Das Periskop ist die ideale Ausrüstung für euer Versteck. Durch die 360-Grad-Sicht kann euch niemand mehr überraschen!

SO GEHT DAS

Durch die zwei schräg angeordneten Acrylspiegel (1 und 2) wird das Licht um die „Ecke" gelenkt. So könnt ihr aus eurem Versteck die Umgebung von oben betrachten!

Das Periskop ist drehbar. Dadurch habt ihr eine Rundumsicht (3).

MATERIALIEN

- Holz, 4,4 cm x 4,4 cm, 115 cm lang
- Holz, 4,4 cm x 1,8 cm, ca. 18 cm lang
- Rundholz, ø 2,1 cm, 35 cm lang
- PVC-Rohr, ø 11 cm, 180 cm lang
- PVC-Winkel 90°, ø 11 cm
- Acrylglas-Spiegel, A5
- 5 Schrauben, 4 mm x 40 mm
- Schraube, 3,5 mm x 16 mm
- Heißklebepistole
- Malerkrepp
- Gewebeband
- Zwei-Komponenten-Epoxidkleber
- Acrylfarbe in Weiß
- Haftgrundierung: Spray in Grau
- Sprühfarbe in Himmelblau
- Filzstift
- Papier, A3 oder A4
- Säge
- Stichsäge
- Lochsäge, ø 102 mm und ø 22 mm
- Bügelsäge (nach Wunsch)
- Schmirgelpapier, 120-150er Körnung
- Bohrmaschine
- Bohrer, ø 2 mm, ø 3 mm, ø 3,5 mm und ø 4 mm
- Senkbohrer
- Schraubendreher (Akkuschrauber)
- Gummihammer
- Pinsel

Was habt ihr entdeckt (Hinweis auf Seite 151)?

So sieht das Sichtfeld aus (4). Es ist sehr klein, aber ausreichend, um sich gegen Überraschungen aus dem Hinterhalt zu schützen!

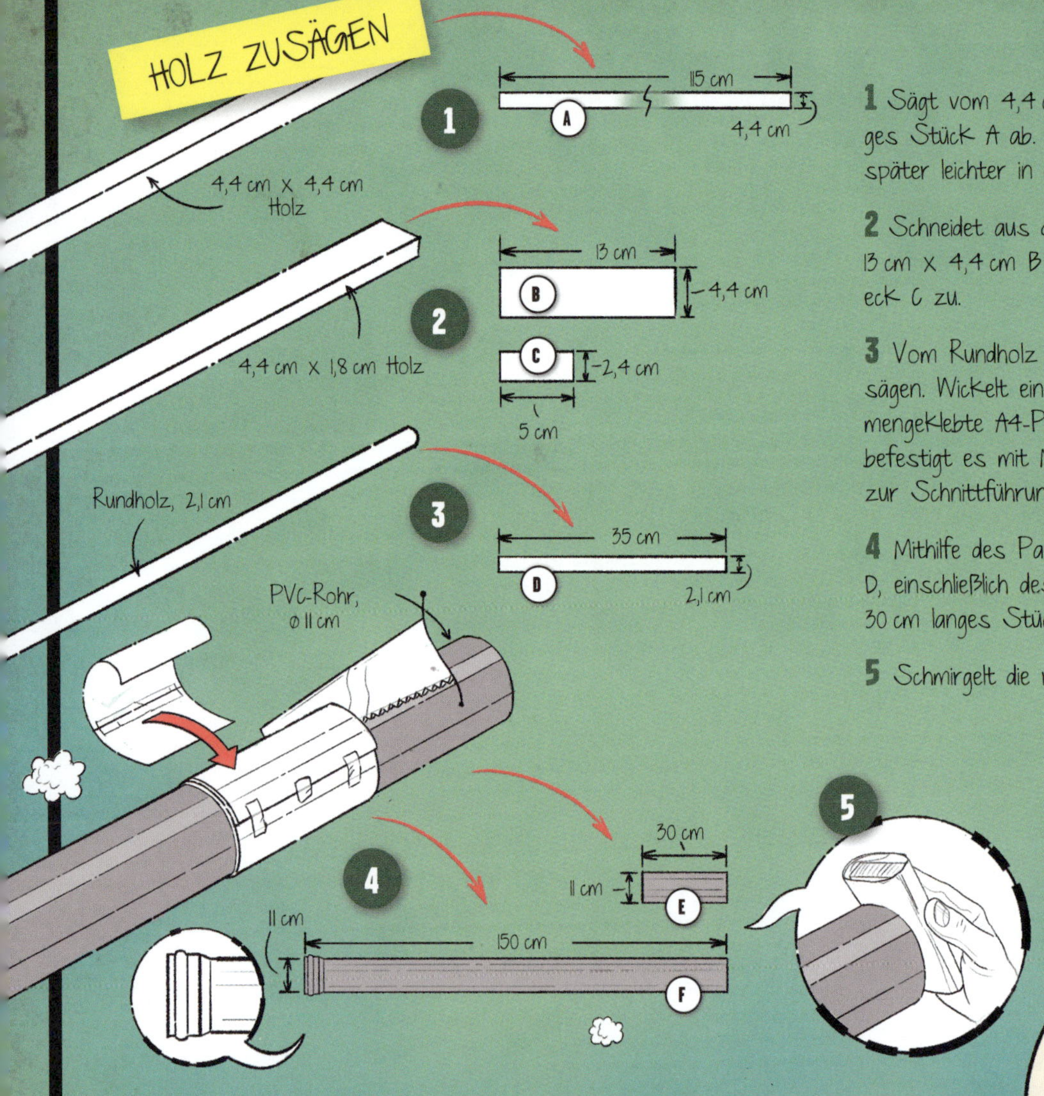

1 Sägt vom 4,4 cm x 4,4 cm Holz ein 115 cm langes Stück A ab. Ein Ende spitz zusägen, um es später leichter in den Boden schlagen zu können!

2 Schneidet aus dem 1,8 cm dicken Holz ein 13 cm x 4,4 cm B und ein 5 cm x 2,4 cm Rechteck C zu.

3 Vom Rundholz ein 35 cm langes Stück absägen. Wickelt ein A3-Papier (oder zwei zusammengeklebte A4-Papiere) um das PVC-Rohr und befestigt es mit Malerkrepp. Die Papierkante dient zur Schnittführung.

4 Mithilfe des Papierlineals ein 150 cm langes Rohr D, einschließlich des Verbindungsstücks, und ein 30 cm langes Stück E zusägen.

5 Schmirgelt die rauen Schnittkanten glatt.

6 Mit einem Filzstift zwei Rechtecke (G und H) auf die Schutzfolie des Acrylglas-Spiegels aufzeichnen.

7 Sägt die Rechtecke mit der Bügelsäge aus.

8 Auf Teil H wie im Bild die Diagonalen einzeichnen und die Ecken mit der Bügelsäge absägen. Entfernt dann die Schutzfolie.

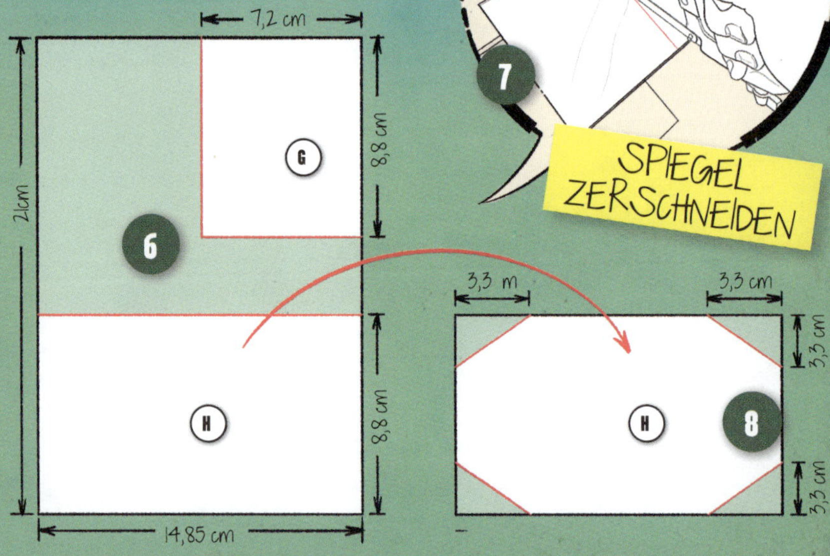

GUCKLOCH AUSSÄGEN

9 In Teil F ein 3 mm großes Hilfsloch, 71,6 cm von dem Ende ohne Verbindungsstück entfernt bohren. Sägt dann mit der 102 mm Lochsäge ein Loch.

10 Um das Loch vollständig aussägen zu können, die Lochsäge zum Ende hin leicht schräg halten.

11 Glättet die rauen Schnittkanten des Rohrs mit Schmirgelpapier.

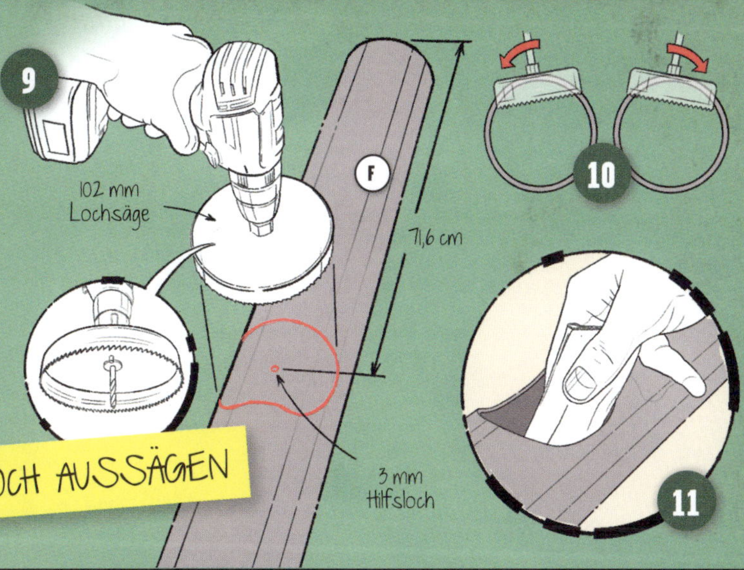

GRIFF ANBRINGEN

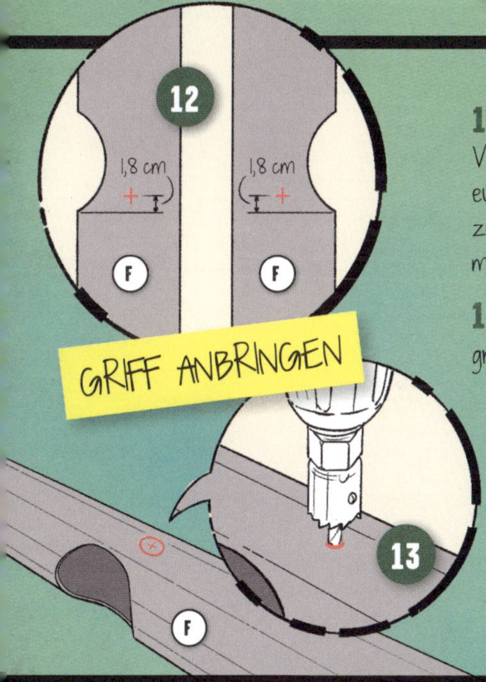

12 Teil F so vor euch hinlegen, dass das Verbindungstück nach oben zeigt. Orientiert euch am unteren Rand des Loches und zeichnet beidseitig eine Linie ein. Nun die Stelle mittig, 1,8 cm oberhalb der Linien markieren.

13 Bohrt an den Markierungen je ein 3 mm großes Hilfsloch und sägt dann mit der Lochsäge zwei 22 mm große Löcher.

14 Das Rundholz D durch die Löcher schieben, mittig im Rohr positionieren und mit Heißkleber fixieren.

SPIEGEL ANBRINGEN

15 Legt Teil F mit dem Loch nach oben vor euch und setzt den Spiegel G ins Loch. Die unteren Spiegelecken liegen auf der Rohrinnenseite auf und die oberen Ecken auf dem Rundholz.

16 Die Ecken des Spiegels mit je einem Tropfen Heißkleber fixieren.

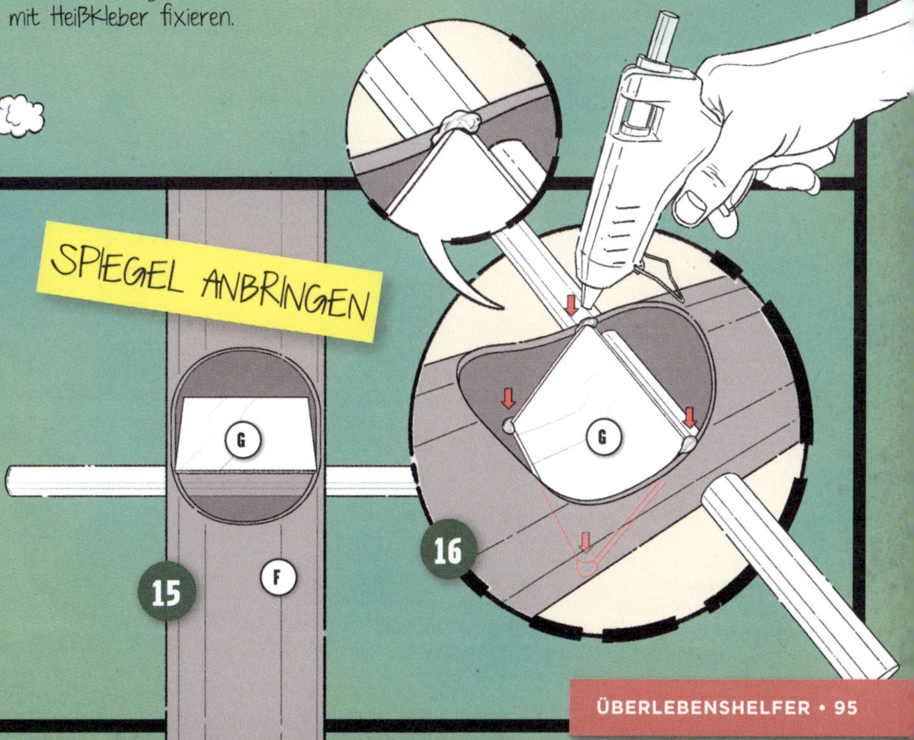

DAS INNENROHR

17 Klebt der Länge nach zwei Streifen Malerkrepp im Abstand von 2,9 cm auf Teil E. Mit der Stichsäge entlang der Kreppstreifen-Innenkanten (siehe rote Linie) sägen. Die Kanten mit Schmirgelpapier glätten.

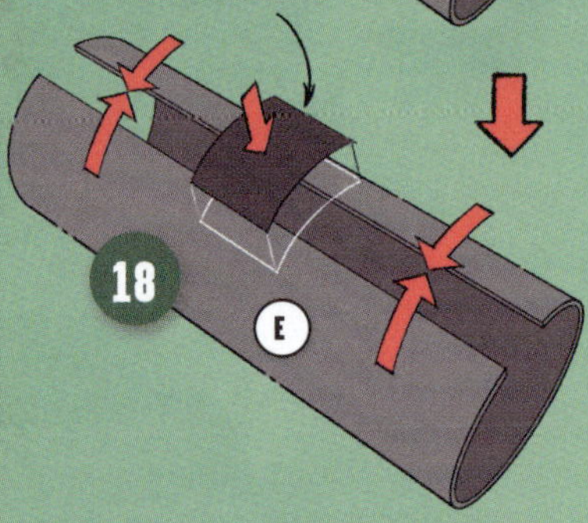

18 Drückt das Rohr zusammen, um die Lücke zu schließen und fixiert es mittig mit einem Stück Gewebeband.

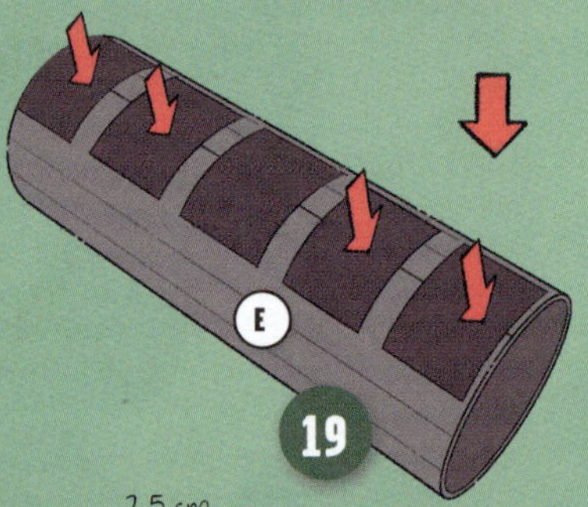

19 Entlang der Verbindungsstelle weitere Stücke Gewebeband auf das Rohr kleben. Testet durch Druck, ob die Verbindungstelle stabil ist.

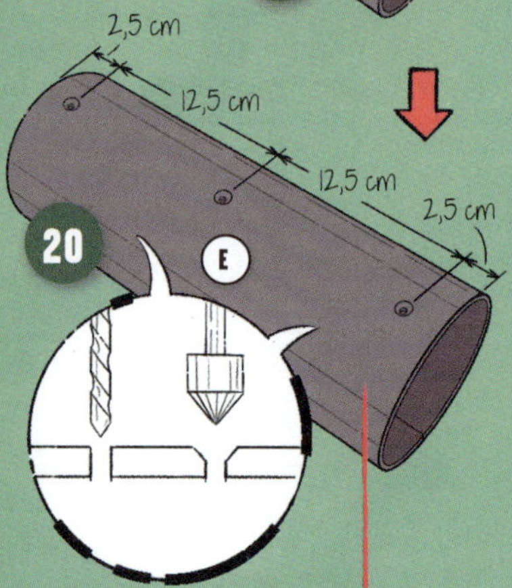

20 Auf der anderen Rohrseite in einer Linie drei 4 mm große Löcher bohren. Senkt die Löcher ab, damit die Schraubenköpfe bündig mit der Oberfläche abschließen.

ANBRINGEN DES ROHR-EINSATZES

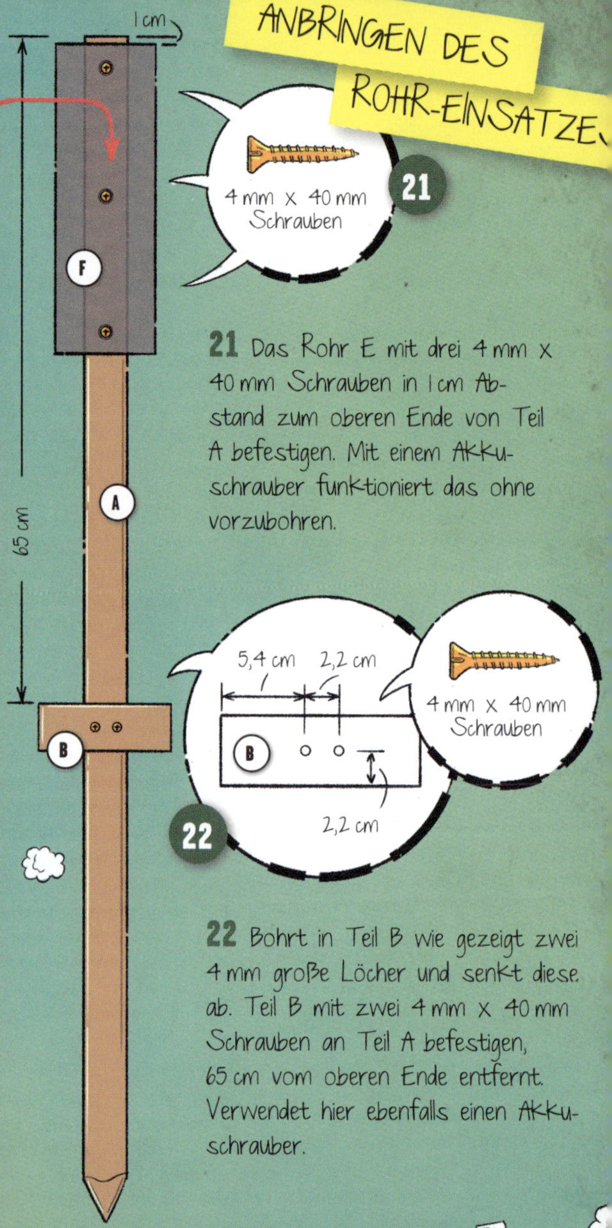

21 Das Rohr E mit drei 4 mm x 40 mm Schrauben in 1 cm Abstand zum oberen Ende von Teil A befestigen. Mit einem Akkuschrauber funktioniert das ohne vorzubohren.

22 Bohrt in Teil B wie gezeigt zwei 4 mm große Löcher und senkt diese ab. Teil B mit zwei 4 mm x 40 mm Schrauben an Teil A befestigen, 65 cm vom oberen Ende entfernt. Verwendet hier ebenfalls einen Akkuschrauber.

23 Sucht euch einen passenden Ort für euer Periskop und schlagt Teil A mit dem Gummihammer in den Boden. Das Periskop am besten hinter einer Hecke oder einem Busch verstecken. Sichtbar auf dem Rasen bringt es euch nicht viel!

OBERER SPIEGEL

24 Bohrt im Abstand von 0,5 cm eine Reihe von 2 mm großen Löchern in die schmale Seite von Teil C.

25 Teil C mit Zwei-Komponenten-Epoxidkleber mittig auf die Rückseite von Spiegel H kleben (Heißkleber verzieht das Acryl).

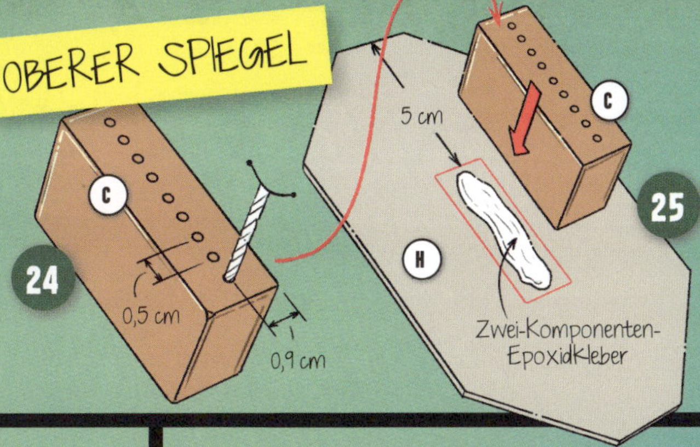

LETZTE HANDGRIFFE

26 Bohrt mittig in den Bogen des PVC-Winkels ein 3,5 mm großes Loch und senkt es ab.

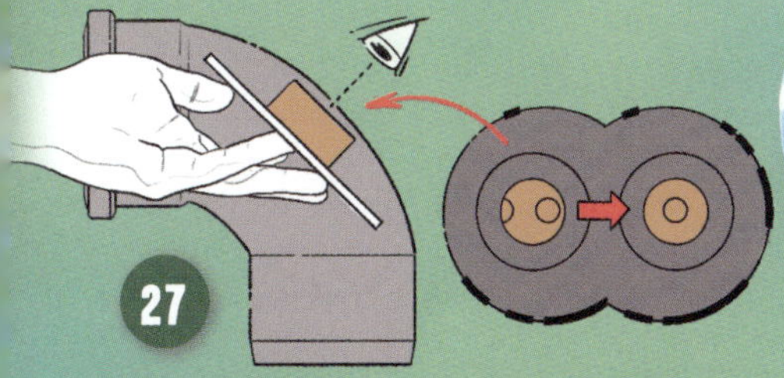

27 Den Spiegel so in den Bogen einsetzen, dass die Löcher durch das Bohrloch zu sehen sind und das mittlere Loch von Teil C unter dem Bohrloch positionieren.

28 Befestigt Teil C durch das Bohrloch mit einer 3,5 mm x 16 mm großen Schraube am Rohr. Die Schraube vorsichtig anziehen und den Spiegel erst loslassen, wenn er festsitzt.

29 Setzt den PVC-Winkel oben auf Teil F. Die obere Öffnung zeigt in die vom Guckloch abgewandte Richtung.

30 Teil F auf den Pfosten schieben, den ihr in Schritt 23 in den Boden geschlagen habt. Nun testet euer Periskop!

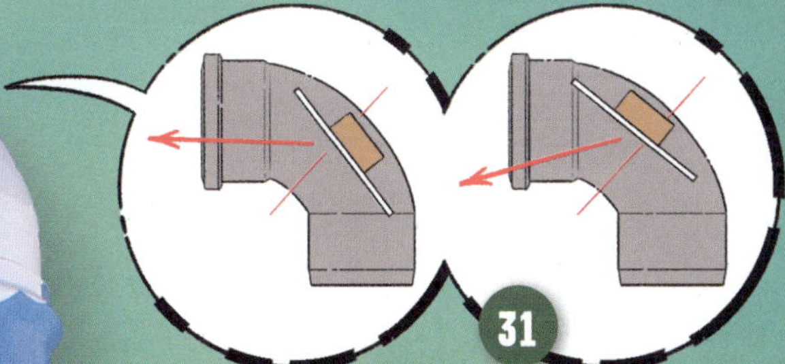

31 Um euer Periskop richtig einzustellen, bei Bedarf die Schritte 27 und 28 wiederholen und ein anderes Loch in Teil C verwenden.

32 Ist euer Periskop richtig eingestellt, deckt die Spiegel mit Zeitungspapier ab und besprüht das Rohr mit grauer Grundierung und nach dem Trocknen mit himmelblauer Farbe. Wolken mit weißer Acrylfarbe und einem Pinsel aufmalen. Nun ist euer Periskop einsatzbereit!

EXPLOSIVER STOLPERDRAHT

FÜR ANFÄNGER

Schützt euer Reich mit diesem genialen Stolperdraht vor wilden Tieren und lästigen Geschwistern. Wird er ausgelöst, zerplatzt ein Ballon und allen wird ein ordentlicher Schrecken eingejagt. Also vergesst nicht, wo ihr ihn hingestellt habt!

Ein Hebel mit einer „Sprungfeder“ und einem Nagel an einem Ende (1) wird durch ein Holzstück fixiert, das an einem Stolperdraht (2) befestigt ist. Wird an dem Draht gezogen, löst sich das Holzstück vom Hebel. Der Hebel schnellt nach oben und der Nagel bringt den Ballon zum Platzen!

MATERIALIEN

- Holzleiste, 1,1 cm x 0,6 cm, 83 cm lang
- Luftballon in Grün
- kleiner Pappbecher
- 3 Schrauben, 3,5 mm x 16 mm
- kleiner Nagel
- Heißklebepistole
- Acrylfarbe in Hellgrün und Dunkelgrün
- Garn, mind. 3 m
- Gummiband, ø 2-3 mm, 6 cm lang
- Säge
- Schmirgelpapier, 120-150er Körnung
- Bohrmaschine
- Bohrer, ø 2,5 mm und ø 4 mm
- Schraubendreher (Akkuschrauber)
- Pinsel
- Bleistift
- Lineal oder Maßband
- Schere und Cutter mit Schneideunterlage

HOLZ ZUSÄGEN

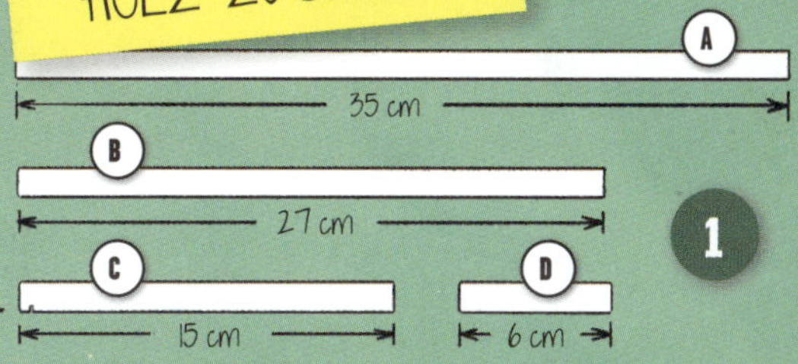

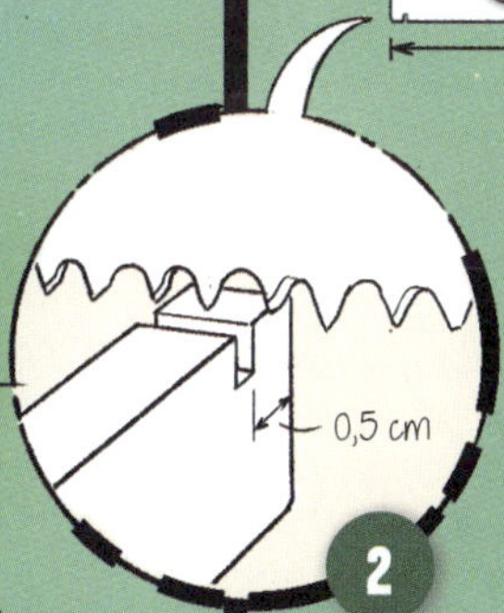

1 Sägt die Holzleiste in die angegebenen Längen Teil A, B, C und D zu. Die Kanten mit Schmirgelpapier glätten.

2 Macht mit der Handsäge eine Kerbe in die schmale Seite von Teil C, etwa 0,5 cm vom Rand entfernt, und glättet die SchnittKanten.

LÖCHER BOHREN

3 In Teil A wie abgebildet drei 2,5 mm große Löcher vorbohren.

4 Bohrt in Teil B, 1,5 cm von einem Ende entfernt, ein 4 mm großes Loch.

5 In Teil C wie gezeigt zwei 4 mm große Löcher bohren.

6 Bohrt in Teil D, 1,5 cm von einem Ende entfernt, ein 4 mm großes Loch.

7 Die Enden von Teil A und B am Ende ohne Löcher mit dem Cutter spitzen.

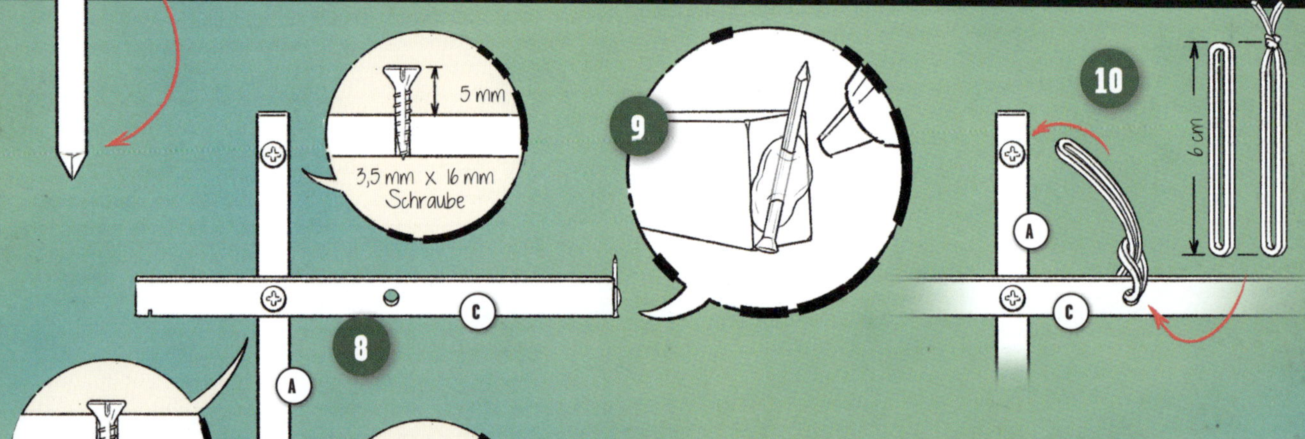

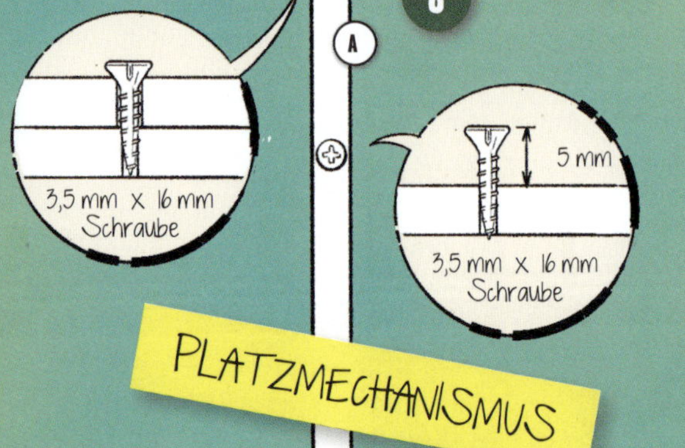

PLATZMECHANISMUS

8 Dreht je eine 3,5 mm x 16 mm Schraube ins obere und untere Loch von Teil A und lasst sie 5 mm herausragen. Mit einer 3,5 mm x 16 mm Schraube Teil C an Teil A befestigen (dreht die Schraube nicht zu fest, Teil C muss sich noch bewegen lassen).

9 Klebt mit Heißkleber einen kleinen Nagel wie in der Abbildung am Ende von Teil B fest.

10 Das Gummiband im Loch von Teil C befestigen und das andere Ende über die obere Schraube von Teil A stülpen.

Becher anbringen

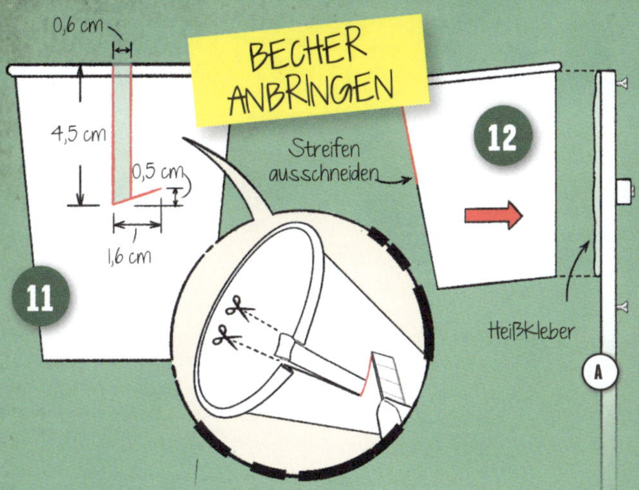

11 Schneidet mit der Schere und dem Cutter einen Streifen aus dem Becher und fügt unten einen kleinen Schlitz hinzu. Orientiert euch an den abgebildeten Maßen.

12 Den Becher mit Heißkleber oben an Teil A befestigen.

Letzte Handgriffe

13 Knotet je ein Fadenende an die Löcher in Teil A und B. Den restlichen Faden ordentlich auf Teil B aufwickeln!

14 Malt eurer Stolperdraht-Projekt in Tarnfarben an, z. B. mit hell- und dunkelgrüner Acrylfarbe.

Aufstellen

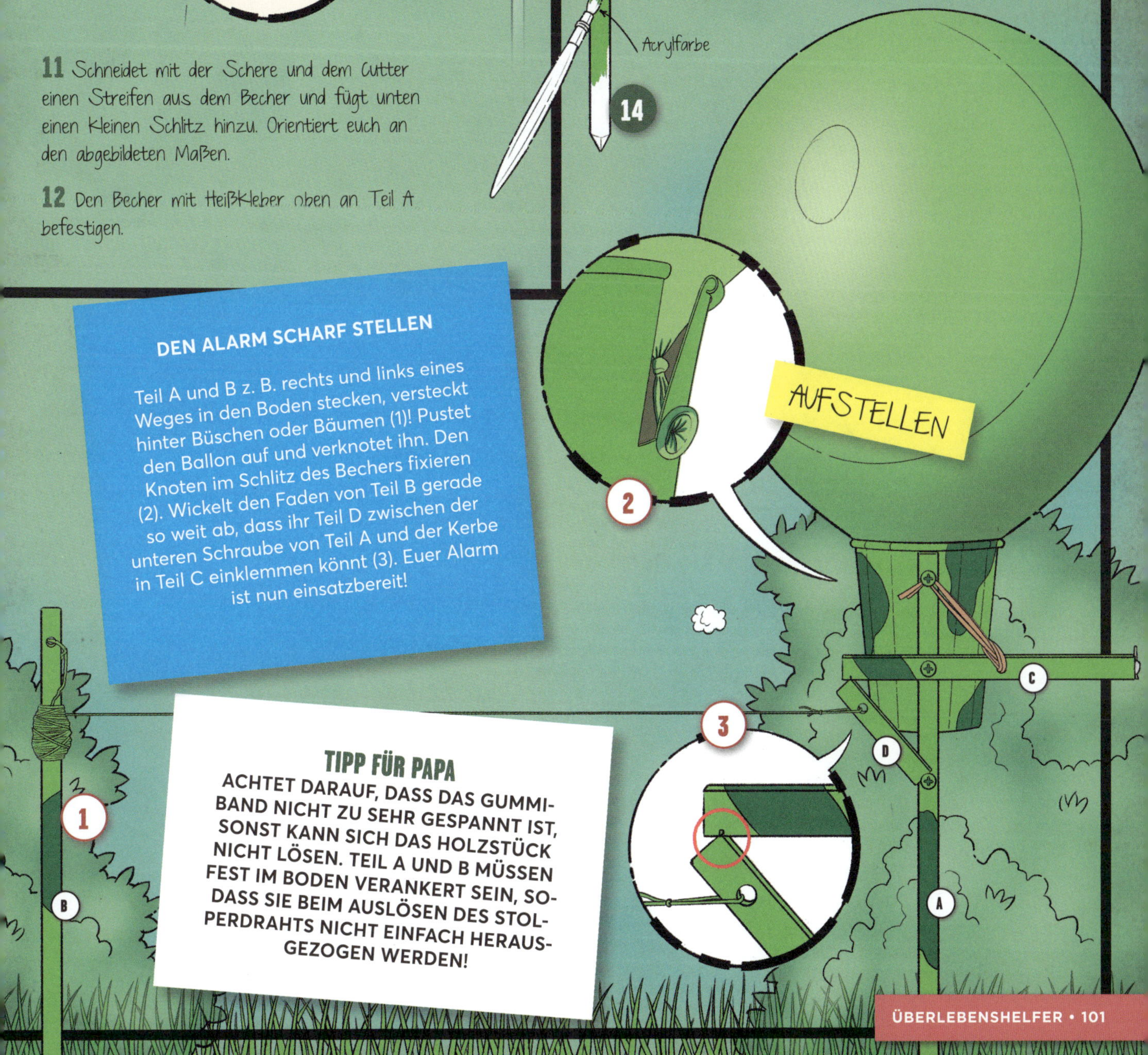

DEN ALARM SCHARF STELLEN

Teil A und B z. B. rechts und links eines Weges in den Boden stecken, versteckt hinter Büschen oder Bäumen (1)! Pustet den Ballon auf und verknotet ihn. Den Knoten im Schlitz des Bechers fixieren (2). Wickelt den Faden von Teil B gerade so weit ab, dass ihr Teil D zwischen der unteren Schraube von Teil A und der Kerbe in Teil C einklemmen könnt (3). Euer Alarm ist nun einsatzbereit!

TIPP FÜR PAPA

ACHTET DARAUF, DASS DAS GUMMIBAND NICHT ZU SEHR GESPANNT IST, SONST KANN SICH DAS HOLZSTÜCK NICHT LÖSEN. TEIL A UND B MÜSSEN FEST IM BODEN VERANKERT SEIN, SODASS SIE BEIM AUSLÖSEN DES STOLPERDRAHTS NICHT EINFACH HERAUSGEZOGEN WERDEN!

TASCHENLAMPEN-MORSEGERÄT

FÜR FORTGESCHRITTENE

Wie könnt ihr „Text"-Nachrichten ohne Handy verschicken? Mit Morsecode, der ursprünglichen Textnachricht! Dafür braucht ihr eine kleine LED-Taschenlampe, eine Getränkedose und einen Deckel und fertig ist euer eigenes Morsegerät.

MATERIALIEN

- Holz, 1,8 cm stark, 21 cm x 9 cm
- Bastelstäbchen, 15 cm x 1,7 cm
- LED-Taschenlampe, ø 2,5 cm, ca. 9,5 cm lang
- Getränkedose aus Aluminium, ø 6,5 cm, 11,5 cm hoch, 330 ml
- Plastikdeckel, ø 7,7 cm
- 3 Schrauben, 3,5 mm x 16 mm
- zweiadriger Klingeldraht mit massivem Kupferkern, 20 cm lang
- Heißklebepistole
- Isolierband
- Acrylfarbe in Hellgrün, Dunkelgrün und Rot
- Säge
- Schmirgelpapier, 120-150er Körnung
- Bohrmaschine
- Bohrer, ø 3 mm, ø 3,5 mm und ø 4 mm
- Zange mit Drahtschneider
- Schraubendreher (Akkuschrauber)
- Pinsel
- Bleistift
- Lineal oder Maßband
- Schere und Cutter mit Schneideunterlage

SO GEHT DAS

Mithilfe von Draht und Klebeband wird der Stromkreis der Taschenlampe überbrückt, sodass ihr das LED-Licht durch einen externen Schalter ein- und ausschalten könnt.

Aus einer Getränkedose entsteht der Schalter!

Mit dem Visier peilt ihr euer Ziel an!

TASCHENLAMPE VORBEREITEN

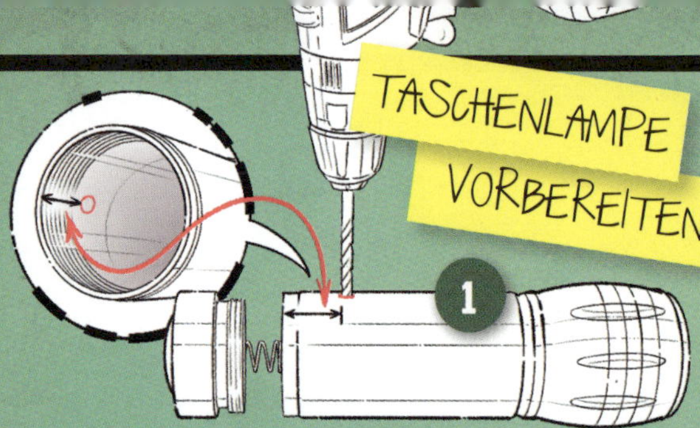

1 Schraubt die Taschenlampe auf, entfernt die Batterie und bohrt seitlich in die Taschenlampe ein 4 mm großes Loch, oberhalb des Gewindes.

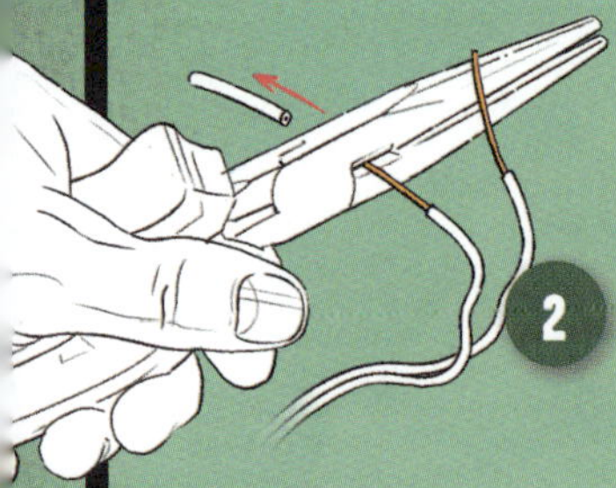

2 Mit dem Drahtschneider 1,5 cm Isolierung von einem Ende des 20 cm langen Klingeldrahts entfernen.

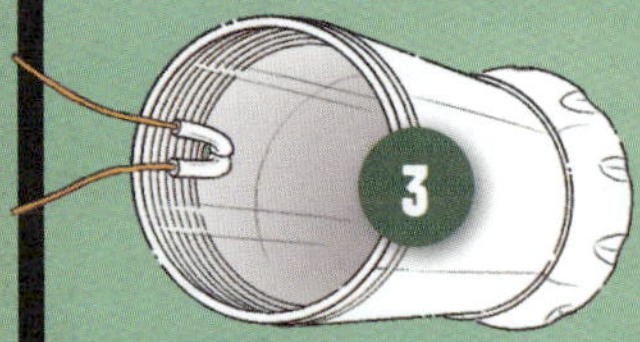

3 Schiebt den Draht durch das Loch in der Taschenlampe und biegt ihn nach oben, sodass die Batterie wieder eingesetzt werden kann.

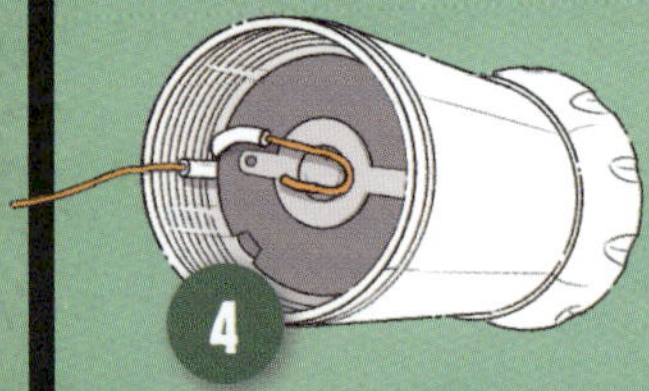

4 Die Batterie einlegen. Formt eine Ader des Klingeldrahtes zu einem Haken und drückt ihn oben auf den Batteriepol.

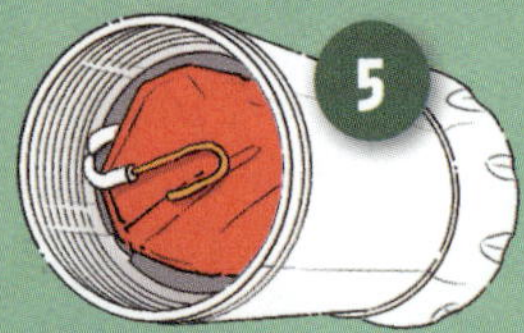

5 Ein Stück Isolierband auf den Batteriepol kleben. Formt nun die andere Ader zu einem Haken und drückt ihn aufs Isolierband

6 Die Taschenlampe wieder zuschrauben.

7 Sägt aus dem Holz ein 21 cm x 9 cm großes Rechteck A zu.

TASCHENLAMPE BEFESTIGEN

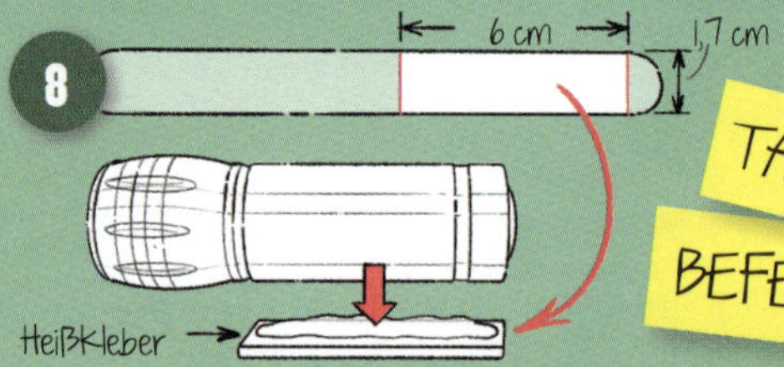

8 Mit der Schere ein 6 cm langes Stück vom Bastelstäbchen abschneiden und mit Heißkleber wie abgebildet an die Taschenlampe kleben. Braucht ihr keinen Abstandshalter, lasst diesen Schritt aus.

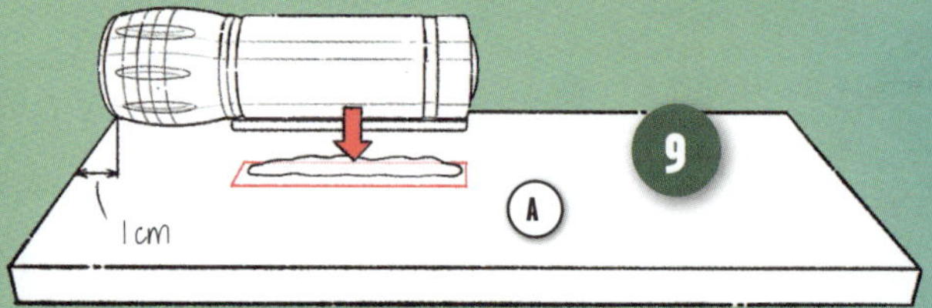

9 Befestigt die Taschenlampe mit Heißkleber mittig auf Teil A, 1 cm von einer Seitenkante entfernt.

10 Für eine Aluminiumplatte eine Dose wie gezeigt zerschneiden und zum Glätten gegen die Dosen-Krümmung biegen. Zeichnet Teil B und C auf und schneidet sie aus. Die Dosen-Innenbeschichtung abschmirgeln.

11 Faltet Teil C in der Mitte zusammen. Die Dosen-Innenseite schaut dabei nach außen.

12 Wie auf dem Bild ein 3,5 cm großes Loch in Teil C bohren (haltet es mit der Zange fest, nicht mit den Händen!). Faltet die Hälfte von Teil C nach oben.

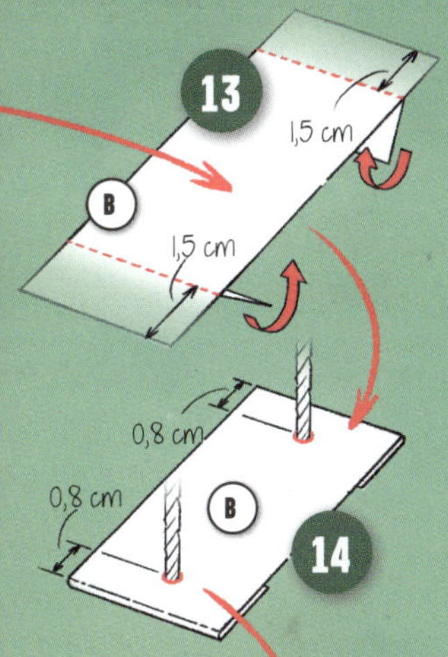

13 An beiden Seiten von Teil B einen 1,5 cm breiten Streifen nach unten biegen. Die Dosen-Innenseite liegt oben.

14 Bohrt in Teil B zwei 3,5 mm große Löcher, je 0,8 cm von den Enden entfernt. Teil B dabei mit der Zange festhalten.

15 Legt Teil B und C wie gezeigt auf Teil A und befestigt sie mit drei 3,5 mm x 16 mm Schrauben. Mit einem Bleistift die rot abgebildeten Linien einzeichnen.

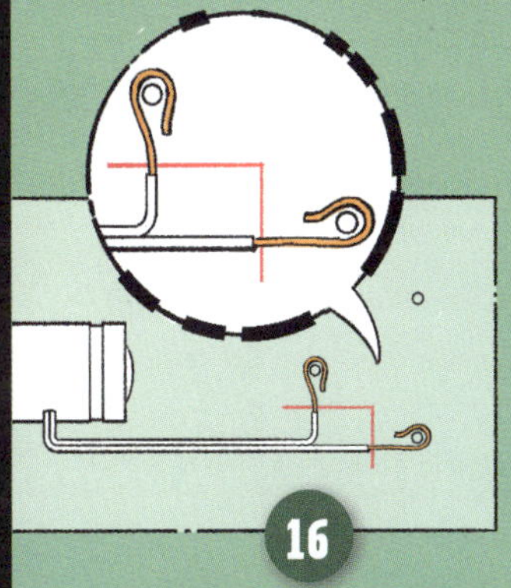

16 Entfernt Teil B und C. Führt den Klingeldraht zu den Schraublöchern und entfernt die Isolierung von den Stellen, an denen der Draht die Bleistiftlinie kreuzt. Die Drahtenden zu Haken biegen und um die Löcher legen.

17 Befestigt Teil A und B wieder. Fixiert den Draht mit Heißklebertropfen an Teil A.

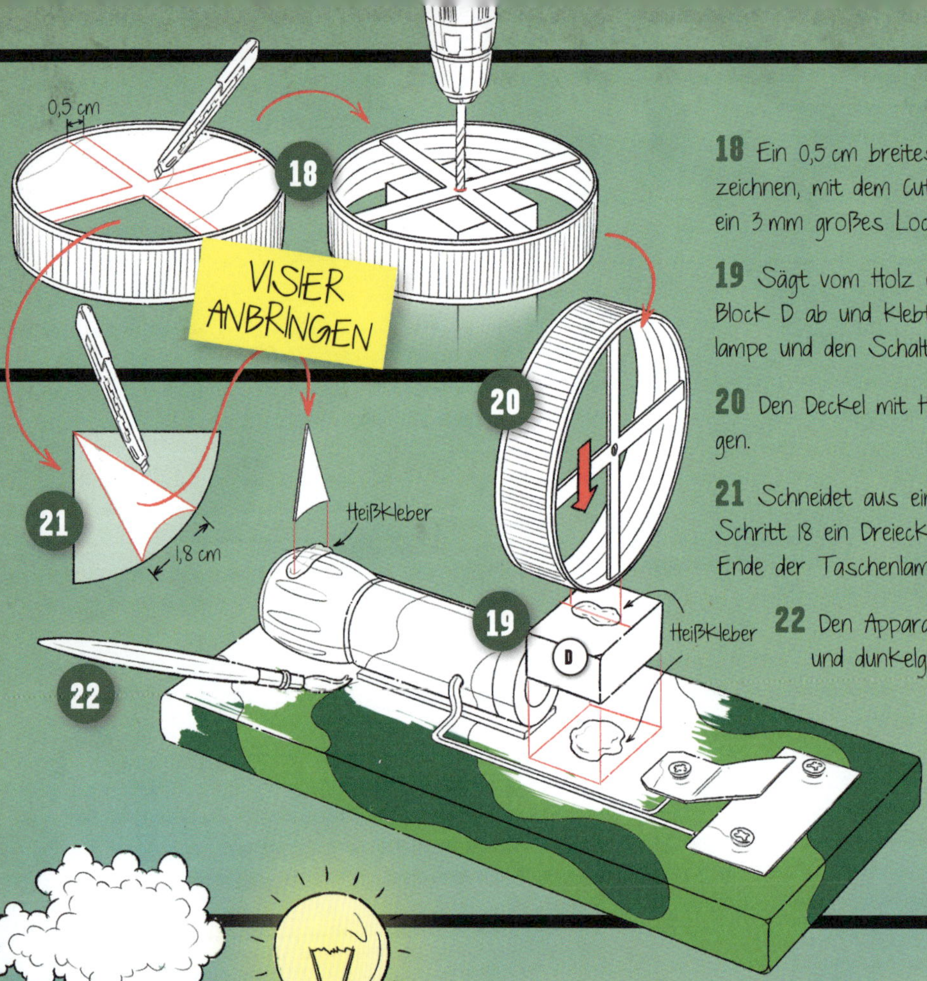

18 Ein 0,5 cm breites Kreuz auf den Plastikdeckel zeichnen, mit dem Cutter ausschneiden und mittig ein 3 mm großes Loch bohren.

19 Sägt vom Holz einen 3,2 cm x 2,4 cm großen Block D ab und klebt ihn zwischen die Taschenlampe und den Schalter auf Teil A.

20 Den Deckel mit Heißkleber auf Teil D befestigen.

21 Schneidet aus einem Reststück aus Schritt 18 ein Dreieck zu und klebt es am Ende der Taschenlampe fest.

22 Den Apparat zur Tarnung mit hell- und dunkelgrüner Acrylfarbe anmalen. Das Visier wird rot.

ZWEI SIND BESSER ALS EINS!

Ein Morsegerät ist toll, aber zwei sind natürlich besser! Mit zwei könnt ihr euch Nachrichten hin- und herschicken. Von einem Ende des Gartens zum anderen oder von einem Berg zum nächsten!

SPICKZETTEL FÜRS MORSE-ALPHABET

A •-	**J** •---	**S** •••
B -•••	**K** -•-	**T** -
C -•-•	**L** •-••	**U** ••-
D -••	**M** --	**V** •••-
E •	**N** -•	**W** •--
F ••-•	**O** ---	**X** •--•
G --•	**P** •--•	**Y** -•--
H ••••	**Q** --•-	**Z** --••
I ••	**R** •-•	

Ein Punkt entspricht einem kurzen Lichtimpuls. Die Zeit für die Strichlänge entspricht der von drei Punkten. Die Pausenlänge zwischen den Buchstaben beträgt drei Punkte und der Abstand zwischen zwei Wörtern sieben Punkte.

UNTERIRDISCHER TRESOR

FÜR ANFÄNGER

Dieser raffinierte, unterirdische Tresor hat einen klitzekleinen Haken: er ist so gut getarnt, dass es verdammt schwer ist, ihn wiederzufinden. Ihr glaubt das nicht? Dann sucht ihn mal auf dem Foto. Er befindet sich direkt vor eurer Nase!

MATERIALIEN

- 3 Plastikflaschen, ø 9,5 cm, 2 l
- PVC-Rohr, ø 11 cm, 35 cm lang
- Malspachtel
- Pflanzkelle
- Draht, ø 2,5 mm, 18,8 cm lang
- Heißklebepistole
- Klebeband
- Marker oder Filzstift
- Papier, A4
- Säge
- Schmirgelpapier, 120-150er Körnung
- Bohrmaschine
- Bohrer, ø 2 mm und ø 3 mm
- Zange mit Drahtschneider
- Schere und Cutter mit Schneideunterlage

Zuerst müsst ihr euren verborgenen Tresor wiederfinden. Das ist gar nicht so einfach, weil er so gut versteckt ist! Habt ihr ihn gefunden, holt ihr erst den Grasbehälter heraus (1).

Greift dann ins Loch und zieht euren verschlossenen Tresor am Drahtgriff hoch (2).

Um an eure Schätze zu gelangen, müsst ihr nur noch den Deckel öffnen (3)!

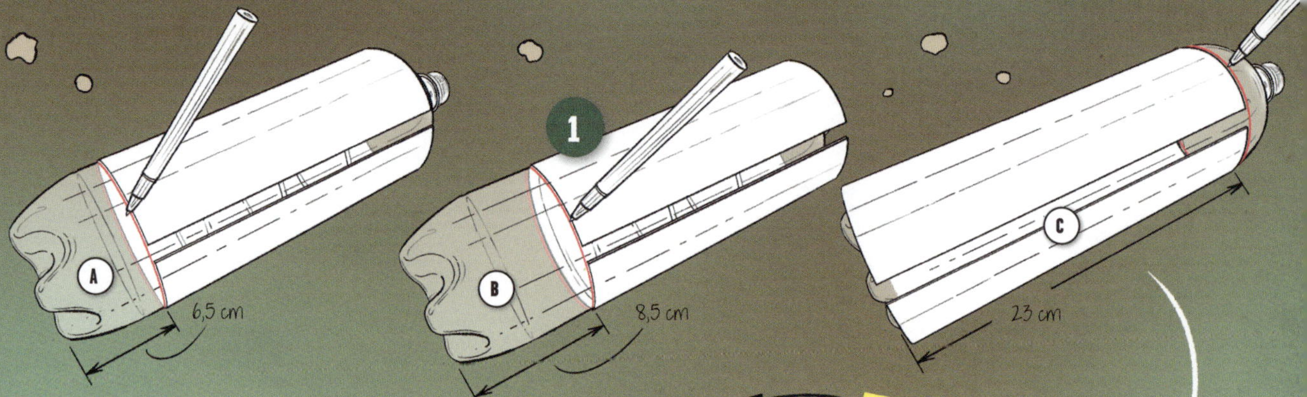

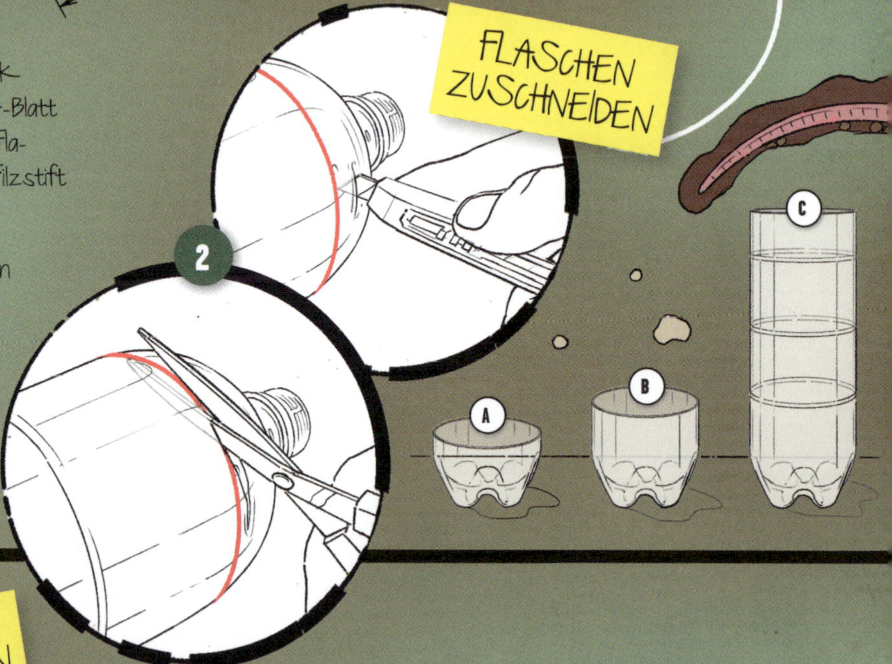

1 Ziehe wie gezeigt um drei große Plastikflaschen (ø 9,5 cm) eine Linie. Dazu ein A4-Blatt als Lineal verwenden. Wickelt es um die Flaschen und malt mit einem Marker oder Filzstift entlang der Papierkante.

2 Mit dem Cutter die Flaschen einschlitzen und mit der Schere an den Linien entlang schneiden.

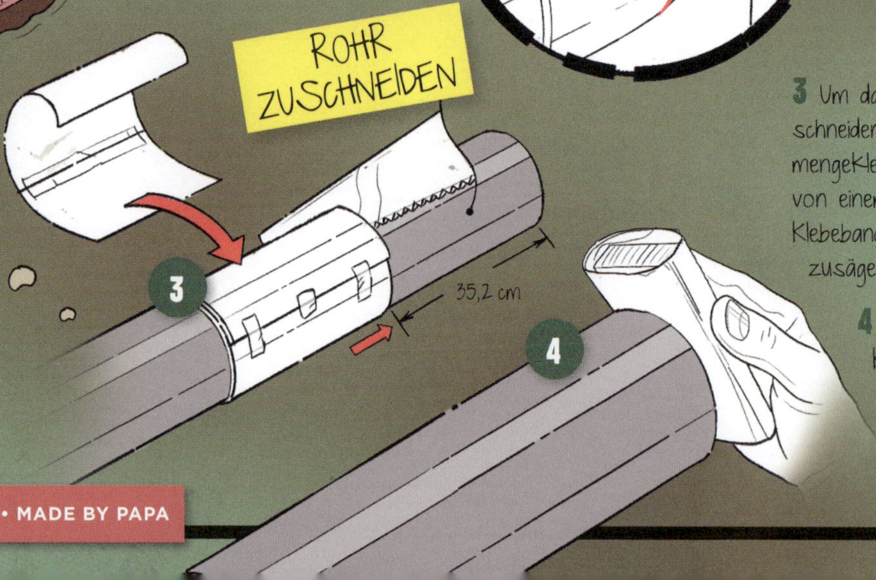

3 Um das PVC-Rohr auf die richtige Länge zuzuschneiden, wickelt ein A3-Papier (oder zwei zusammengeklebte A4-Papiere) um das Rohr, 35,2 cm von einem Ende entfernt, und befestigt es mit Klebeband. Dann das Rohr entlang der Papierkante zusägen.

4 Wenn ihr wollt, könnt ihr die rauen Kanten mit Schmirgelpapier glätten.

5 Bohrt in jede Erhebung am Boden von Teil B ein 2 mm großes Abflussloch.

6 In die gegenüberliegenden Seiten von Teil B zwei 3 mm große Löcher bohren, 0,5 cm von der Oberkante entfernt,.

7 Schneidet mit dem Drahtschneider ein 12 cm langes Stück Draht ab und biegt es mit der Zange gerade. Je einen Tropfen Heißkleber auf jedes Drahtende geben, jeweils 1,3 cm vom Ende entfernt. Ist der Kleber trocken, biegt den Draht leicht und schiebt in durch die Löcher.

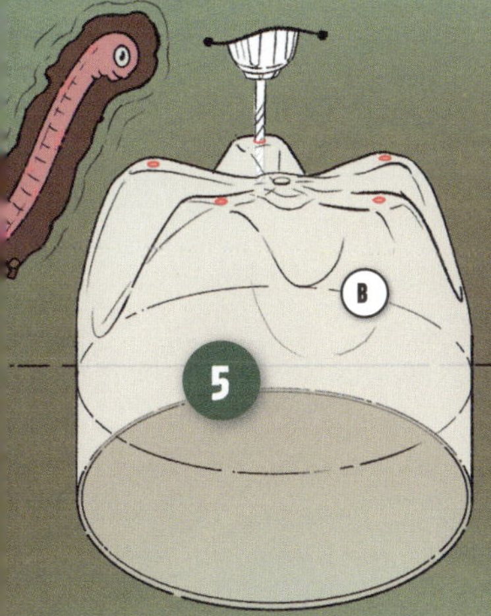

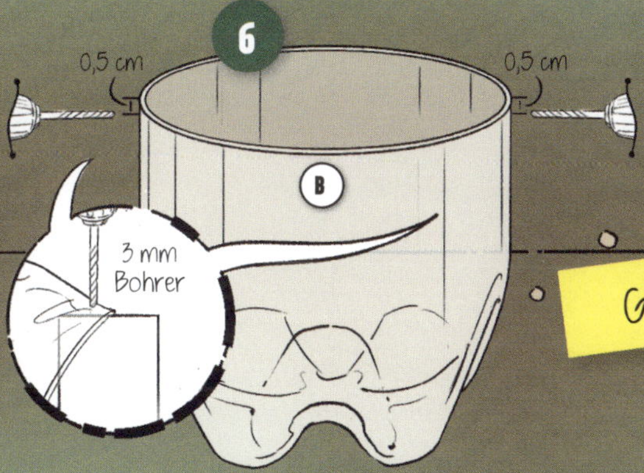

8 Mit dem Drahtschneider und der Zange einen „Griff" aus dem Draht formen. Orientiert euch an den abgebildeten Maßen.

9 Den Griff mit Heißkleber am Boden von Teil C befestigen.

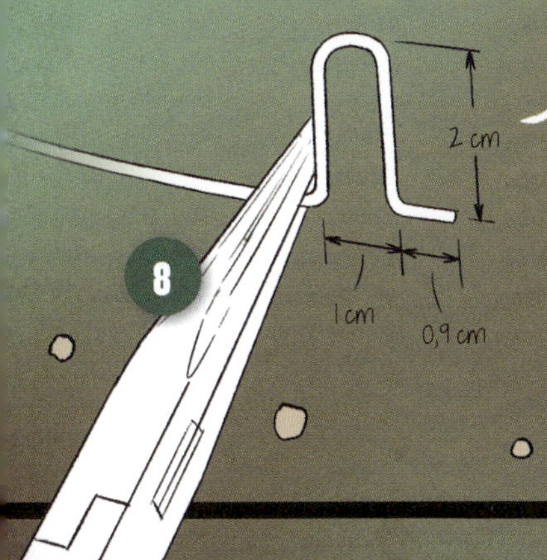

10 Bohrt ein 2-3 mm großes Luftloch mittig in den Boden von Teil A!

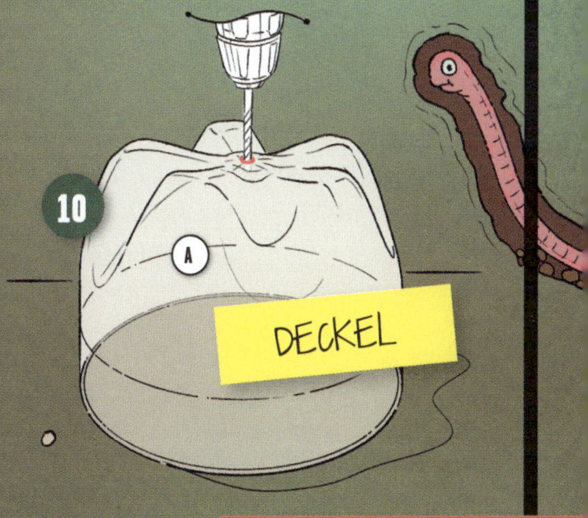

LETZTE HANDGRIFFE

11 Das Rohr aufs Gras stellen und mit dem Cutter oder Malspachtel um das Rohr herumschneiden. Habt ihr die Grasnarbe durchtrennt, holt das Gras heraus.

12 Den Draht aus Teil B entfernen. Gebt etwas Erde in Teil B und setzt das Gras vorsichtig hinein. Das Gras etwas auseinanderschieben, um den Draht wieder zu befestigen.

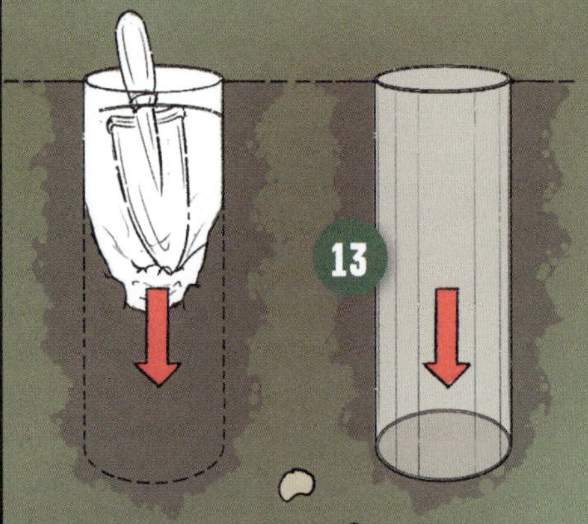

13 Grabt das Loch mit einer Pflanzkelle und euren Händen tiefer und entfernt die Erde. Das Rohr sollte sich leicht ins Loch schieben lassen und komplett im Boden verschwinden.

14 Eure Schätze in Teil C verstauen und euren Tresor fest mit Teil A verschließen.

15 Lasst euren Tresor am Griff ins Loch gleiten und setzt Teil A als Abschluss oben drauf.

AUF DER FALSCHEN FÄHRTE

FÜR FORTGESCHRITTENE

Diese genialen Stelzen haben mehrere Vorteile: Erstens verbergen sie euren Aufenthaltsort, indem sie eine falsche Spur legen. Zweitens schützen sie euch vor Überschwemmungen und drittens könnt ihr mit ihrer Hilfe Süßigkeiten aus dem obersten Regal stibitzen!

MATERIALIEN

- Holz, 3,4 cm x 3,4 cm, 276 cm lang
- Kindergummistiefel, Größe ca. 31
- 2 Plastiktüten
- 8 Schrauben, 5 mm x 60 mm
- 4 Schrauben, 4 mm x 40 mm
- Holzleim (nach Wunsch)
- Acrylfarbe in Hellblau, Grün, Kirschrot, Rosa und Schwarz
- Acrylstifte in Grün, Kirschrot, Rosa und Schwarz (nach Wunsch)
- Säge
- Schmirgelpapier, 120-150er Körnung
- Bohrmaschine
- Bohrer, ø 2 mm, ø 4 mm und ø 5 mm
- Senkbohrer
- Schraubendreher
- Pinsel, klein und groß
- Bleistift
- Anschlagwinkel

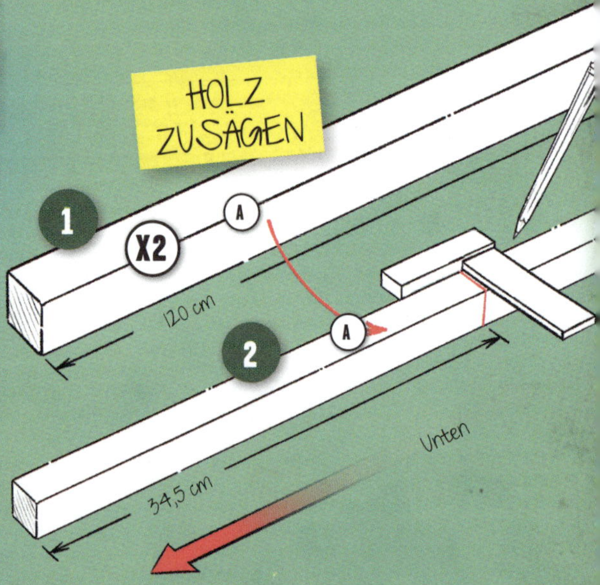

1 Sägt aus dem gehobelten Holz zwei 120 cm lange Teile A zurecht.

2 34,5 cm von einem Ende entfernt den Anschlagwinkel anlegen und mit dem Bleistift eine Linie über zwei Kanten anzeichnen.

3 Schneidet aus dem Holz je zwei B- und C-Teile in den abgebildeten Maßen zurecht (Je ein Ende der Teile ist abgeschrägt, aber es ist kein Problem, wenn die abgeschrägten Enden nicht perfekt werden).

4 Die Kanten der A-, B- und C-Teile mit Schmirgelpapier glätten.

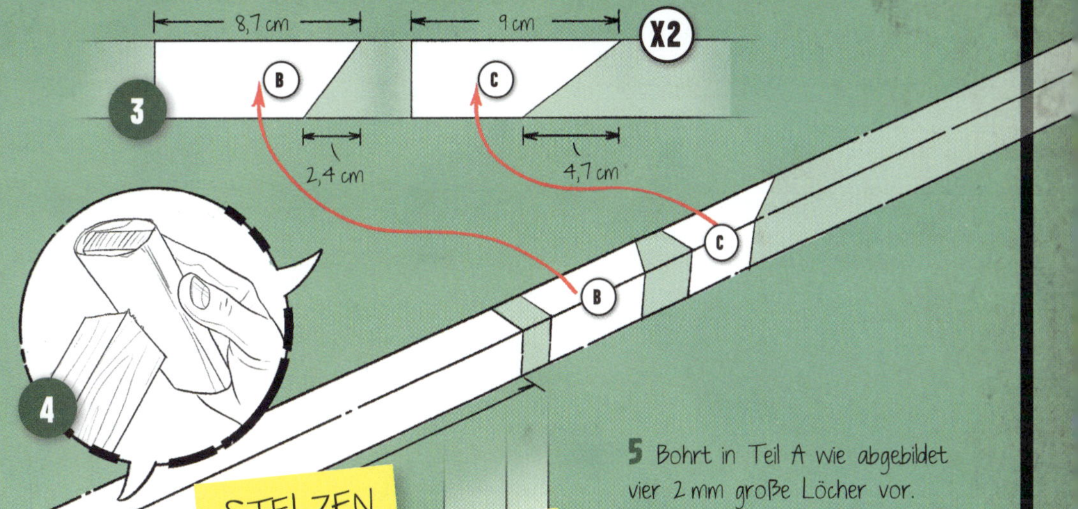

STELZEN ZUSAMMENBAUEN

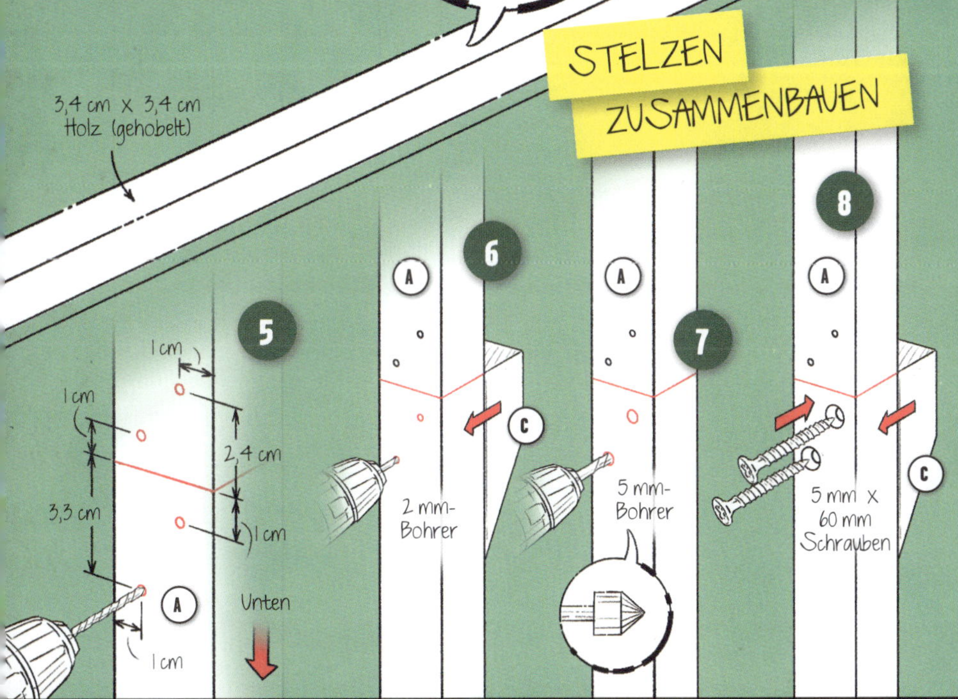

5 Bohrt in Teil A wie abgebildet vier 2 mm große Löcher vor.

6 Teil C bündig an die in Schritt 2 gezogene Linie anlegen. Bohrt durch die unteren beiden Löcher von Teil A zwei 2 mm große Löcher in Teil C vor.

7 Die unteren beiden Löcher in Teil A auf 5 mm vergrößern und absenken.

8 Befestigt nun Teil C mit zwei 5 mm x 60 mm Schrauben an Teil A.

Für eine dauerhafte Fixierung zusätzlich Holzleim verwenden.

TRITTFLÄCHEN ANBRINGEN

9 Legt Teil B wie in der Abbildung bündig an Teil A und C und bohrt durch die oberen beiden Löcher in Teil A zwei 2 mm große Löcher in Teil B vor.

10 Die unteren beiden Löcher in Teil A auf 5 mm vergrößern und absenken.

11 Befestigt nun Teil B mit zwei 5 mm x 60 mm Schrauben an Teil A.

Für eine dauerhafte Fixierung zusätzlich Holzleim verwenden.

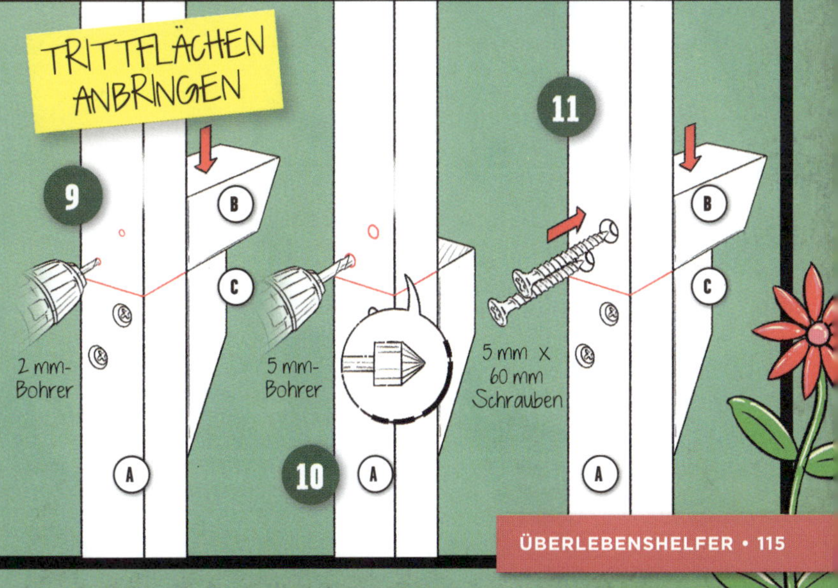

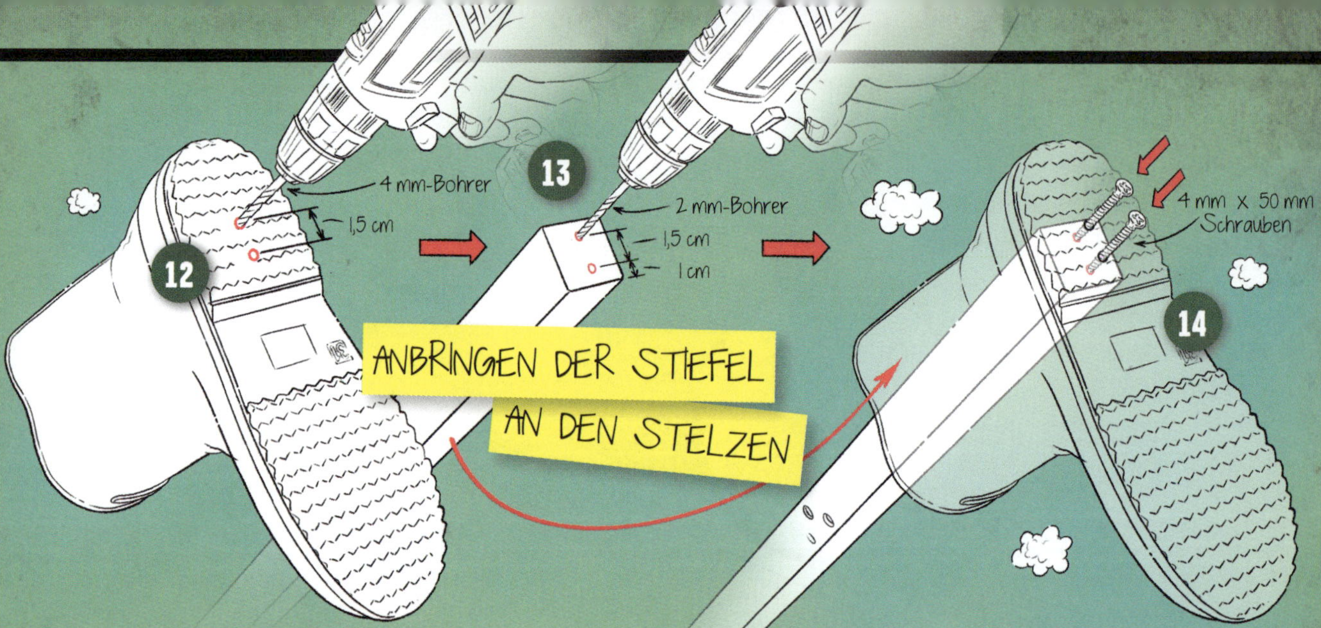

ANBRINGEN DER STIEFEL AN DEN STELZEN

12 Bohrt in die Stiefelabsätze zwei 4 mm große Löcher im Abstand von 1,5 cm.

13 In die unteren Enden von Teil A im Abstand von 1,5 cm zwei 2 mm große Löcher vorbohren.

14 Befestigt die A-Teile mit je zwei 4 mm x 50 mm Schrauben in den Stiefeln und versenkt die Schraubenköpfe in der Sohle.

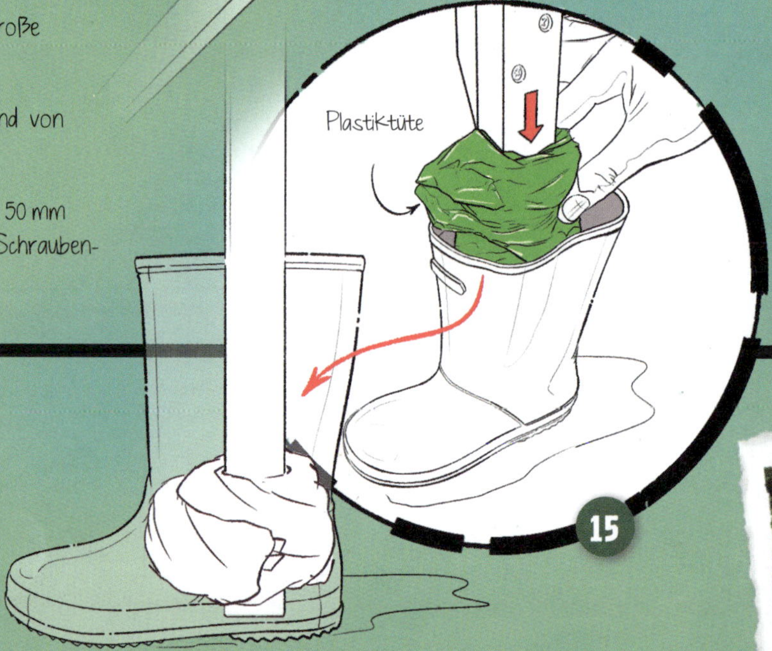

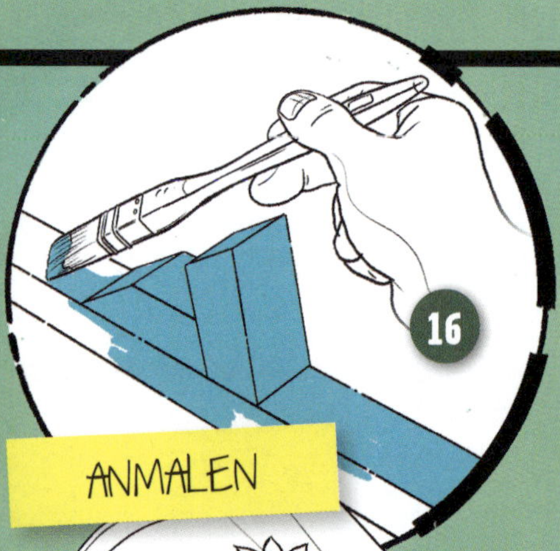

ANMALEN

15 Um jedes A-Teil eine alte Plastiktüte wickeln und in die Stiefel stecken. So sitzen die Stelzen schön fest und wackeln nicht.

16 Malt die Stelzen mit hellblauer Acrylfarbe an.

17 Zur Tarnung die Stiefel mit Acrylstiften bemalen. Ihr könnt auch kleine Pinsel verwenden, aber einfacher geht es mit Acrylstiften!

DIE ERSTEN SCHRITTE

Achtet darauf, dass die Stiefel nach hinten zeigen! Stellt euch mit einem Fuß auf eine Trittfläche (1). Nun den zweiten Fuß auf die andere Trittfläche setzen. Um loszulaufen, verlagert das Gewicht auf einen Fuß und hebt die andere Stelze vom Boden ab und bewegt sie nach vorne (3). Das war euer erster Schritt!

Für den nächsten Schritt das Gewicht zurück auf den ersten Fuß verlagern und die andere Stelze anheben. Das war doch einfach, oder?

Versucht nun die Schritte schneller hintereinander auszuführen. Kommt nicht auf die Idee, euch von anderen beim Laufen helfen zu lassen (4). Das ist eher hinderlich als hilfreich!

RAKETENAUSFLUG ZUM MARS

FÜR PROFIS

Selbst das beste Versteck kann entdeckt werden. Deshalb ist es wichtig, eure Flucht zu planen. Und was gibt es Besseres für euren Fluchtplan als eure eigene Marsrakete! Euer Ziel muss natürlich nicht der Mars sein. Lasst euch einfach von eurer Phantasie leiten!

MATERIALIEN

- Sperrholz, 1,2 cm stark, 87 cm x 46 cm
- Holz 3,2 cm x 1,2 cm, 116 cm lang
- Holz, 4,4 cm x 4,4 cm, 205 cm lang
- Pop-up Spieltunnel, ø 42 cm, 120 cm lang
- Eimer in Rot
- Styropor®kugel, ca. ø 4 cm
- 5 Bögen Moosgummi, A3
- 2 Bögen Moosgummi, A4
- 9 Schrauben, 3,5 mm x 20 mm
- 3 Schrauben, 5 mm x 80 mm
- 3 Unterlegscheiben
- Heißklebepistole
- Malerkrepp
- Gewebeband in Schwarz, 5 cm breit
- Acrylfarbe in Rot und Weiß
- Schnur
- Säge
- Stichsäge
- Schmirgelpapier, 120-150er Körnung
- Bohrmaschine
- Bohrer, ø 3,5 mm
- Senkbohrer
- Schraubendreher (Akkuschrauber)
- Gummihammer
- Zirkel
- Pinsel
- Bleistift
- Maßband
- Anschlagwinkel
- Schere und Cutter mit Schneideunterlage

HABT IHR ES BEMERKT?

Für diese Rakete wurde einfach ein Spieltunnel für Kleinkinder zweckentfremdet: weiß angemalt und senkrecht aufgestellt!

1 Bemalt den Spieltunnel mit weißer Acrylfarbe. Es können bis zu 4 Anstriche nötig sein!

2 Aus dem schwarzem Gewebeband Quadrate mit 5 cm Seitenlänge zuschneiden und im Schachbrettmuster auf den oberen Teil des Tunnels kleben.

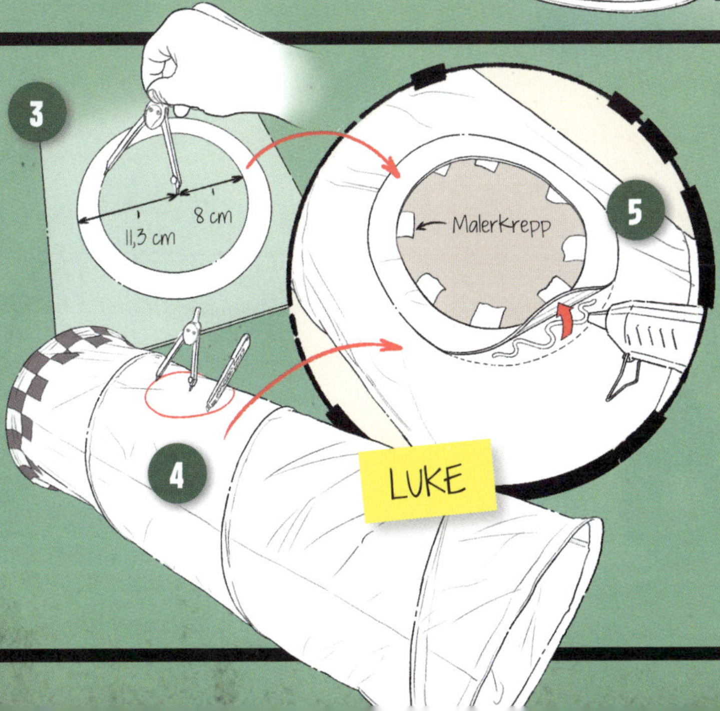

3 Zeichnet mit dem Zirkel einen Ring in den angegebenen Maßen aufs Moosgummi und schneidet ihn aus.

4 Einen Platz für die Luke auswählen und mit dem Zirkel einen Kreis (ø 20 cm) auf den Spieltunnel zeichnen. Schneidet ihn mit dem Cutter aus.

5 Den Moosgummiring mit Malerkrepp an der Luke befestigen. Hebt den Ring jeweils ein kleines Stück an und klebt ihn mit Heißkleber rundherum fest.

RAKETENFLOSSEN

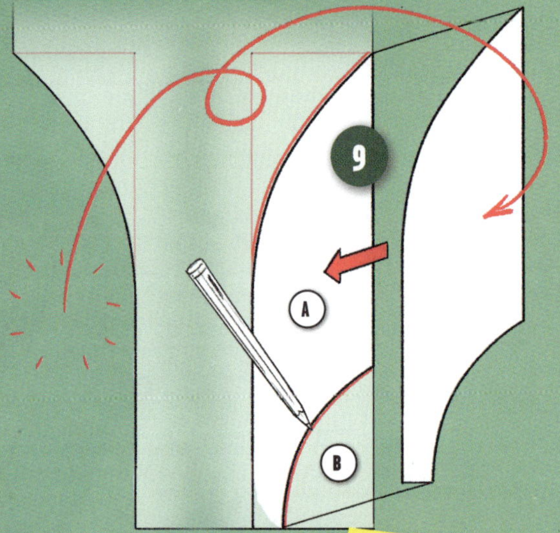

Um Zeit zu sparen, die Teile A und B aus den (gegenüberliegenden) Seiten der Sperrholzplatte zusägen!

6 Malt zwei 87 cm x 23 cm große Rechtecke auf das Sperrholz auf.. Auf Teil A die Punkte 1 bis 3 anzeichnen, auf Teil B entsprechend spiegelverkehrt.

7 Zeichnet auf Teil A die blau abgebildeten Kurven ein: obere linke Ecke zu Punkt 1 und Punkt 2 zu Punkt 3.

8 Die Flosse A mit der Stichsäge zuschneiden und die Kanten mit Schmirgelpapier glätten.

9 Dreht Teil A um und nutzt es als Schablone für Teil B. Teil B zusägen und die Kanten ebenfalls glätten.

FLOSSENSICHERUNGEN

10 Schneidet vom 3,2 cm x 1,2 cm Holz zwei 58 cm lange Stücke ab. An den abgebildeten Stellen drei 3,5 mm große Löcher anzeichnen, bohren und absenken. Schneidet die anderen Enden spitz zu.

11 Zeichnet im Abstand von 38 cm zu den oberen Pfostenenden jeweils eine Linie an. Die Linien bündig an den Flossenunterkanten ausrichten und die Pfosten mit 3,5 mm x 20 mm Schrauben an den Flossen befestigen.

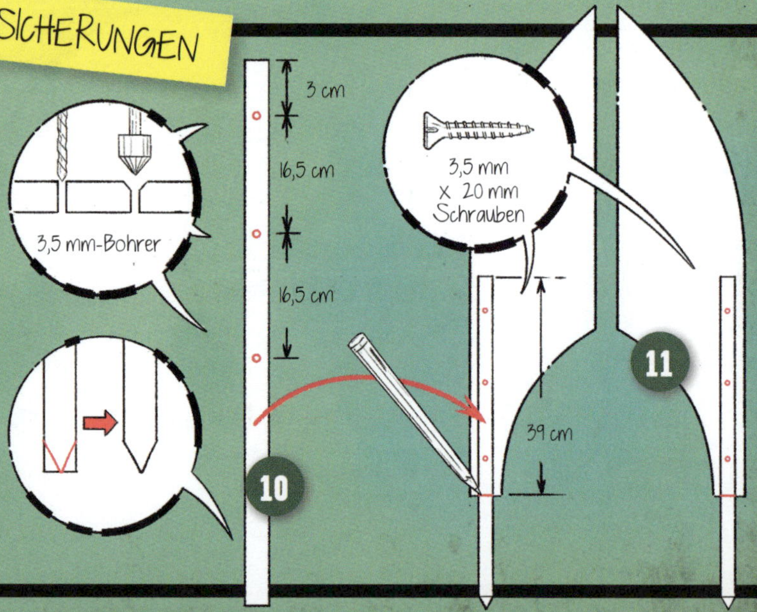

RAKETENSPITZE

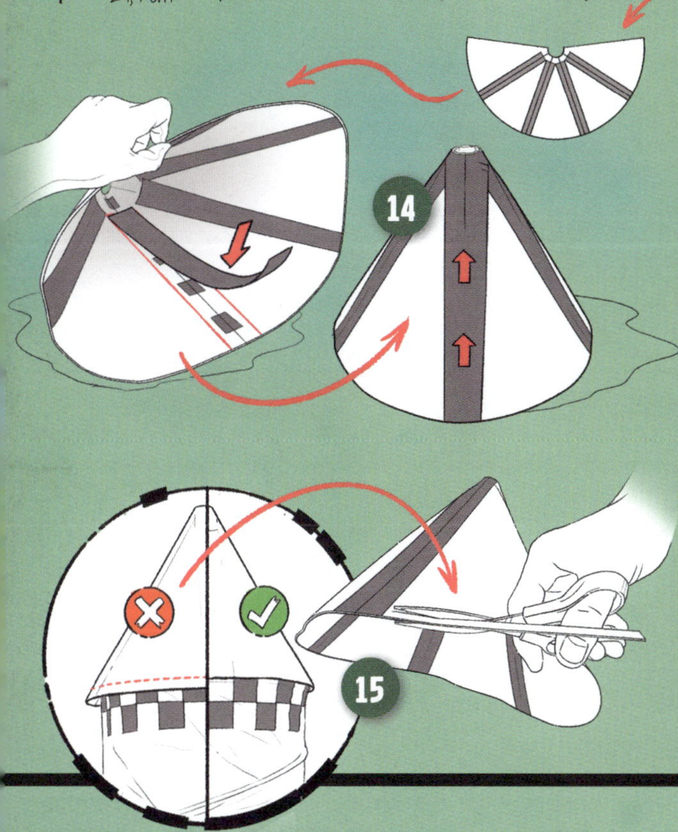

12 Schneidet aus A3-Moosgummi fünf „Dreiecke" in den gezeigten Maßen zu. Zu einem Halbkreis legen und mit Gewebeband zusammenkleben. Lasst dabei von oben jeweils einen Abstand von 3 cm.

13 Den Halbkreis umdrehen und die Verbindungsstellen mit Gewebeband fixieren. Lasst von der Spitze einen Abstand von 7 cm. Eine Schnur und einen Bleistift verwenden, um einen möglichst großen Halbkreis anzuzeichnen. Mit dem Zirkel zeichnet ihr einen kleinen Halbkreis (Radius 3 cm). Mit der Schere beide Halbkreise entlang der Linien ausschneiden.

14 Formt aus dem Halbkreis einen Kegel und klebt ihn innen mit Gewebebandstücken zusammen. Dann einen Streifen Gewebeband über die Verbindungsstelle kleben. Keine Sorge, er muss nicht bis in die Spitze hineinreichen. Fixiert die Verbindungsstelle auch außen mit einem Streifen Gewebeband und lasst die Spitze oben frei.

15 Den Kegel auf den Tunnel setzen. Überdeckt er das Schachbrettmuster zu weit, schneidet mit der Schere einen Streifen am unteren Rand des Kegels ab.

KEGELSPITZE

16 Entsprechend der gezeigten Maße ein weiteres Dreieck aus Moosgummi ausschneiden.

17 Faltet die langen Kanten zusammen und verbindet sie mit einigen Stücken Gewebeband. Einfacher geht es, wenn ihr den Kegel dafür flachdrückt!

18 Die Verbindungsstelle mit einem langen Gewebebandstreifen fixieren.

19 Drückt den Kegel wie gezeigt in die andere Richtung zusammen und schneidet die Enden ab.

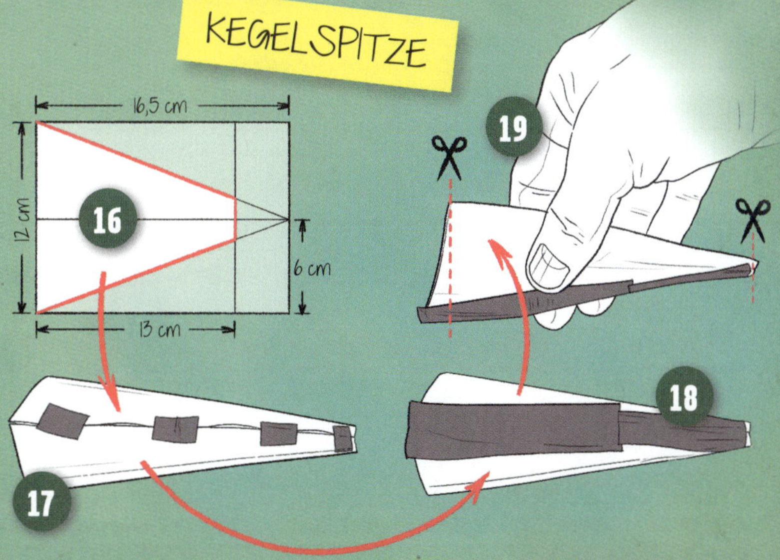

20 Heißkleber auf die Oberkante der Raketenspitze geben und daran die Kegelspitze befestigen.

21 Bohrt ein 1 cm tiefes Loch in die Styropor®Kugel. Die Kugel mit Heißkleber auf der Kegelspitze befestigen.

22 Bemalt die Spitze, die Flossen und die Luke mit mindestens zwei Schichten roter Acrylfarbe.

LETZTE HANDGRIFFE

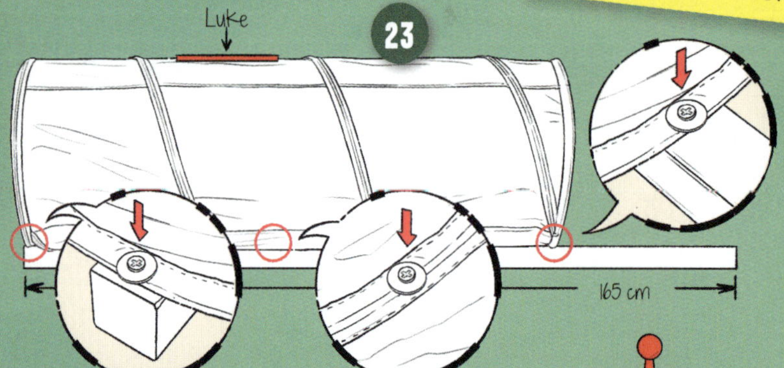

23 Von dem 4,4 cm x 4,4 cm Holz ein 120 cm langes Stück absägen. Befestigt es oben, in der Mitte und unten am Tunnel mit 3,5 mm x 20 mm Schrauben und Unterlegscheiben. Die Unterlegscheiben fixieren dabei den Draht im Tunnel. Die mittlere Schraube lässt sich am einfachsten durch die Luke befestigen!

24 In den unteren Rand der Raketenspitze eine kleine Aussparung für den Pfosten schneiden. Setzt die Raketenspitze auf den Tunnel und klebt sie rundherum mit Heißkleber fest.

AUFBAU IM GARTEN

25 Vom 4,4 cm x 4,4 cm Holz ein etwa 85 cm langes Stück absägen. Schneidet das eine Ende spitz zu und schlagt es mit dem Gummihammer in den Boden. Daran mit drei 5 mm x 80 mm Schrauben den Raketenpfosten befestigen.

26 Drückt die Flügelpfosten in den Boden, auf jede Seite der Rakete einen (verwendet hierfür einen Gummihammer). Einen roten Eimer unter eure Rakete stellen. Jetzt ist es Zeit zum Abheben!

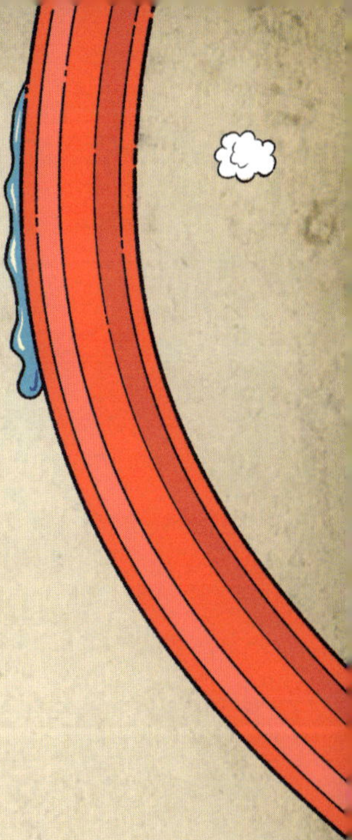

KAPITEL 4: RÄTSELHAFTE BAUTEN

EISBERG-GETRÄNKEKÜHLER

FÜR ANFÄNGER

Holt den Nordpol zu euch in den Garten: mit diesem echten, zu 100% realistischen (vielleicht minimal kleineren) Eisberg-Getränkekühler! Er ist der perfekte Begleiter für Pool, Planschbecken oder Esstisch. Die Zeiten warmer Getränke an heißen Tagen sind ein für alle Male vorbei!

MATERIALIEN

- Rundholz, ø 0,6 cm, 8 cm lang
- Schüssel, ø 25 cm, 14 cm tief
- Blechdose, ø 7,4 cm, 10,7 cm hoch
- Murmeln
- Draht, ø 2 mm, 18 cm lang
- Heißklebepistole
- Säge
- Bohrmaschine
- Bohrer, ø 2,5 mm und ø 7 mm
- Zange mit Drahtschneider
- Bleistift
- Lineal
- Schere und Cutter mit Schneideunterlage
- Papier, A4
- Moosgummi in Weiß, A4
- bedruckbares Vinyl-Aufkleberpapier, A4
- Fotokopierer oder Drucker (nach Wunsch)

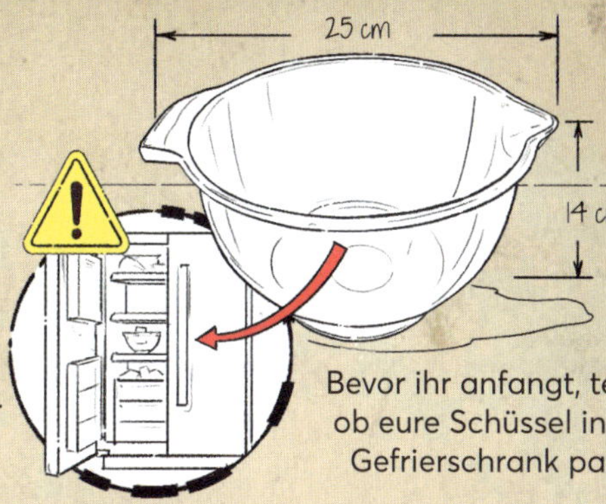

Bevor ihr anfangt, testet, ob eure Schüssel in den Gefrierschrank passt!

VORLAGEN 19 (SEITE 213)

VORBEREITUNG DER DOSE

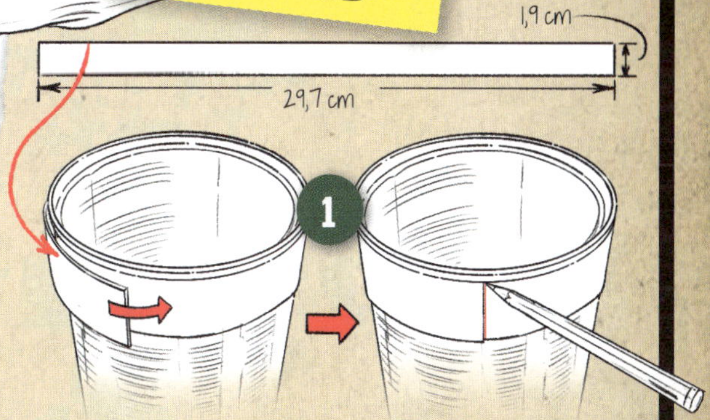

1 Schneidet von einem A4-Papier der Länge nach einen 1,9 cm breiten Streifen ab. Den Streifen oben um die Dose wickeln und die Überlappung markieren.

2 Nun schneidet ihr das überlappende Stück ab und werft es weg.

3 Den Streifen in der Mitte falten.

4 Markiert den Knick (die Mittellinie).

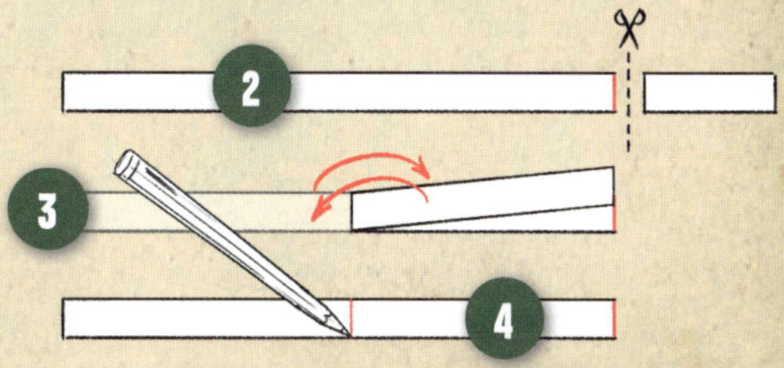

LÖCHER BOHREN

5 Den Papierstreifen erneut oben um die Dose wickeln. Macht unterhalb des Streifens je eine Markierung an der Mittellinie und am Streifenende.

6 An beiden Markierungen je ein 2,5 mm großes Loch in die Dose bohren.

VORBEREITUNG DES DRAHTS

7 Schneidet ein 18 cm langes Stück vom Draht ab. Mit einer Zange einen Haken in ein Ende biegen. Spannt das andere Ende ins Bohrfutter der Bohrmaschine und haltet den Haken mit der Zange gut fest. Nun mithilfe der Bohrmaschine langsam den Draht drehen, bis er sich wieder gerade zieht (etwa 10 Umdrehungen).

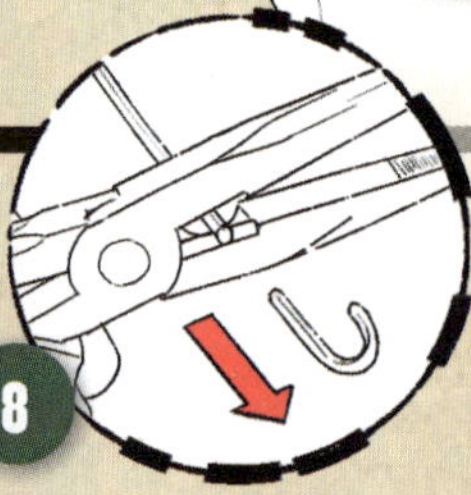

8 Entfernt den Haken mit einem Drahtschneider und schiebt den Draht durch die Löcher in der Dose.

DOSE BEFÜLLEN

9 Die Dose mit etwas Schwerem füllen, z. B. mit Murmeln oder Münzen, damit die Dose später nicht auf dem Wasser schwimmt!

WASSER IN DIE SCHÜSSEL

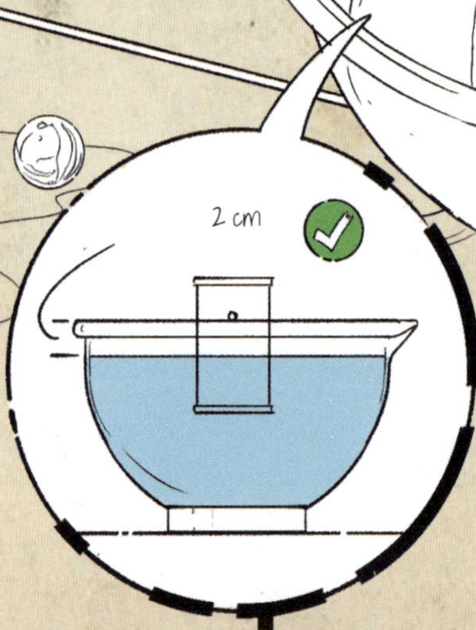

10 Hängt die Dose in die Schüssel. Die Schüssel bis 2 cm unter dem Rand mit Wasser füllen. Passt auf, dass die Dose senkrecht steht. Kippt sie, verändert die Anordnung der Murmeln in der Dose.

11 Die Schüssel waagerecht ins Gefrierfach stellen. Achtet darauf, dass die Dose weiterhin mittig in der Schüssel hängt. Nun die Schüssel für ein paar Tage im Gefrierschrank lassen, bis das Wasser vollständig gefroren ist.

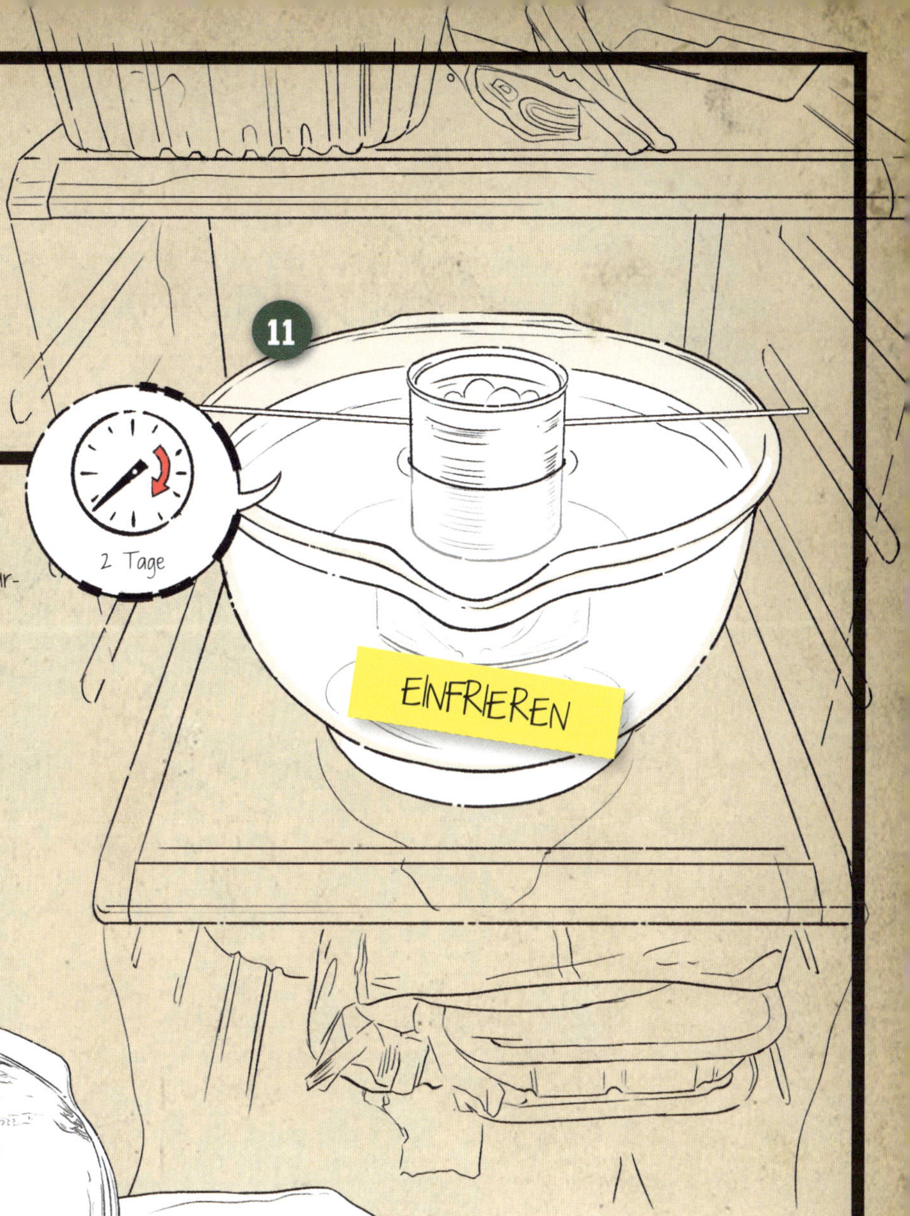

12 Holt die Schüssel aus dem Gefrierschrank. Die Murmeln entfernen und heißes Wasser in die Dose füllen.

13 Das Eis um die Dose schmilzt nach ein paar Sekunden und ihr könnt sie herausnehmen.

14 Ein paar Minuten warten. Dann löst sich euer Eisberg von selbst aus der Schüssel und ihr könnt ihn auf ein Tuch stürzen (damit er nicht von der Arbeitsplatte rutscht und auf dem Boden zerbricht!). Danach für die letzten Schritte zurück in die Schüssel legen.

15 Druckt die Eisbär- und Seehundvorlagen (Seite 213) auf Vinyl-Aufkleberpapier aus.

16 Das Trägerpapier von den Aufklebern entfernen und die Bilder aufs Moosgummi kleben. Schneidet sie mit einer Schere oder einem Cutter aus.

17 Die Tiere an den Rückseiten mit Heißkleber zusammenkleben und jeweils ein 4 cm langes Rundholz dazwischen legen.

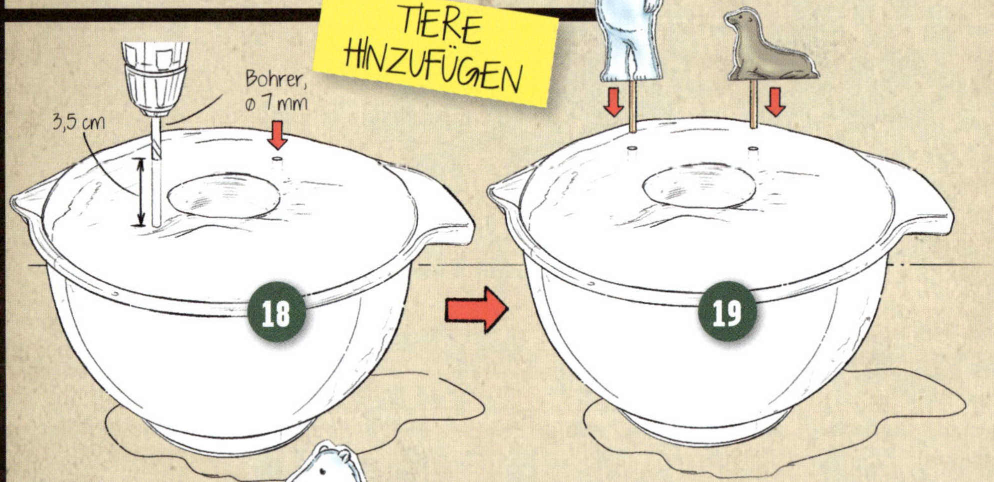

18 Bohrt nun je ein 7 mm großes, etwa 3,5 cm tiefes Loch rechts und links in euren Eisberg.

19 Den Eisbären und den Seehund in die Löcher stecken und die Schüssel entfernen. Nun ist der Eisberg startklar für heiße Tage und eisgekühlte Getränke!

TIPP FÜR PAPA

DIESES PROJEKT IST NICHT NUR FÜR LUXURIÖSE POOLS GEEIGNET, SONDERN ES IST AUCH DER PERFEKTE BEGLEITER FÜRS PLANSCHBECKEN, FÜR DEN GARTENTISCH ODER SOGAR FÜR DEN EIMER!

SCHWEBENDER FARBEIMER

FÜR FORTGESCHRITTENE

Die Herstellung dieser verrückten, schwebenden Farbeimerskulptur macht einen Heidenspaß, aber sie erfüllt nur einen Zweck: im Garten zu stehen und alle in Staunen zu versetzten!

Hinweis: Bei diesem Projekt kommen keine Kameratricks, Spiegel oder Photoshop® zum Einsatz. Nur unglaubliche Mengen an Heißkleber!

MATERIALIEN

- Rundholz, ø 1,8 cm, 81 cm lang
- Rundholz, ø 0,6 cm, 12 cm lang
- Farbeimer, 1,5 l, ø ca. 44 cm (idealerweise mit Henkel)
- Backstein
- Draht, ø 2 mm, 20 cm lang
- Heißklebepistole
- jede Menge Heißklebesticks!
- Malerkrepp
- Acrylfarbe in Rosa
- Haftgrundierung: Spray in Grau
- Sprühfarbe in Silber-Metallic
- Marmeladenglas
- Pappbecher
- Zeitungspapier
- Säge
- Zange mit Drahtschneider
- Bohrmaschine
- Holzbohrer, ø 2,5 mm und ø 7 mm
- Steinbohrer, ø 8 mm
- Pinsel
- Bleistift
- Anschlagwinkel (nach Wunsch)
- Wasserwaage (nach Wunsch)

FARBEIMER VORBEREITEN

1 Bohrt in den Farbeimerrand im Abstand von 1,3 cm zwei 2,5 mm Löcher. Hat der Eimer einen Griff, orientiert euch an ihm und bohrt die Löcher wie gezeigt im rechten Winkel zum Mittelpunkt.

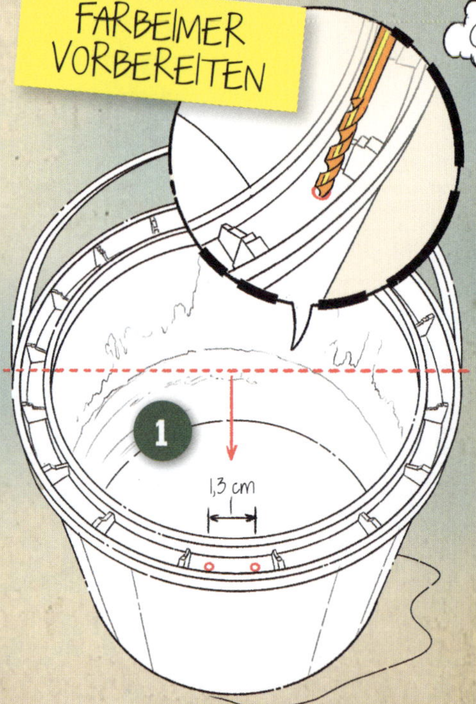

RUNDHOLZ VORBEREITEN

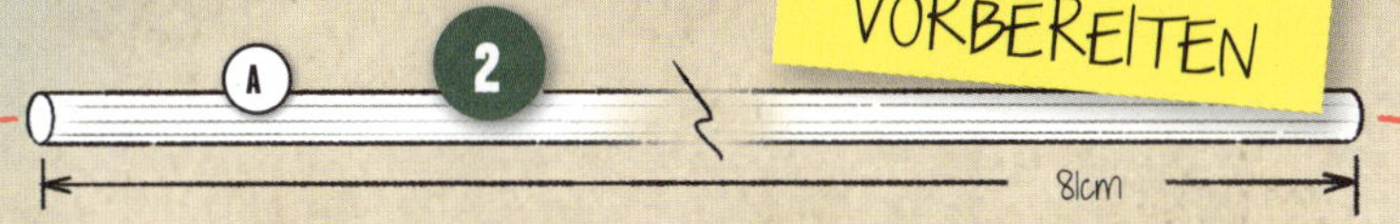

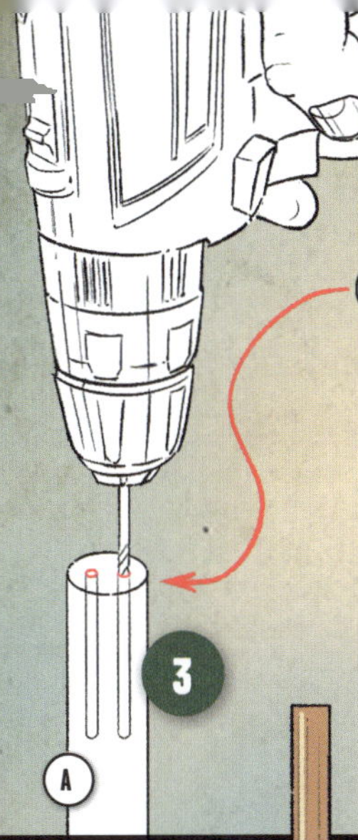

2 Vom 1,8 cm Rundholz ein 81 cm langes Stück A zuschneiden.

3 Bohrt in ein Ende von Teil A zwei 2,5 mm große und ca. 4,5 cm tiefe Löcher im Abstand von etwa 0,7 cm.

4 Ins andere Ende von Teil A mittig ein 2,5 mm großes Loch bohren. Vergrößert das Loch mit einem 7 mm Bohrer und bohrt es etwa 6 cm tief.

FESTKLEBEN

BACKSTEIN VORBEREITEN

5 Vom 0,6 cm Rundholz ein 12 cm langes Stück B absägen.

6 Gebt Heißkleber ins 7 mm große Loch von Teil A und schiebt Teil B in das Loch.

7 Mit einem Steinbohrer ein 8 mm großes Loch durch die Mitte des Backsteins bohren (seid geduldig: Backsteine können sehr hart sein!).

AM BACKSTEIN BEFESTIGEN

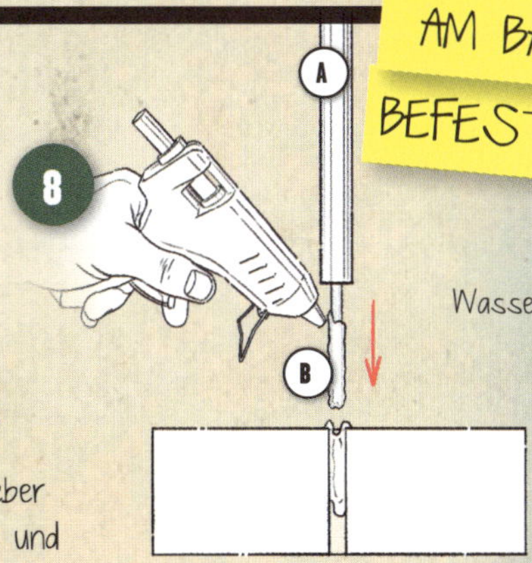

8 Gebt ausreichend Heißkleber in das Loch im Backstein und auf das Rundholz B und schiebt das Rundholz ins Loch.

9 Rundholz A, während der Kleber trocknet, mit der Wasserwage und dem Anschlagwinkel senkrecht ausrichten (oder vertraut auf euer Augenmaß!).

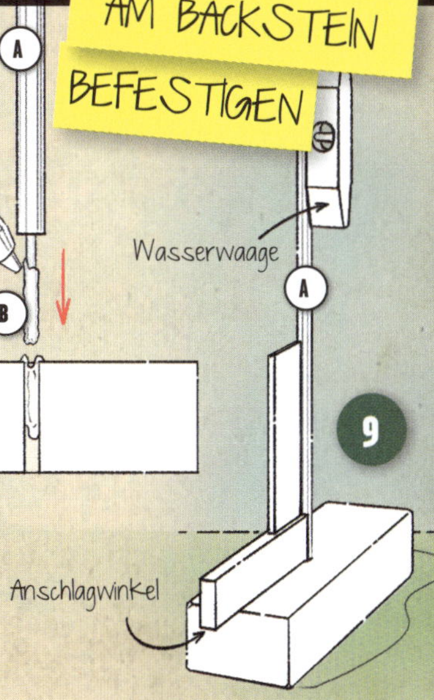

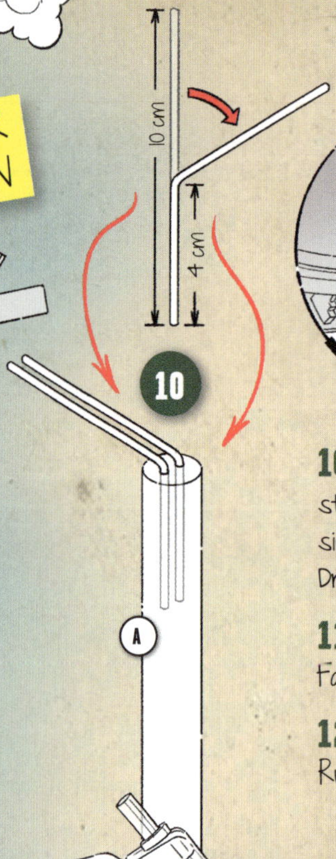

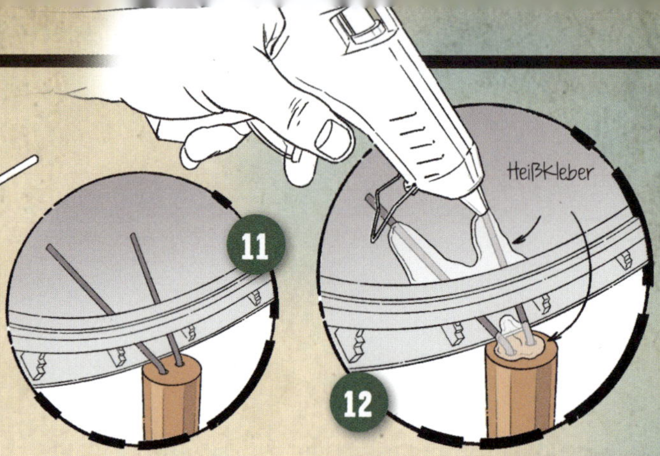

10 Schneidet mit dem Drahtschneider zwei 10 cm Drahtstücke zu, biegt sie mit der Zange gerade und knickt sie wie gezeigt 4 cm vom Ende entfernt. Die kürzeren Drahtenden in die Löcher von Rundholz A stecken.

11 Schiebt die anderen Drahtenden durch die Löcher im Farbeimer.

12 Die Drähte mit Heißkleber am Eimerrand und am Rundholz fixieren.

13 Verstärkt die Verbindungstelle mit Heißkleber zwischen Backstein und Rundholz A.

14 Heißkleber auf die Drähte auftragen, bis sie vollständig bedeckt sind.

15 Gebt noch mehr Heißkleber auf den Eimerrand und das Rundholz und lasst ihn heruntertropfen. Schicht für Schicht arbeiten und den Kleber zwischendurch trocknen lassen.

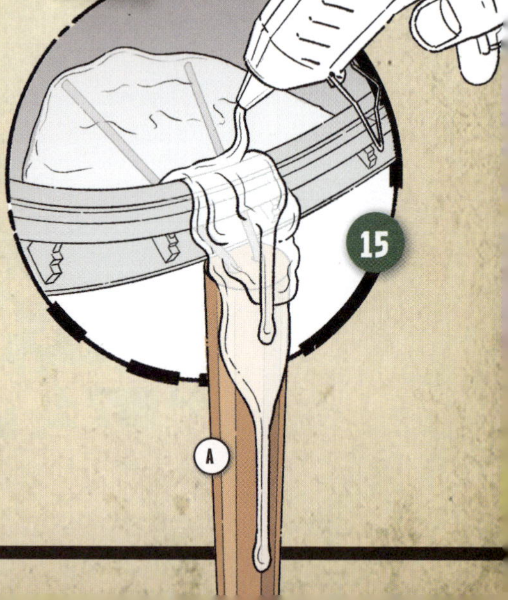

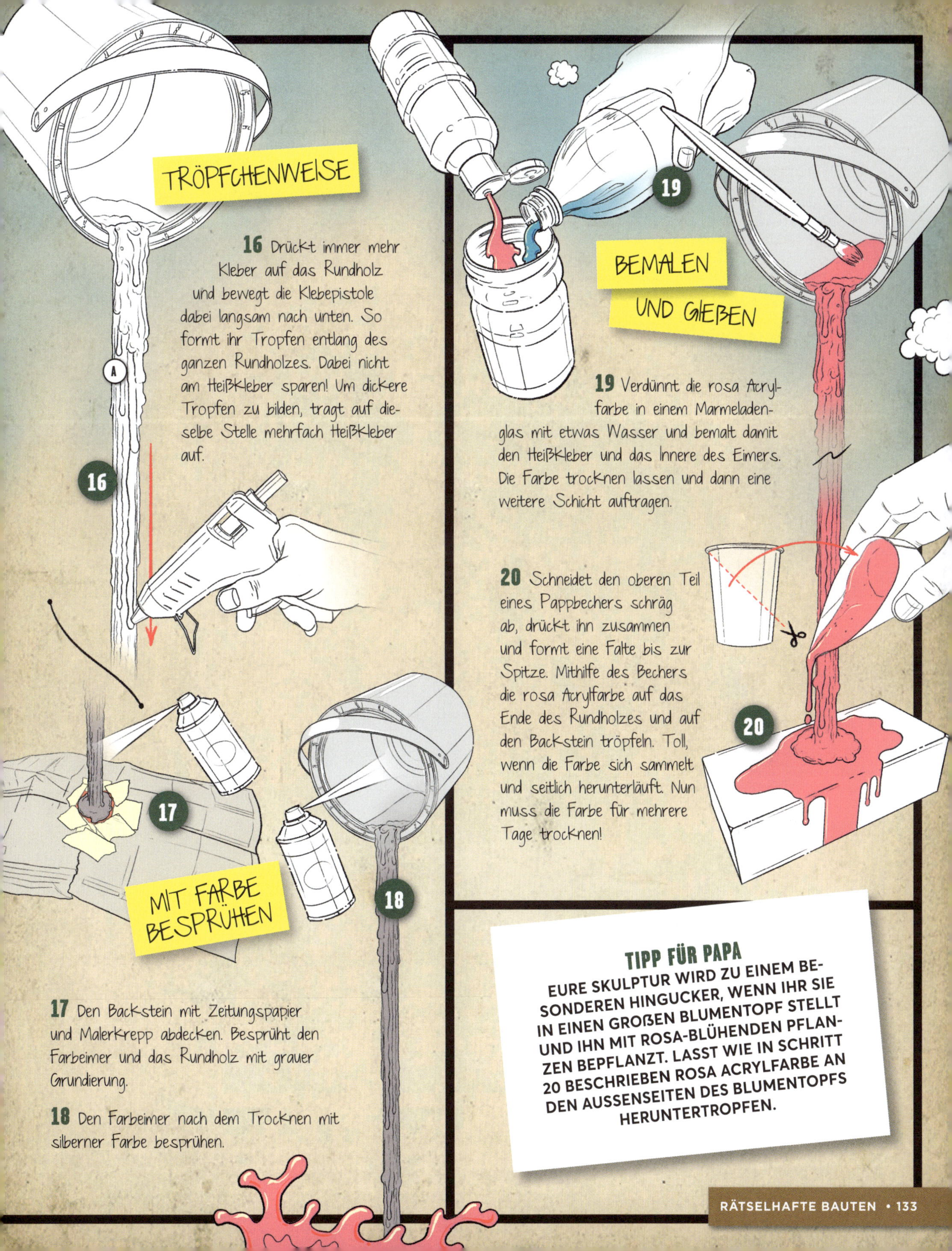

TRÖPFCHENWEISE

16 Drückt immer mehr Kleber auf das Rundholz und bewegt die Klebepistole dabei langsam nach unten. So formt ihr Tropfen entlang des ganzen Rundholzes. Dabei nicht am Heißkleber sparen! Um dickere Tropfen zu bilden, tragt auf dieselbe Stelle mehrfach Heißkleber auf.

MIT FARBE BESPRÜHEN

17 Den Backstein mit Zeitungspapier und Malerkrepp abdecken. Besprüht den Farbeimer und das Rundholz mit grauer Grundierung.

18 Den Farbeimer nach dem Trocknen mit silberner Farbe besprühen.

BEMALEN UND GIEßEN

19 Verdünnt die rosa Acrylfarbe in einem Marmeladenglas mit etwas Wasser und bemalt damit den Heißkleber und das Innere des Eimers. Die Farbe trocknen lassen und dann eine weitere Schicht auftragen.

20 Schneidet den oberen Teil eines Pappbechers schräg ab, drückt ihn zusammen und formt eine Falte bis zur Spitze. Mithilfe des Bechers die rosa Acrylfarbe auf das Ende des Rundholzes und auf den Backstein tröpfeln. Toll, wenn die Farbe sich sammelt und seitlich herunterläuft. Nun muss die Farbe für mehrere Tage trocknen!

TIPP FÜR PAPA

EURE SKULPTUR WIRD ZU EINEM BESONDEREN HINGUCKER, WENN IHR SIE IN EINEN GROßEN BLUMENTOPF STELLT UND IHN MIT ROSA-BLÜHENDEN PFLANZEN BEPFLANZT. LASST WIE IN SCHRITT 20 BESCHRIEBEN ROSA ACRYLFARBE AN DEN AUSSENSEITEN DES BLUMENTOPFS HERUNTERTROPFEN.

ELEFANTENRÜSSEL-BRAUSE

FÜR PROFIS

An einem heißen Tag gibt es doch nichts Schöneres als sich mit Wasser abzukühlen. Noch mehr Spaß macht es mit einem Elefant, der den ganzen Tag ohne Pause Wasser sprühen kann!

MATERIALIEN

- Kantholz, 4,4 cm x 4,4 cm, ca. 170 cm lang
- Gartenschlauch, ø 1,3 cm, 3,5 m lang
- Gartenschlauchverbinder
- ca. 6 Plastikflaschen, ø 10 cm
- alte Plastiktüten
- 4 Tackerklammern, ca. 1,5 cm (oder 4 Schrauben, 3,5 mm x 20 mm)
- Draht, ø 2 mm, 508 cm lang
- 1 Rolle Hasendraht, 50 cm breit, 163 cm lang
- dünner Blumendraht, ø 0,6 mm
- Paketklebeband
- Gewebeband, 5 cm breit
- Isolierband
- Acryl-Haftgrundierung: Spray in Grau
- Acryl-Klarlack: Spray in Seidenmatt
- Acrylfarbe in Sandbraun und Braun
- Säge
- Bohrmaschine
- Bohrer, ø 2,5 mm
- Tacker (oder Akkuschrauber)
- Hammer
- Gummihammer
- Pinsel
- Schwamm (nach Wunsch)
- Zange mit Drahtschneider
- Lineal oder Maßband
- Schere und Cutter mit Schneideunterlage

SCHLAUCH UND DRAHT ZUSCHNEIDEN

1 Schneidet mit einem Cutter ein 350 cm langes Stück Gartenschlauch ab.

2 Mit einem Drahtschneider zwei 254 cm lange Stücke Draht (ø 2 mm) zuschneiden. Zieht sie mit euren Händen gerade und knickt sie in der Mitte.

DRAHT AN DEN GARTENSCHLAUCH KLEBEN

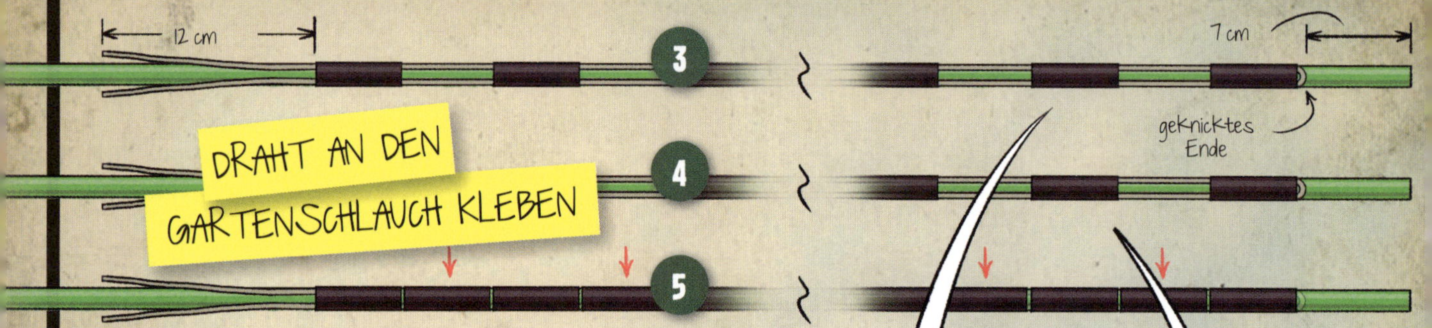

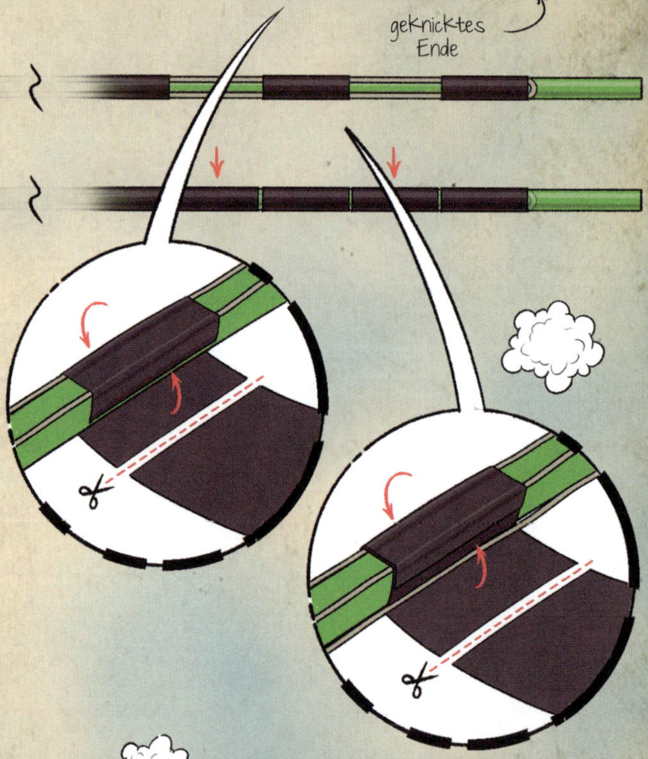

3 Verbindet einen der Drähte mit dem Schlauch, indem ihr beides mit Gewebeband umwickelt. Mit dem geknickten Ende des Drahts 7 cm vom Anfang des Schlauchs entfernt beginnen und die Befestigung in Abständen von ca. 5 cm wiederholen. Lasst die letzten 12 cm Draht frei.

4 Das zweite Stück Draht auf der gegenüberliegenden Seite des Schlauchs festkleben wie in Schritt 3.

5 Umwickelt die Zwischenräume mit Klebeband. Dabei die letzten 10 cm weiterhin freilassen.

RÜSSEL BIEGEN

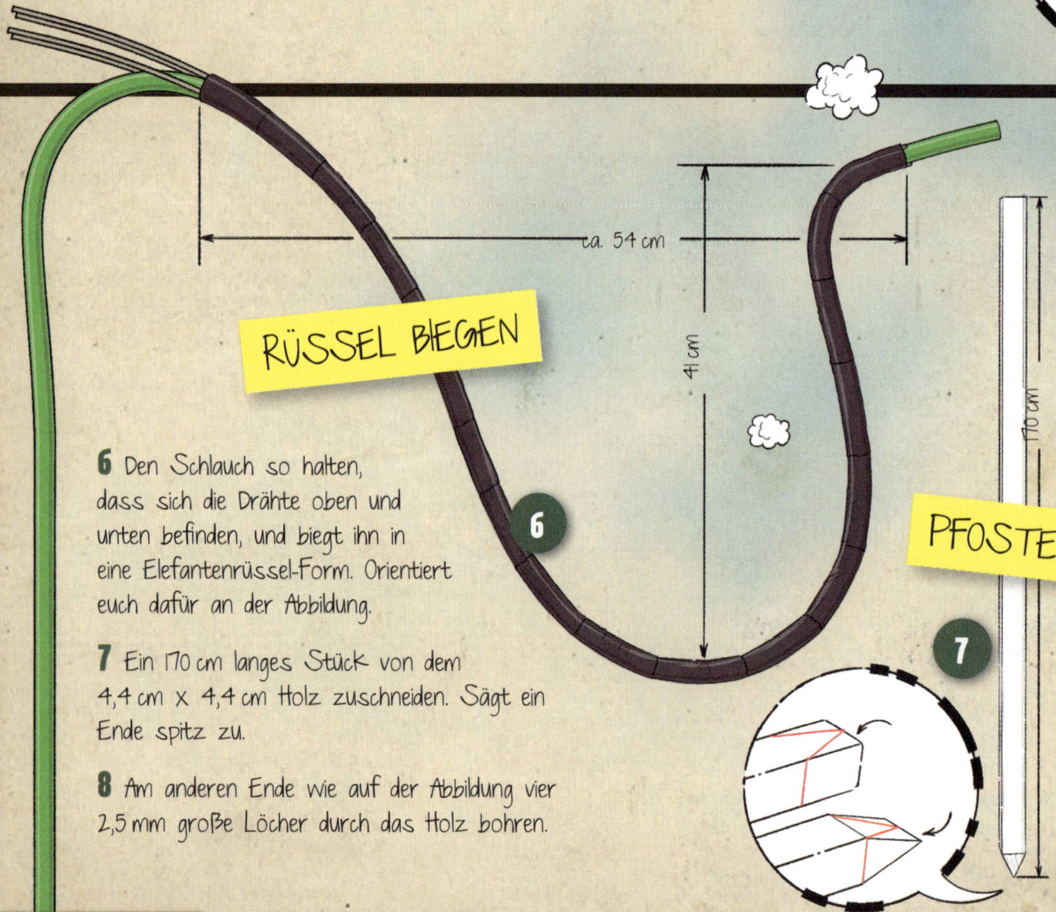

6 Den Schlauch so halten, dass sich die Drähte oben und unten befinden, und biegt ihn in eine Elefantenrüssel-Form. Orientiert euch dafür an der Abbildung.

PFOSTEN VORBEREITEN

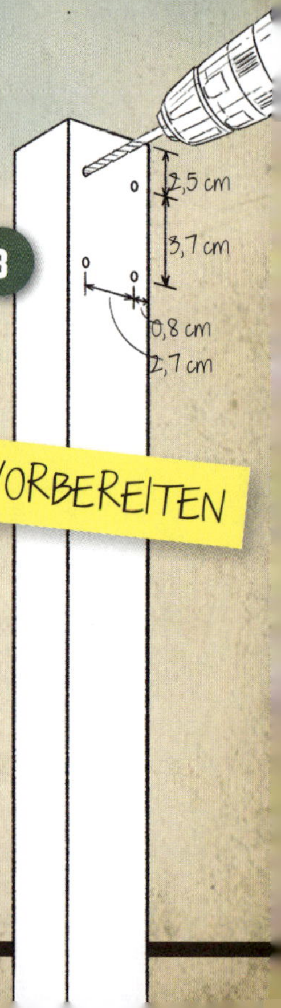

7 Ein 170 cm langes Stück von dem 4,4 cm x 4,4 cm Holz zuschneiden. Sägt ein Ende spitz zu.

8 Am anderen Ende wie auf der Abbildung vier 2,5 mm große Löcher durch das Holz bohren.

RÜSSEL MIT PFOSTEN VERBINDEN

9 Biegt die Enden der Drähte nach außen. Den Schlauch zur Seite und die Drähte durch die Löcher im Pfosten führen.

10 Knickt die Drähte auf der Rückseite des Pfostens um und sichert sie jeweils mit einer 1,5 cm großen Tackerklammer (oder indem ihr 3,5 mm x 20 mm Schrauben in die Löcher dreht).

11 Den Schlauch nach unten biegen und mit Gewebeband am Pfosten befestigen.

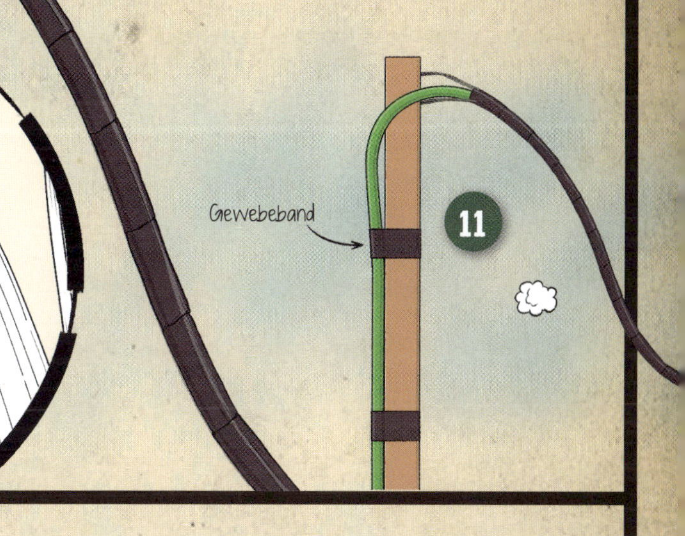

HASENDRAHT ZUSCHNEIDEN

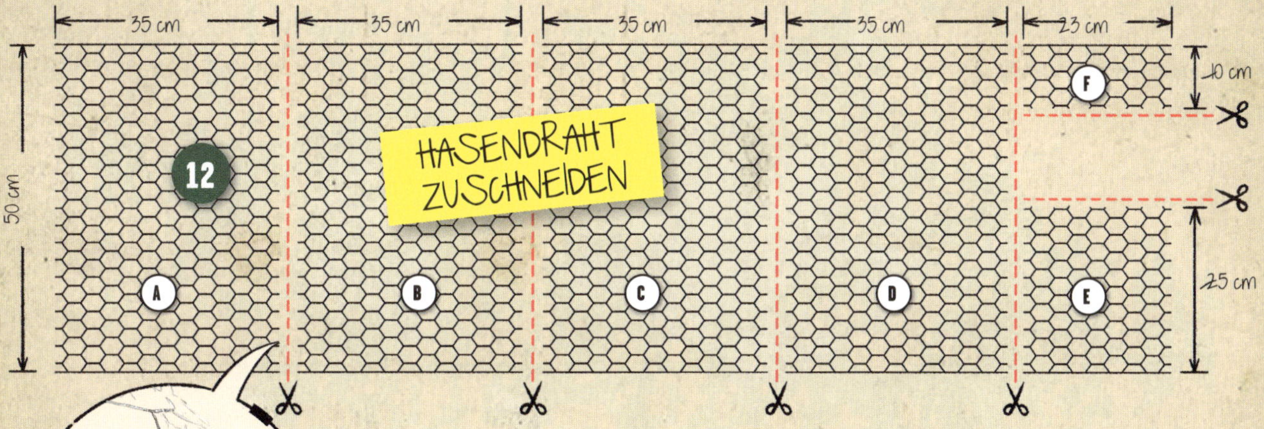

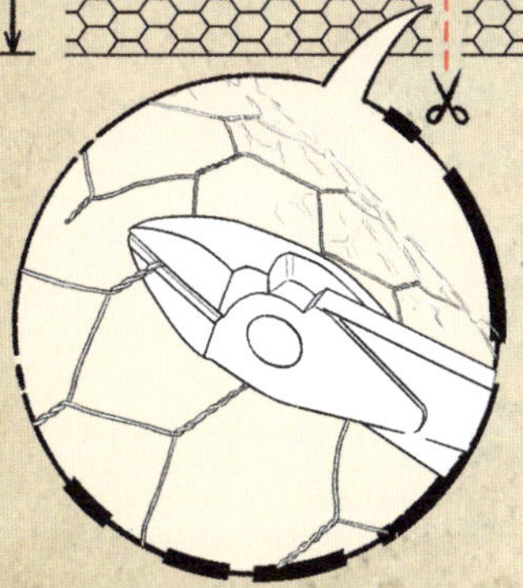

12 Rollt den 50 cm breiten Hasendraht ab und biegt ihn zum Glätten entgegen der Krümmung. Mit einem Drahtschneider wie abgebildet vier 35 cm breite Stücke (A, B, C, D), ein 23 cm x 25 cm großes Stück und einen 23 cm x 10 cm langen Streifen zuschneiden.

RÜSSEL FORMEN

13 Wickelt 4-5 cm vom Pfosten entfernt Drahtstück A um den Schlauch und drückt es rundherum fest.

14 Drahtstück B direkt neben Stück A um den Schlauch wickeln und wie zuvor festdrücken.

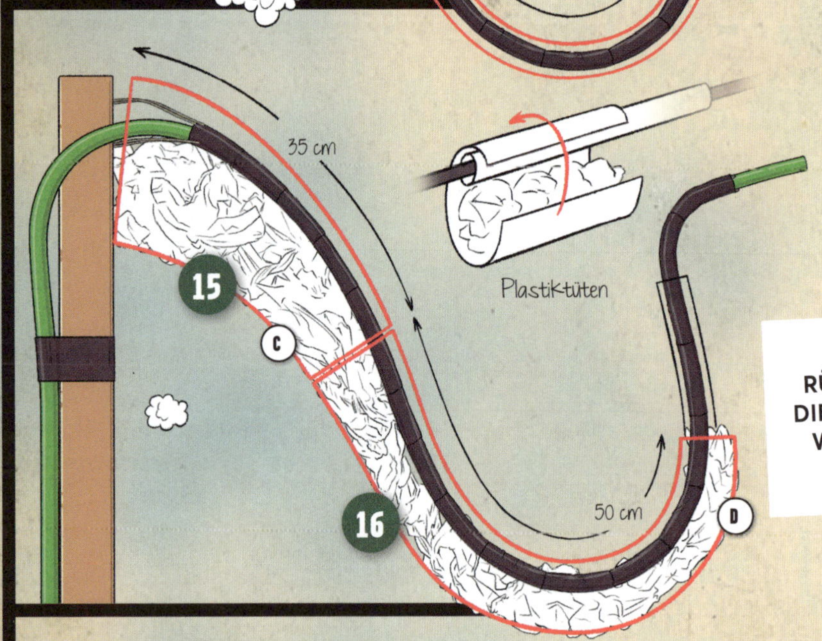

15 Wickelt Drahtstück C um Drahtstück A und lasst einen großen Zwischenraum frei. Plastiktüten dazwischen stopfen, bevor ihr die Kante verschließt. Verwendet Blumendraht, um die Drahtstücke zusammenzubinden. Darauf achten, Drahtstück C mit der 35 cm breiten Kante um den Schlauch zu wickeln, im Gegensatz zu den Stücken A, B und D.

16 Wickelt Drahtstück D wie in Schritt 15 um den Schlauch, positioniert es direkt neben Drahtstück C..

IN SCHRITT 15 UND 16 WIRD DER RÜSSEL GEFORMT. DRÜCKT UND ZIEHT DIE DRAHTSTÜCKE, SODASS DER RÜSSEL WIE AUF DER ABBILDUNG ZUR SPITZE HIN SCHMALER WIRD.

So bindet ihr den Draht zusammen!

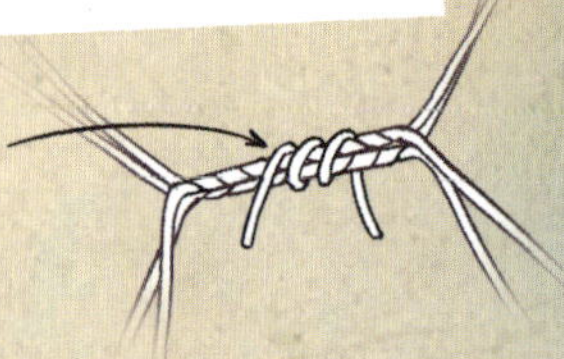

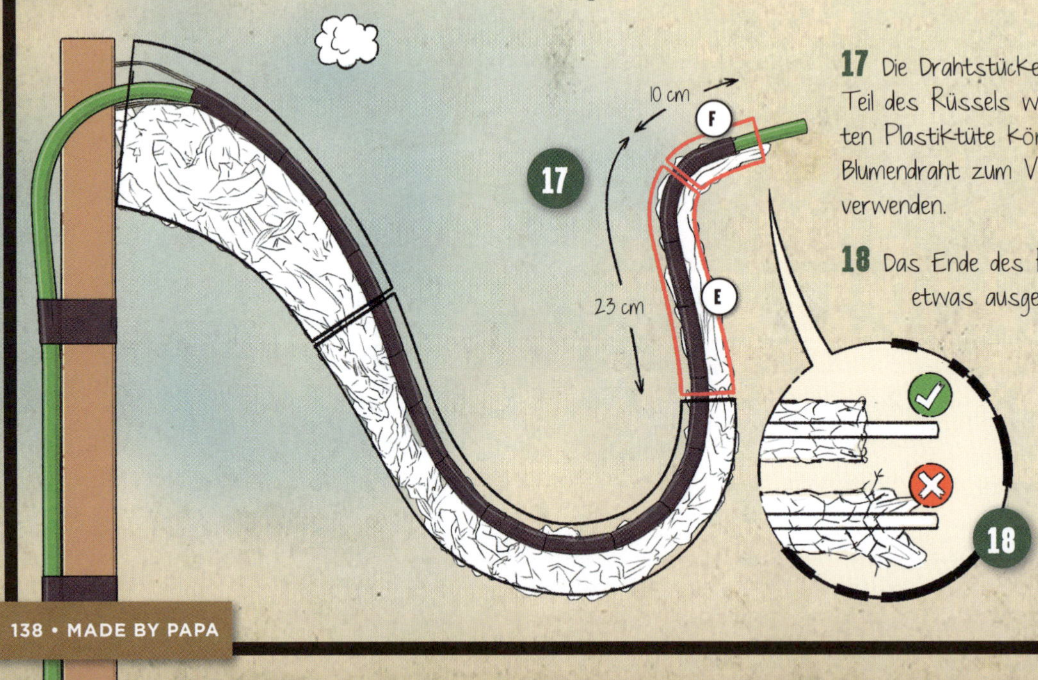

17 Die Drahtstücke E und F um den letzten Teil des Rüssels wickeln. Mit einer ausgebreiteten Plastiktüte könnt ihr die Kontur formen. Blumendraht zum Verbinden der Drahtstücke verwenden.

18 Das Ende des Rüssels ist wahrscheinlich etwas ausgefranst. Biegt den Draht zurecht und/oder schneidet Überschüssiges mit einer Drahtschere in Form. Herausragende Plastiktüten mit einer Schere entfernen.

RÜSSEL UMMANTELN

19 Wickelt Paketklebeband so um den Rüssel, dass es überlappt. Am besten abschnittweise arbeiten, besonders um die engen Kurven.

20 Während ihr weiter wickelt, streicht das Paketklebeband glatt. Dadurch entstehen Falten, ein gewollter Effekt!

21 Zur Verstärkung den Rand des Paketklebebands (am Pfosten) mit zwei Bahnen Isolierband umwickeln.

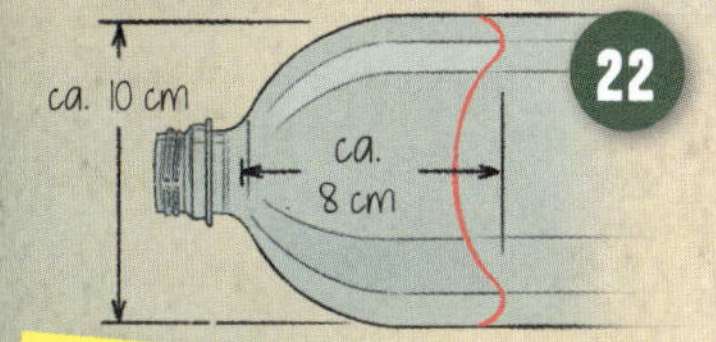

„NASE" ANBRINGEN

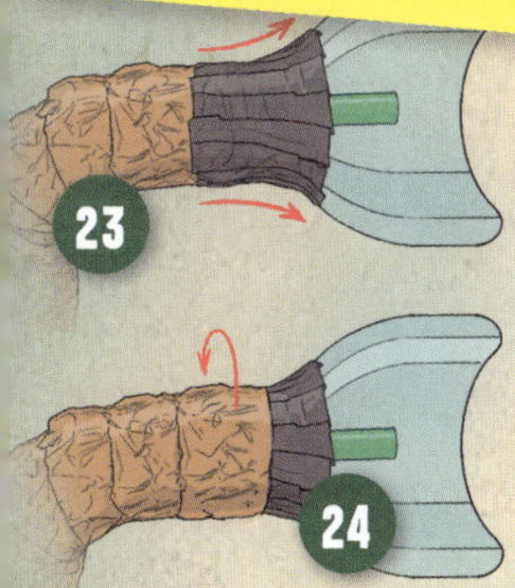

22 Schneidet den Plastikflaschenhals mit einem Cutter und einer Schere so zu, wie auf der Abbildung zu sehen ist.

23 Den Flaschenhals auf den Schlauch setzen und ihn mit Stücken des Gewebebands am Rüssel festkleben.

24 Umwickelt das Gewebeband mit Paketklebeband, um es zu verdecken.

SPRÜHEN UND ANMALEN

25 Den Rüssel mit zwei Schichten grauer Grundierung besprühen. Mit einem trockenen Schwamm und sandfarbener Acrylfarbe könnt ihr die Oberflächenstruktur des Rüssels auftupfen (optional). Alles mit seidenmattem Acrylspray versiegeln.

26 Malt den Pfosten mit brauner Acrylfarbe an.

AUFSTELLEN UND VERBINDEN

27 Den Pfosten mit einem Gummihammer in den Boden schlagen. Versucht den Pfosten hinter einem Gebüsch zu verstecken!

28 Den Schlauch an einen Wasserhahn anschließen. Benutzt dazu einen weiteren Gartenschlauch. Zum Verbinden entweder Gartenschlauchverbinder aus Plastik oder Gewebeband verwenden.

29 Hahn aufdrehen und Wasser marsch!

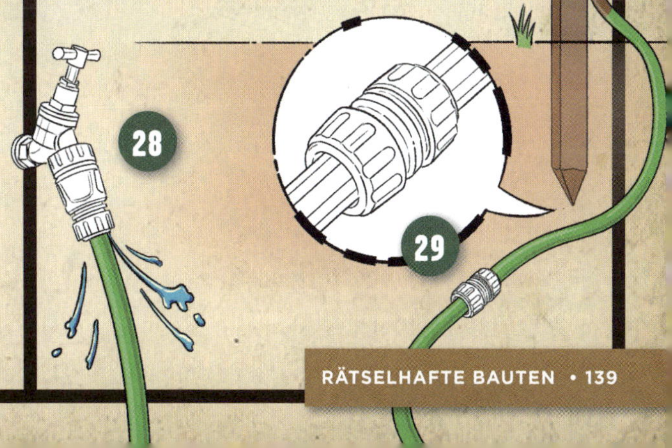

DYNAMIT-ÖLLAMPE

FÜR FORTGESCHRITTENE

Entzündet eine Stange Dynamit, wenn es Nacht wird und bringt Licht ins Dunkel! Natürlich kein echtes Dynamit, sondern eine super coole Öllampe. Wenn ihr sie anzündet und euch hinter einer Mauer versteckt, erregt ihr garantiert Aufmerksamkeit!

MATERIALIEN

- Rundholz, ø 2,1 cm, 131 cm lang
- Getränkedose aus Aluminium, ø 6,5 cm, 11,5 cm hoch, 330 ml
- Reagenzglas mit Plastikdeckel, ø 1,7 cm, 15 cm lang
- geflochtener Docht, ø 2,6 mm, 70 cm lang
- Lampenöl
- Streichholz
- Büroklammer
- Heißklebepistole
- Isolierband in Schwarz (oder Gewebeband)
- Holzleim
- Acrylfarbe in Rot, Weiß und Schwarz
- 2 Gummibänder
- Säge
- Schmirgelpapier, 120-150er Körnung
- Bohrmaschine
- Bohrer, ø 2 mm, ø 3,5 mm, ø 4 mm, ø 5 mm und ø 7 mm
- Pinsel
- Bleistift
- Lineal oder Maßband
- Schere und Cutter mit Schneideunterlage

SO GEHT DAS

Zieht an der Zündschnur, um das Geheimnis zu lüften. Zum Vorschein kommt ein verstecktes Reagenzglas mit Lampenöl und Docht!

STÄBE VERKLEBEN

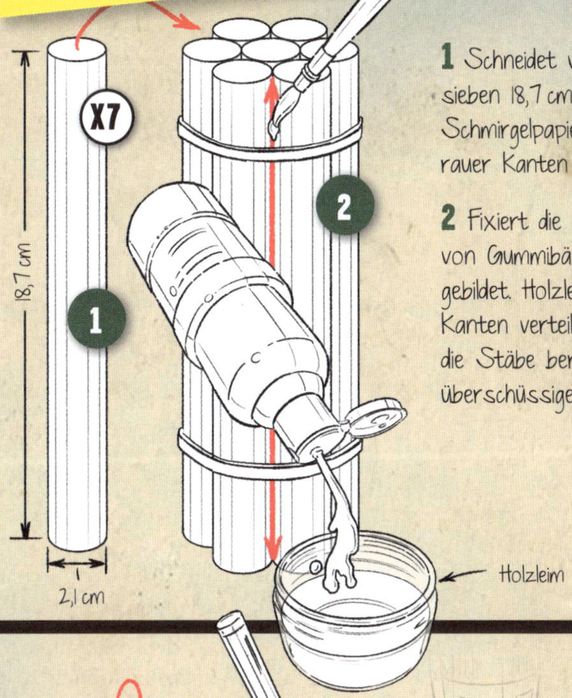

1 Schneidet vom Rundholz sieben 18,7 cm lange Stäbe zu. Schmirgelpapier zum Abrunden rauer Kanten verwenden.

2 Fixiert die Stäbe mithilfe von Gummibändern wie abgebildet. Holzleim entlang der Kanten verteilen, an denen sich die Stäbe berühren. Entfernt überschüssigen Leim.

STÄBE BOHREN

3 Sobald der Kleber getrocknet ist, den mittleren Stab entfernen. Drückt ihn außen gegen die anderen Stäbe, damit er sich beim Bohren nicht dreht.

4 Die Mittelpunkte der Stäbe (nach Augenmaß) markieren. Bohrt ein 2 mm breites und ca. 3 cm tiefes Loch vor. Dann ein 7 mm breites und 0,5 cm tiefes Loch bohren. Zuletzt bohrt ihr ein 3,5 mm breites und 3 cm tiefes Loch.

KAPPE UND SOCKEL ZUSCHNEIDEN

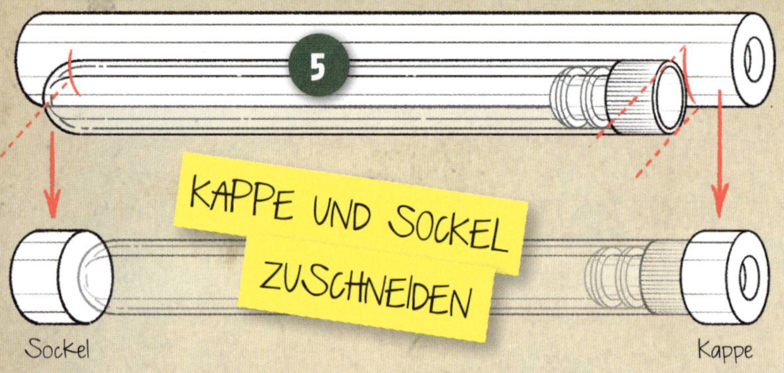

5 Den mittleren Stab auf die Seite legen und das Reagenzglas mittig davor. Zeichnet das obere und untere Ende des Reagenzglases auf dem Stab an. Den Stab beidseitig entlang der Markierung kürzen und die Schnittflächen abschleifen.

SOCKEL EINKLEBEN

6 Drückt den Sockel unten in die Mitte des verleimten Stabbündels. Wie in Schritt 2 Holzleim entlang der Verbindungsstellen auftragen.

KAPPE AUFKLEBEN

7 Entfernt den Deckel vom Reagenzglas und klebt ihn mit Heißkleber auf die Kappe. Falls der Deckel (wie abgebildet) eine Öffnung hat, diese mit Heißkleber füllen, umdrehen und auf die Kappe kleben. Haltet ihn fest, bis der Kleber getrocknet ist.

RÖHRE EINSETZEN

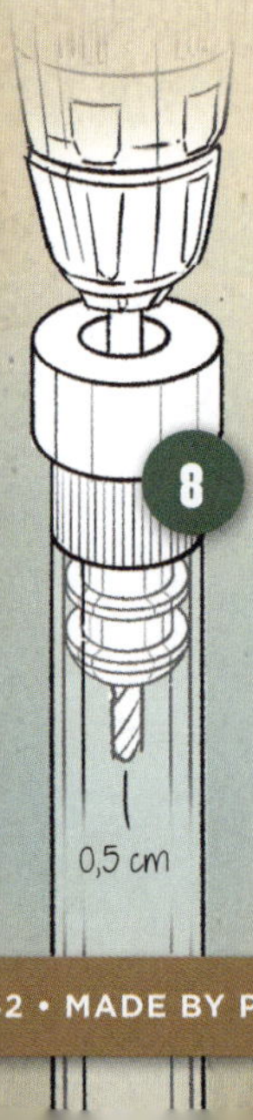

8 Ein 5 mm großes Loch durch Kappe und Deckel bohren.

9 Schneidet aus einer Aluminium-Dose ein Rechteck (7,5 cm x 5 cm) aus und rollt es um einen 4 mm starken Bohrer. Den Bohrer entfernen. Drückt und rollt das Rechteck weiter bis ihr eine Röhre mit ø 4 mm und einer kleinen Überlappung habt. Die Überlappung abschneiden und die Röhre durch Kappe und Deckel drücken.

ZÜNDSCHÜRE HERSTELLEN

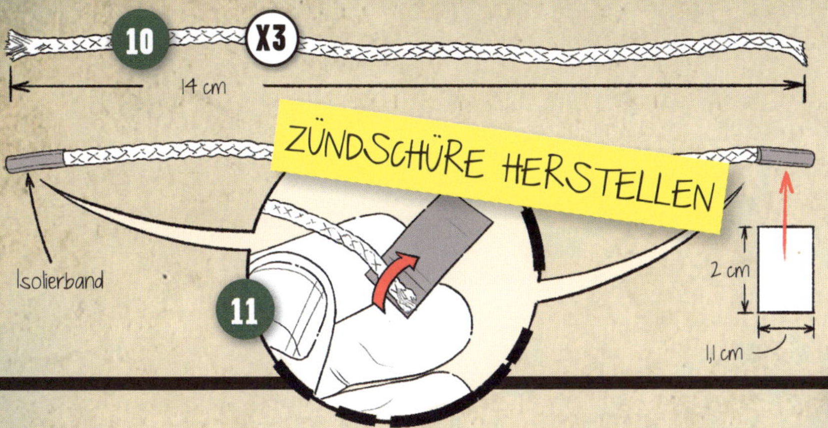

10 Schneidet aus dem geflochtenen Docht drei 14 cm lange Stücke zu.

11 Aus dem Isolierband 2 cm x 1,1 cm große Rechtecke ausschneiden und sie um die Enden der „Zündschnüre" wickeln.

ZÜNDSCHNÜRE VERBINDEN

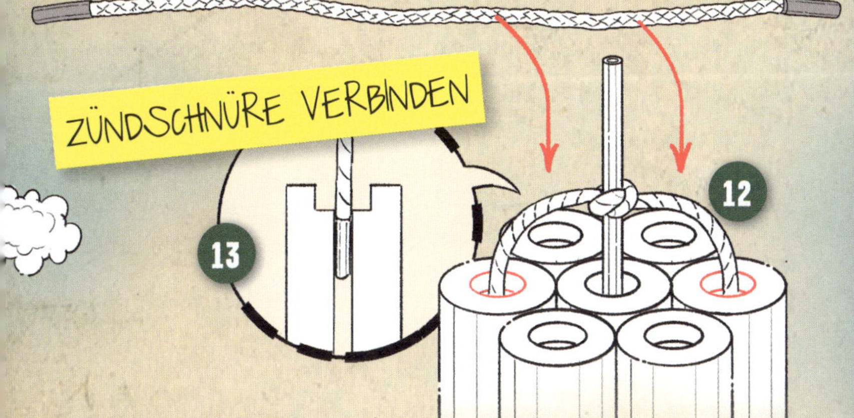

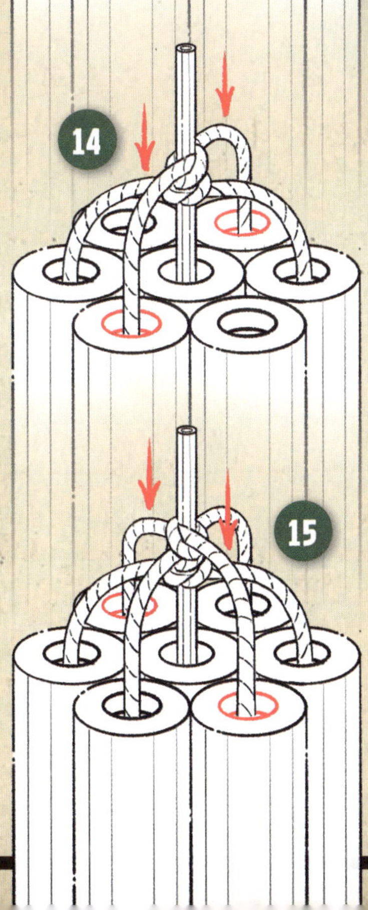

12 Steckt das Reagenzglas (mit Deckel) zwischen die verleimten Stäbe. Eine „Zündschnur" mit einem einfachen Knoten mittig an die Metall-Röhre knoten.

13 Steckt die Enden der Zündschnur in die Löcher zweier einander gegenüberliegenden Stäbe.

14 Eine weitere Zündschnur an die Metall-Röhre knoten und wie zuvor die Enden in gegenüberliegende Stäbe stecken.

15 Wiederholt dies mit der letzten Schnur. Stellt sicher, dass alle drei Knoten fest in der Mitte der Metall-Röhre zusammengeschoben sind.

ANMALEN UND BEKLEBEN

16 Die Kappe und Stäbe mit roter Acrylfarbe anmalen, die Zündschnüre und Löcher der Stäbe mit dunkelgrauer Acrylfarbe (dazu Weiß und Schwarz mischen).

17 Beklebt die Stäbe wie abgebildet mit schwarzem Isolierband (oder Streifen von Gewebeband).

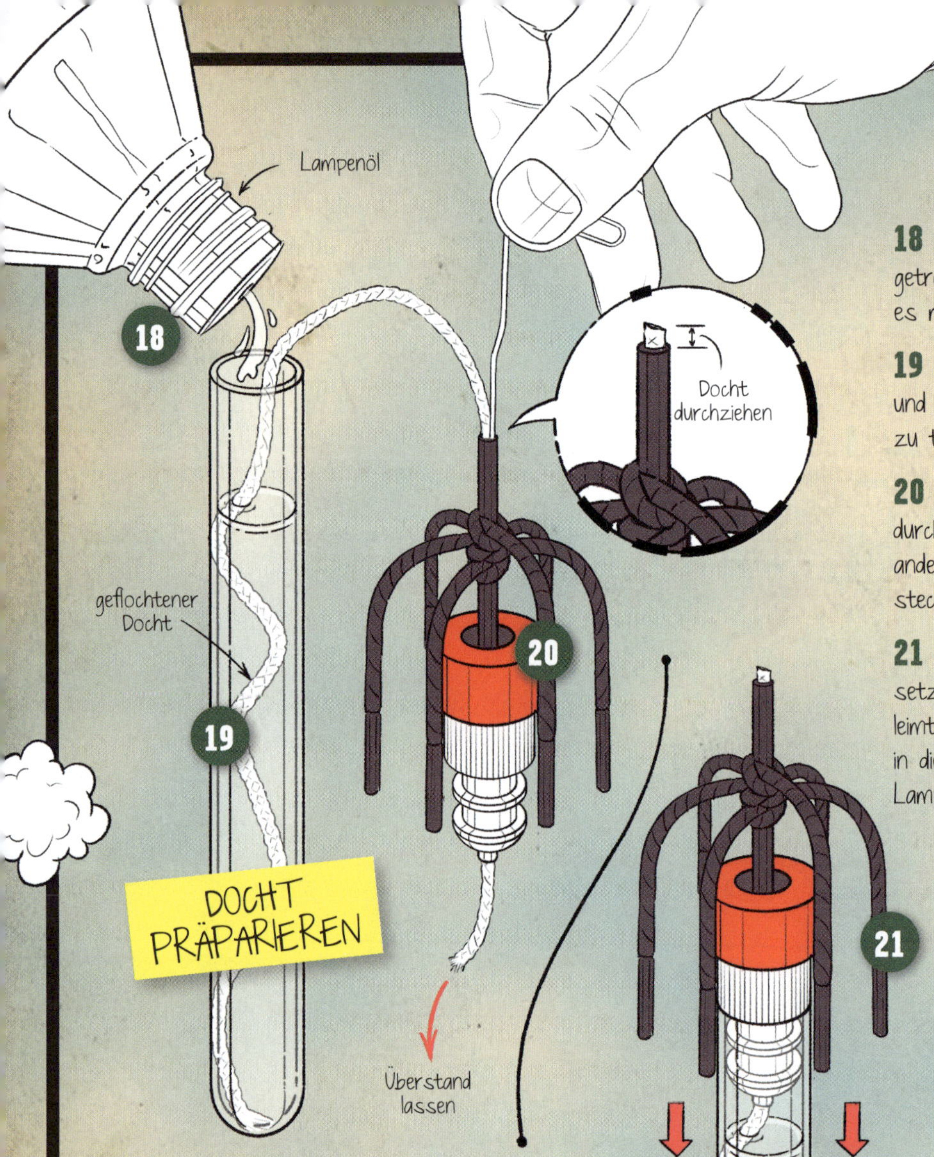

18 Das Reagenzglas entfernen, wenn die Farbe getrocknet ist. Nehmt den Deckel ab und füllt es mit Lampenöl.

19 Ein 25 cm langes Stück Docht zuschneiden und in das Reagenzglas hängen (um es in Öl zu tränken). Lasst ein Ende heraushängen.

20 Das lose Ende mithilfe einer Büroklammer durch die Metall-Röhre fädeln. Wenn es auf der anderen Seite herauskommt, zieht an ihm und steckt es wieder in das Reagenzglas.

21 Den Deckel wieder aufs Reagenzglas setzen und dieses zwischen die Mitte der verleimten Stäbe schieben. Führt die Zündschnüre in die Löcher der Stäbe. Jetzt könnt ihr eure Lampe anzünden!

DIE ÖLLAMPE VERWENDEN

Zündet die Zündschnur (den Docht) mit einem Streichholz oder Feuerzeug an. Je mehr Docht herausragt, desto größer ist die Flamme. Die Länge des Dochts keinesfalls anpassen, wenn er noch heiß ist! Achtet auch darauf, das Dynamit senkrecht zu halten, da sonst das Öl ausläuft. Viel Spaß dabei!

SCHWIMMENDER FELSBROCKEN

FÜR ANFÄNGER

Wenn euch der schwebende Farbeimer fasziniert hat, wie findet ihr das hier? Ein schwimmender Felsbrocken? Ja genau, dieser verblüffende Brocken schwimmt tatsächlich, auch wenn es natürlich kein echter Felsbrocken ist. Die Art, wie er hergestellt wird, gefällt euch bestimmt, also unbedingt weiterlesen!

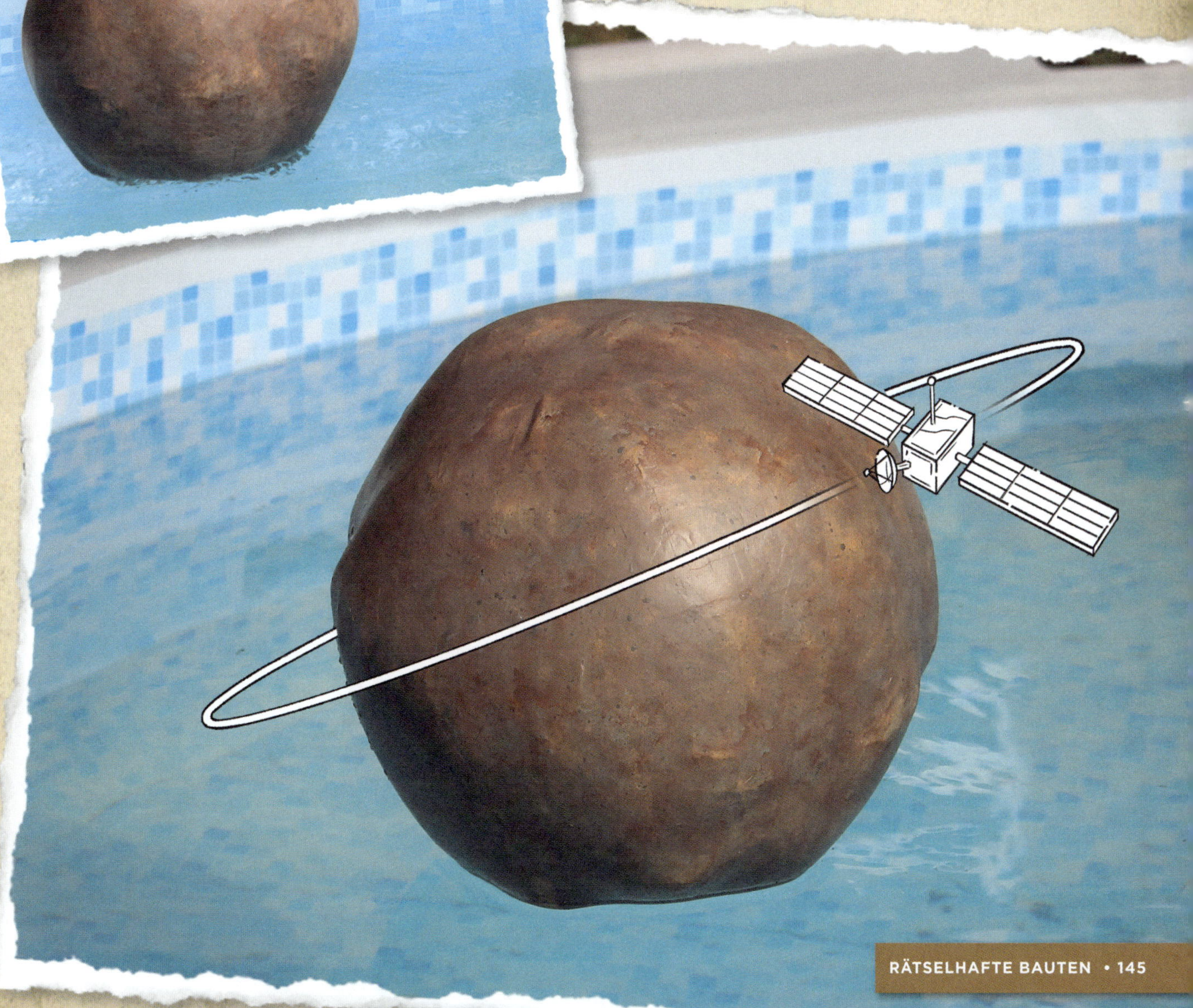

MATERIALIEN

- Aufblasbarer Wasserball
- Malerkrepp
- Gewebeband (nach Wunsch)
- Holzleim
- Haftgrundierung Spray in Grau
- Acrylfarben in Schwarz, Weiß, Rot, Gelb und Braun
- Bootslack Spray, transparent
- Zeitungspapier
- Pinsel
- Küchenschwamm
- Farbmischgefäße
- Schere
- Schmirgelpapier, 400er Körnung

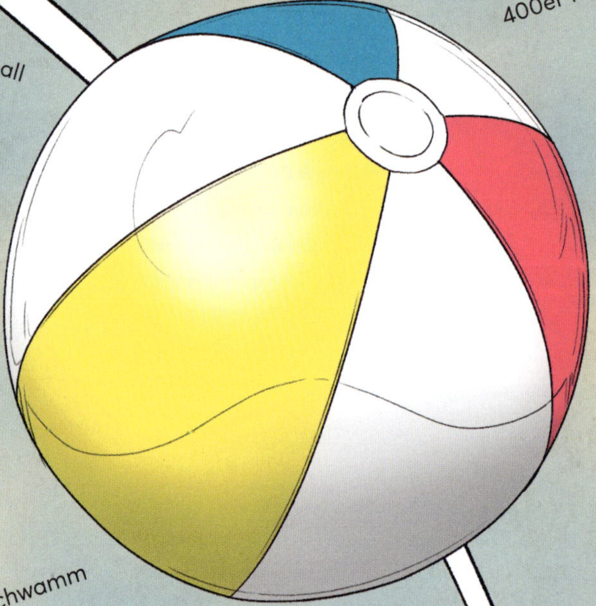

BALL AUFBLASEN

1 Blast den Wasserball auf, jedoch nicht vollständig. Er soll ein wenig schlaff sein. Das Ventil schließen und in den Ball drücken.

2 Klebt ein Stück Gewebeband über den Ventilbereich. Da es als zusätzliche Sicherung dient, ist es nicht unbedingt notwendig!

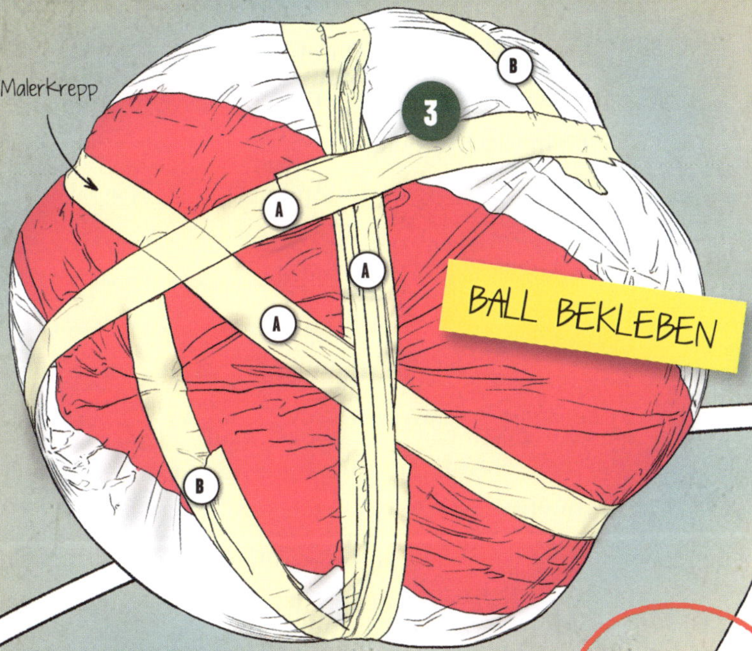

3 Den Ball mit Malerkrepp umwickeln und so felsartige Ausbuchtungen formen. Orientiert euch an der Abbildung und klebt drei lange Kreppstreifen A überlappend um den Ball und ein paar kurze Streifen B dazwischen, damit es asymmetrisch wird. Je zwei Streifen übereinander kleben, damit sie nicht reißen.

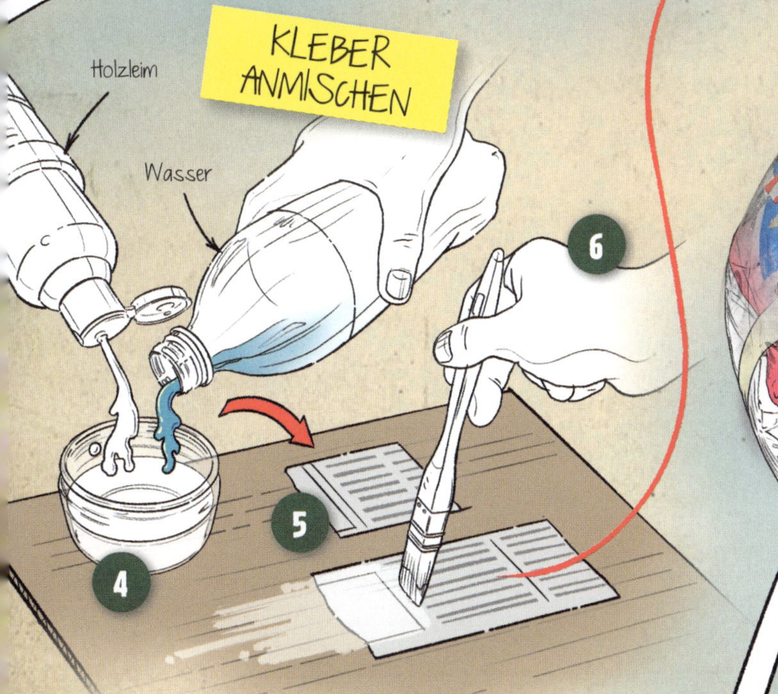

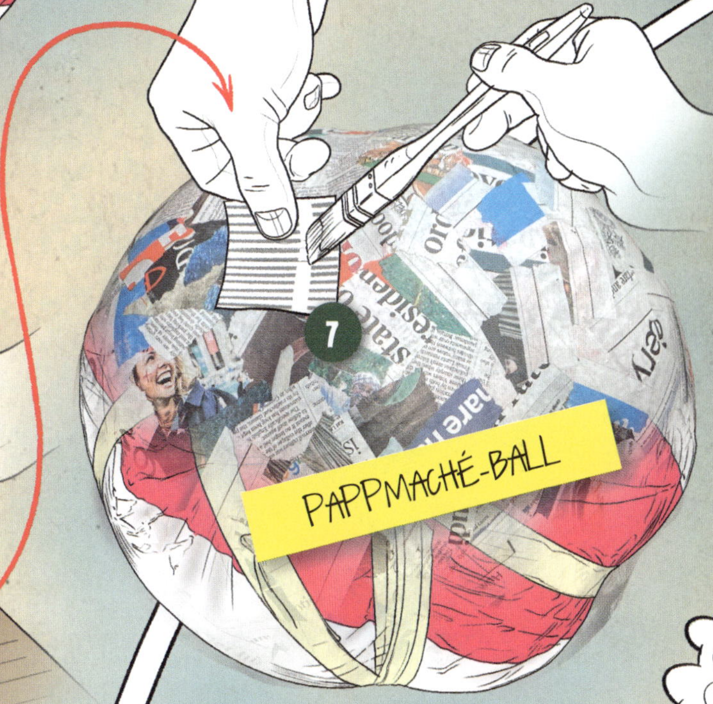

4 Gebt Holzleim und Wasser in eine Schüssel und vermischt beides gut miteinander (zwei Teile Holzleim zu einem Teil Wasser).

5 Eine Zeitung in 6 cm x 6 cm bis 6 cm x 12 cm große Streifen reißen.

6 Tränkt mit einem Pinsel einen Papierstreifen von beiden Seiten mit der Kleberlösung.

7 Den Streifen auf den Ball kleben und ihn erneut mit Kleber bestreichen. Beklebt den Ball vollständig mit Papierstreifen und lasst sie überlappen. Alles trocknen lassen und zwei weitere Schichten auftragen.

BALL BESPRÜHEN

8 Schleift den Ball leicht mit 400er Schmirgelpapier an und besprüht ihn mit grauer Grundierung. Den Vorgang nach dem Trocknen wiederholen.

9 Mischt in einer Schüssel gelbe, rote und weiße Acrylfarbe bis ihr einen cremig-orangenen Farbton erhaltet.

10 Mit einem trockenen Schwamm die Farbe sanft auf den Ball tupfen. Orientiert euch an der Abbildung und versucht die Erhebungen zu betonen. Trocknen lassen.

DETAILS HINZUFÜGEN

STRUKTUR HINZUFÜGEN

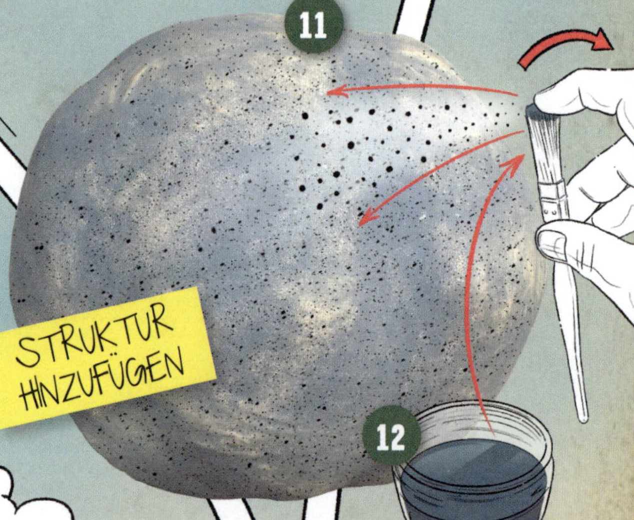

11 Vermischt schwarze und weiße Acrylfarbe in einer Schüssel bis ihr eine dunkelgraue Farbe erhaltet.

12 Eine Pinselspitze in die Farbe tunken und die Farbe mit dem Finger rundherum auf den Ball spritzen, um eine schöne Maserung zu erhalten. Lasst die Spritzer trocknen.

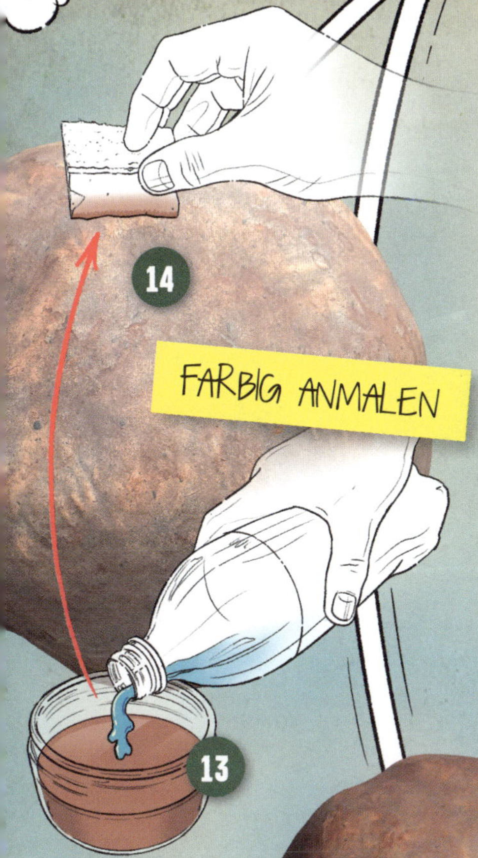

FARBIG ANMALEN

13 Braune Acrylfarbe mit fünf Teilen Wasser verdünnen.

14 Tupft die wässrige Farbmischung mit einem Schwamm auf den ganzen Ball. Tropfen, Flecken und eine ungleichmäßige Bemalung mit hellen und dunklen Flecken sind perfekt! Die Oberfläche soll Struktur erhalten.

BALL LACKIEREN

15 Nach dem Trocknen den Ball mit 400er Schmirgelpapier leicht anschleifen und mit seidenmattem Lack besprühen (oder bemalen). Der Ball soll wasserfest werden. Das ist nicht so einfach! Verwendet deshalb einen Bootslack auf Polyurethan-Basis! 2 oder 3 Schichten auftragen und die Oberfläche vor jedem Auftrag leicht anschleifen. Auch mit dem speziellen Lack sollte euer Felsbrocken am besten nicht zu lange im Wasser liegen!

POOLNUDEL-ANAKONDA

FÜR ANFÄNGER

Verwandelt zwei stinknormale Schwimmnudeln in eine beeindruckende drei Meter lange Anakonda! Ein witziges Accessoire für euren Pool oder, angesichts ihrer Größe, ein lustiges Utensil für euer Planschbecken. Auf jeden Fall ist dieses überdimensionale Projekt überraschend einfach.

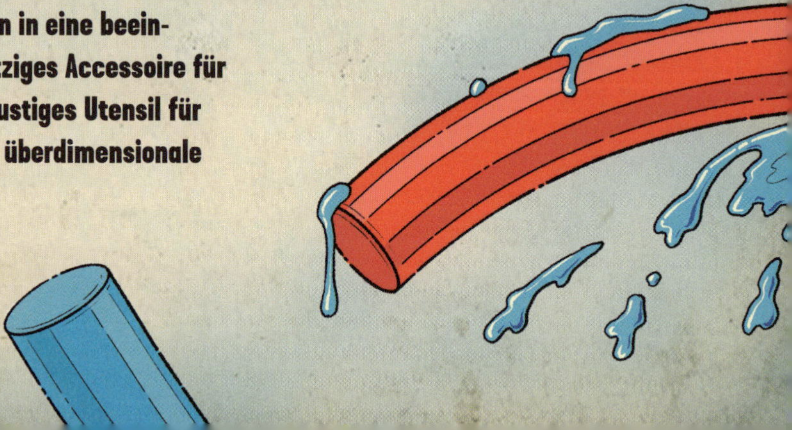

MATERIALIEN

- je 1 Schwimmnudel in Rot und Blau, innen hohl
- Niedrigtemperatur-Klebepistole
- Malerkrepp
- Gewebeband
- Isolierband in Gelb, 2,5 cm breit und 20 m lang
- wasserfester Filzstift
- Bügelsägeblatt
- Schere und Cutter mit Schneideunterlage
- Karton, 180 g/m², A3/A4
- Moosgummi in Weiß, A5
- bedruckbares Vinyl-Aufkleberpapier, A4
- Fotokopierer oder Drucker (nach Wunsch)

VORLAGE 24 (SEITE 205)

ANAKONDA-FARBEN

Ihr könnt eure Schwimmnudel-Anakonda in zwei beliebigen Farben basteln, dazu ersetzt einfach die im Text erwähnten Farben „Rot" und „Blau" durch Farben eurer Wahl.

SCHNEIDEHILFE

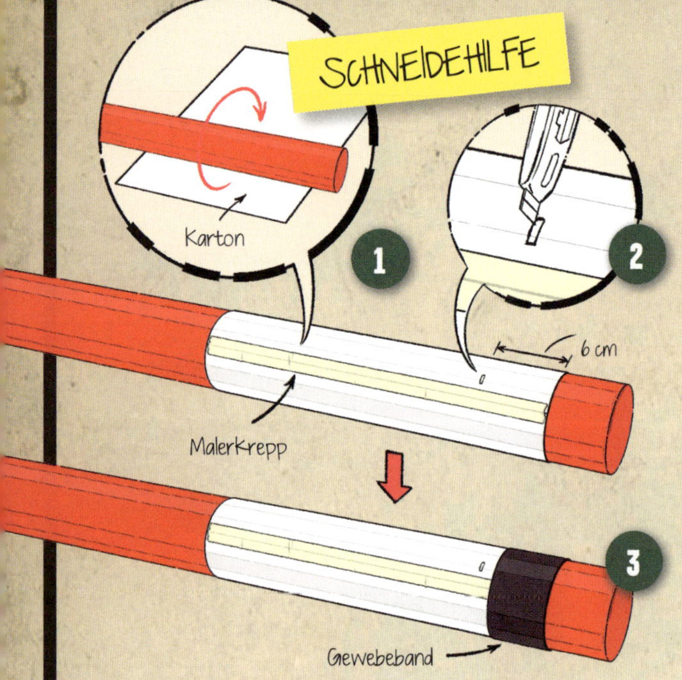

1 Rollt einen Bogen Karton (ca. 180 g/m²) in A3 (oder A4) um die rote Schwimmnudel und verbindet die Kanten mit einem Streifen MalerKrepp.

2 6 cm vom rechten Rand eine Kleine Kerbe in den Karton schneiden (ihr braucht sie in Schritt 6).

3 Umwickelt die rechte Seite der Manschette zweimal mit Gewebeband.

KOPFSEGMENT ZUSCHNEIDEN

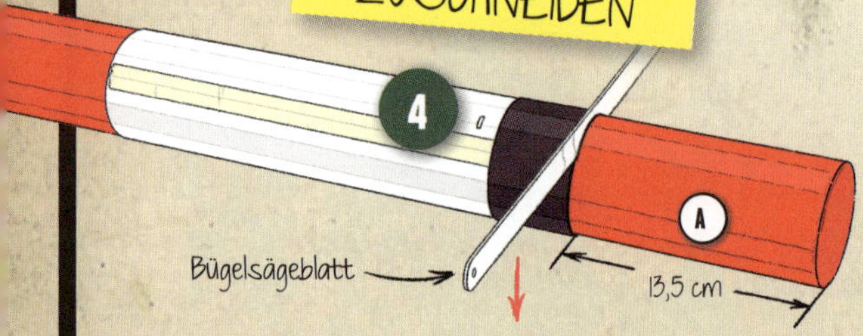

4 Die Manschette nach links schieben, sodass sie 13,5 cm vom Rand entfernt ist. Schneidet die Nudel mithilfe eines Bügelsägeblattes durch. Um einen geraden Schnitt zu bekommen, das Gewebeband während des Schneidens gut festhalten.

SCHWANZSEGMENT ZUSCHNEIDEN

5 Schiebt die Manschette auf die blaue Nudel, sodass sie 9 cm vom Rand entfernt ist. Wie in Schritt 4 ein Bügelsägeblatt zum Durchtrennen verwenden.

KÖRPERSEGMENTE ZUSCHNEIDEN

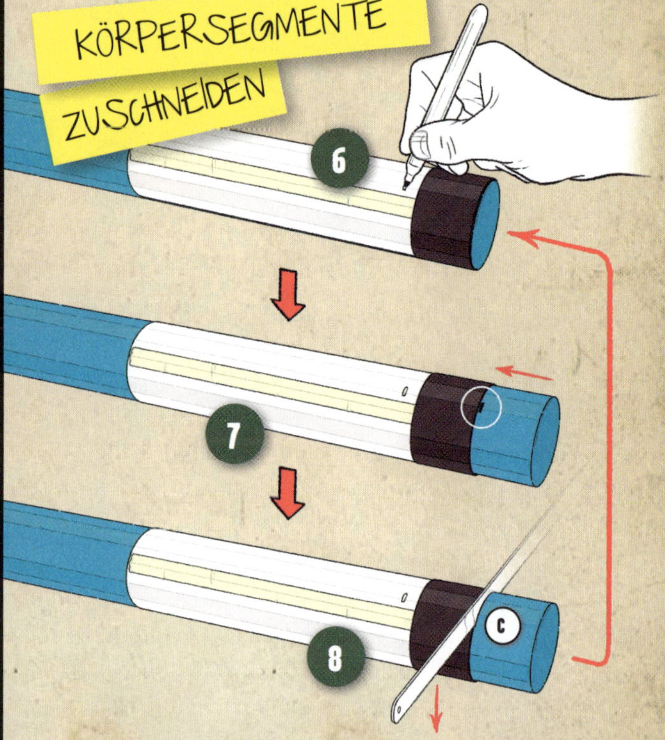

6 Schiebt die Manschette auf das Ende einer Nudel und verwendet einen wasserfesten Filzstift, um durch die Kerbe die Nudel zu markieren.

7 Die Manschette nach links schieben, bis ihr Rand an der Filzstift-Markierung liegt.

8 Schneidet die Nudel wie in Schritt 4 und 5 mit einem Bügelsägeblatt durch. Die Schritte 6–7 wiederholen, bis die Nudel aufgebraucht ist. Das gleiche macht ihr mit der anderen Schwimmnudel.

KÖRPERTEILE VERKLEBEN

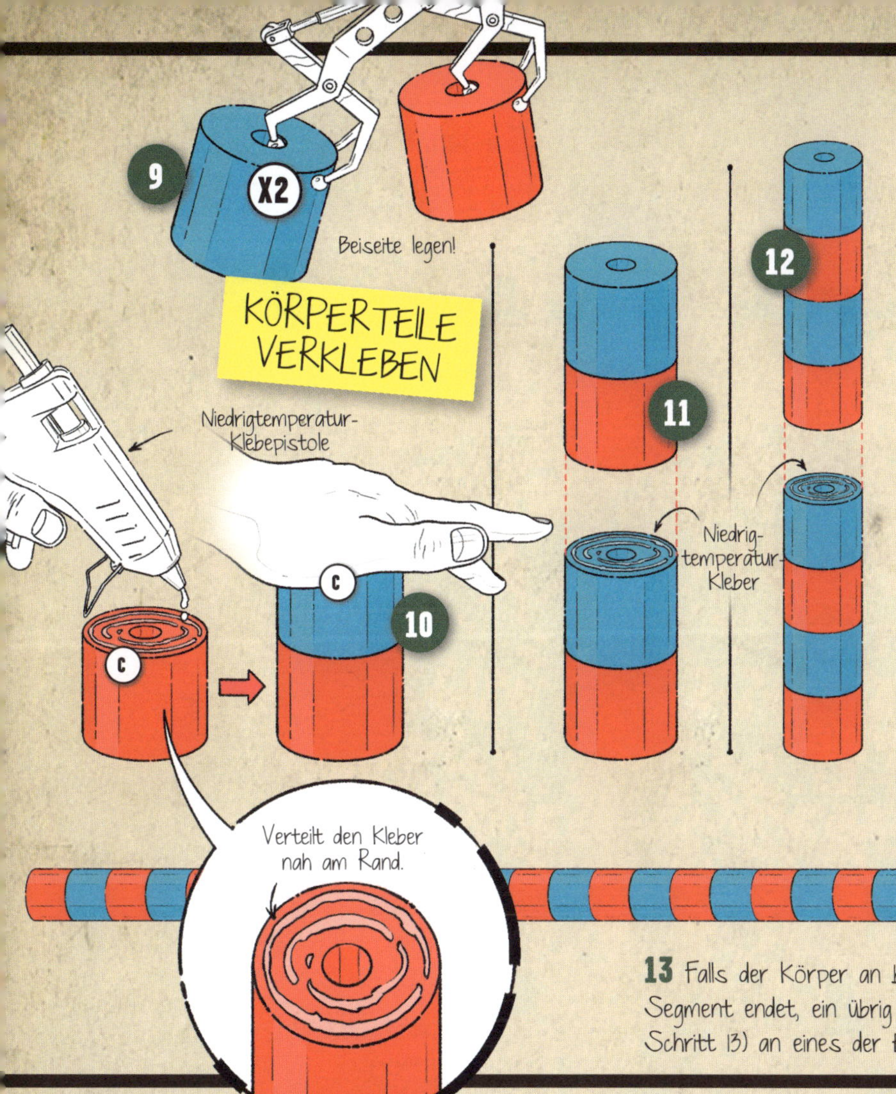

9 Ein rotes und zwei blaue Körpersegmente als Reserve beiseitelegen.

10 Mit einer Niedrigtemperatur-Klebepistole gebt ihr Kleber auf den Rand eines roten Körpersegments. Ein blaues Segment fest darauf drücken. Stellt so viele Paare her, wie ihr könnt.

11 Die Paare verbinden und so viele Viererstapel herstellen, wie ihr könnt.

12 Verbindet die Viererstapel zu einem langen Körper. Falls ihr Zweierstapel oder einzelne Segmente übrighabt, klebt sie an das Ende.

13 Falls der Körper an beiden Seiten mit einem roten Segment endet, ein übrig gebliebenes blaues Segment (wie in Schritt 13) an eines der Enden kleben.

SCHWANZ FORMEN

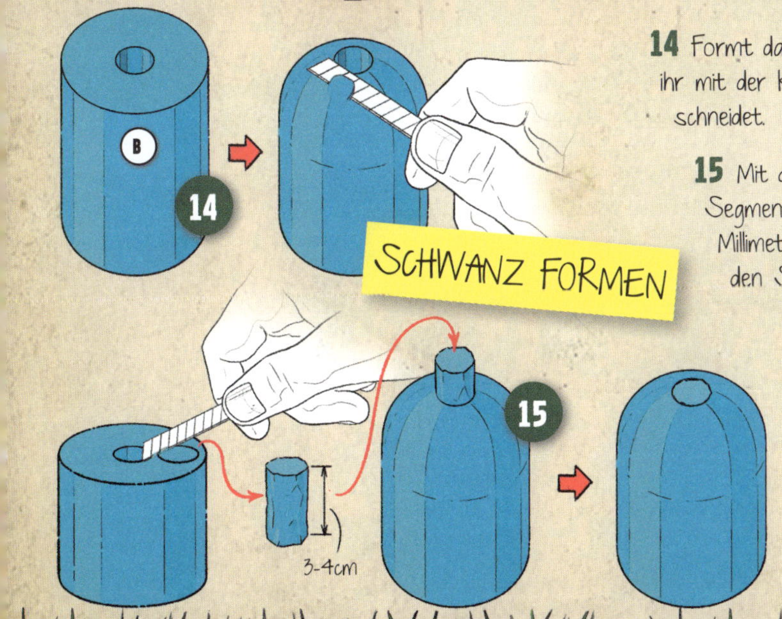

14 Formt das Schwanz-Segment zu einer runden Kuppel, indem ihr mit der Klinge eines Cutters dünne Schaumstoffscheiben abschneidet.

15 Mit derselben Cutter-Klinge aus dem letzten blauen Segment einen zylindrischen Stöpsel ausschneiden, der einige Millimeter größer als das Loch in der Nudel sein soll. Drückt den Stöpsel in das Loch, sodass er bündig mit der Kuppel abschließt.

16 Den Schwanz mit Niedrigtemperatur-Kleber an das rote Ende des Körpers kleben.

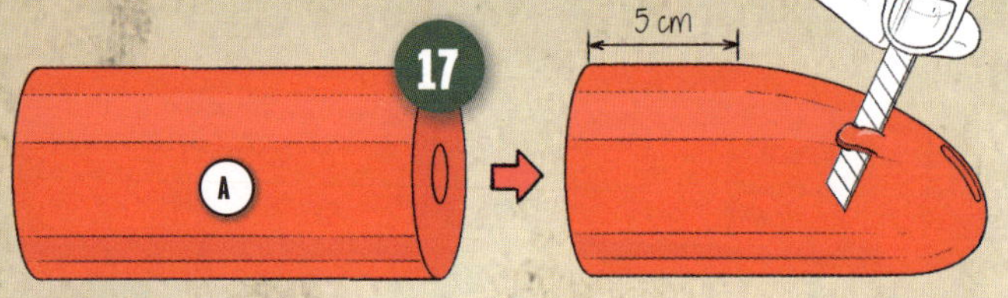

17 Auf dieselbe Art wie ihr den Schwanz geschnitzt habt, wird nun der Kopf geformt. Orientiert euch an der Abbildung und dem Foto unten.

18 Einen weiteren zylindrischen Stöpsel schnitzen, diesmal aus dem roten Ersatz-Segment. Drückt den Stöpsel in das Loch und macht ihn mithilfe der Cutter-Klinge bündig mit der Nase.

19 Mit der Cutter-Klinge einen flachen Keil für die Maulöffnung ausschneiden.

20 Verbindet mit etwas Niedrigtemperatur-Kleber den Kopf mit dem Körper.

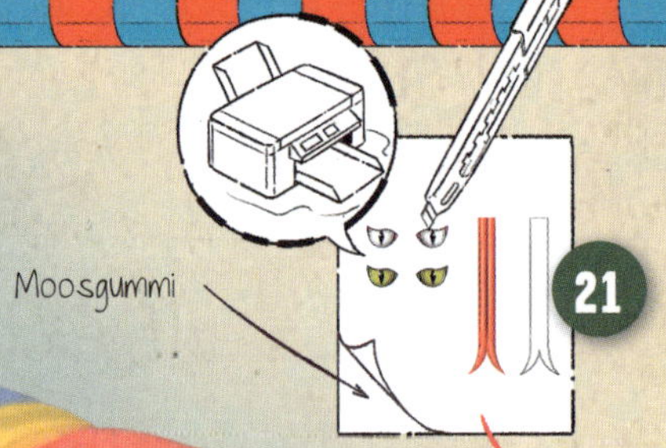

21 Die Schlangen-Vorlage (Seite 205) auf das Vinyl-Aufkleberpapier drucken und auf das Moosgummi kleben.

22 Schneidet die Zunge und die Augen mit einem Cutter aus und klebt sie mit Niedrigtemperatur-Kleber an den Kopf.

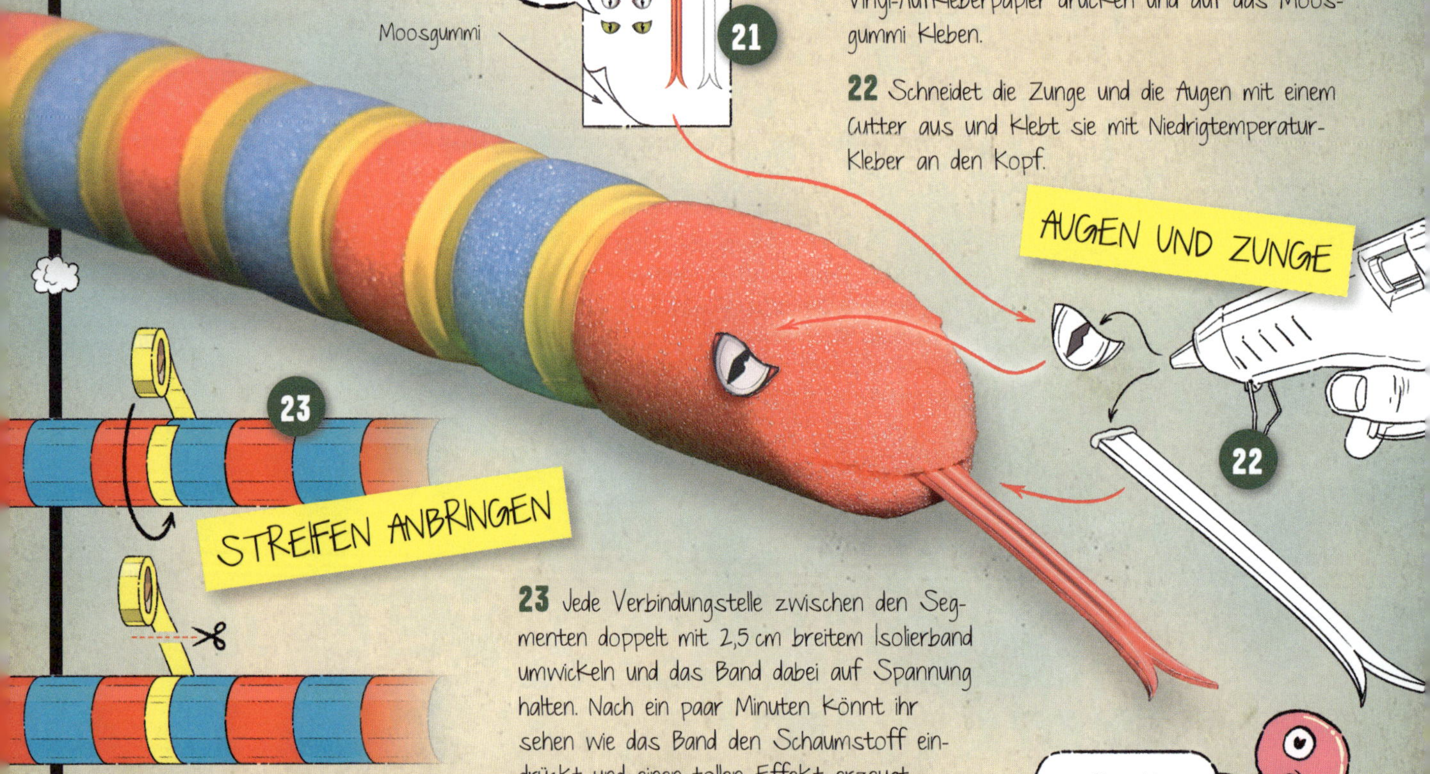

23 Jede Verbindungsstelle zwischen den Segmenten doppelt mit 2,5 cm breitem Isolierband umwickeln und das Band dabei auf Spannung halten. Nach ein paar Minuten könnt ihr sehen wie das Band den Schaumstoff eindrückt und einen tollen Effekt erzeugt.

KAPITEL 5: RAFFINIERTE NATUR

FLUGHAFEN-VOGELFUTTERSTATION

FÜR PROFIS

Mit diesem tollen Projekt recycelt ihr nicht nur Plastik, sondern kümmert euch gleichzeitig auch um die Vögel (und um die munteren Eichhörnchen!). Ein doppeltes Vergnügen: sowohl Spaß beim Basteln als auch beim Beobachten der gefiederten und flauschigen Freunde.

MATERIALIEN

- Holz, 14,4 cm x 1,8 cm, 90 cm lang
- Holz, 4,4 cm x 4,4 cm, 160 cm lang
- Rundholz, ø 0,6 cm, 20 cm lang
- Plastikflasche, ø ca. 10 cm, 30 cm hoch, 2 l
- Plastikflasche, ø 6 cm, 23 cm hoch, 500 ml
- Schraube, 3,5 mm x 25 mm
- 8 Schrauben, 4 mm x 40 mm
- Draht, ø 2 mm, 4 cm lang
- Heißklebepistole
- Sprühfarbe in Weiß
- Acrylfarbe in Grün und Grau
- Spachtelmasse
- Säge
- Schmirgelpapier, 120-150er Körnung
- Bohrmaschine
- Bohrer, ø 2 mm, ø 2,5 mm, ø 4 mm und ø 6 mm
- Senkbohrer
- Schraubendreher (Akkuschrauber)
- Hammer
- Gummihammer
- Marker
- Zange mit Drahtschneider
- Bleistift
- Lineal
- Schere und Cutter mit Schneideunterlage
- Papier, A4
- Moosgummi in Weiß, A3
- bedruckbares Vinyl-Aufkleberpapier, A4
- Fotokopierer oder Drucker (nach Wunsch)

VORLAGEN 25A UND 25B (SEITE 196-197)

SO GEHT DAS

Es sieht vielleicht aus wie ein echter Tower, aber nein! Es ist eine Vogelfutterstation mit Wasserbad, gebastelt aus zwei Plastikflaschen!

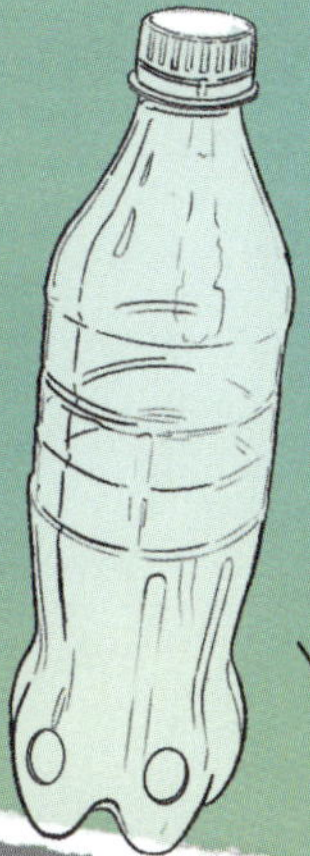

Futterspender
In dem leicht nachzufüllendem Futterspender bleiben die Samen schön trocken.

Wasserbad
Je nachdem, was den Vögeln gefällt: trinken oder baden!

HOLZ ZUSÄGEN

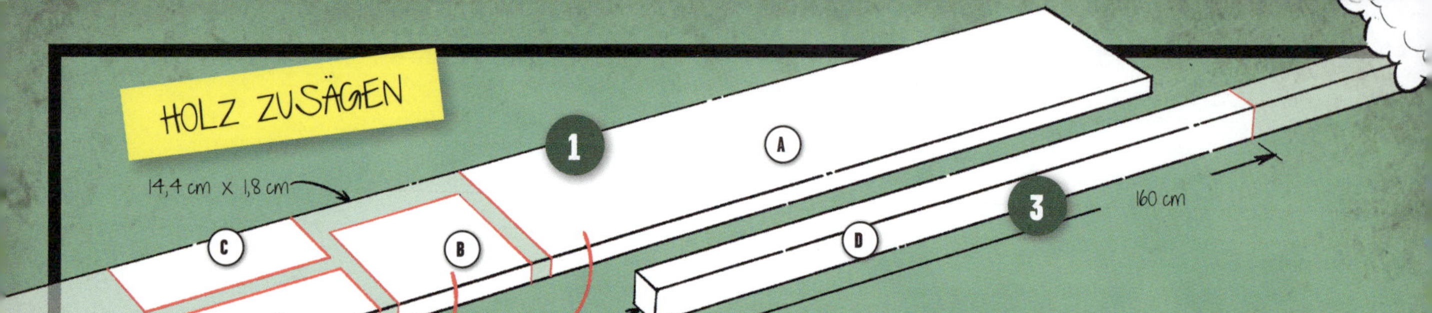

1 Sägt aus dem 14,4 cm x 1,8 cm Holz ein 59 cm langes Teil A, ein 10,2 cm x 11,8 cm großes Teil B und zwei 6 cm x 18 cm große Teile C zu.

2 Von beiden Teilen C wie gezeigt zwei Ecken entfernen.

3 Sägt für den Pfosten vom 4,4 cm x 4,4 cm Holz ein 160 cm langes Teil ab.

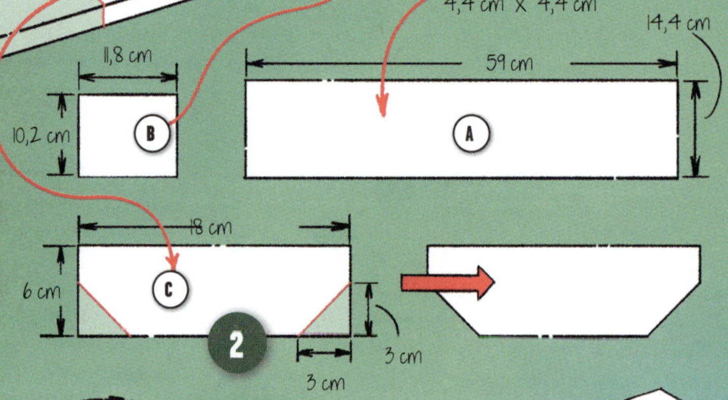

TIPP: FINDET IHR IN DEN ANGEGEBENEN MAẞEN KEIN HOLZ, SCHAUT IN KAPITEL MATERIALIEN UND WERKZEUGE NACH WEITEREN VORSCHLÄGEN.

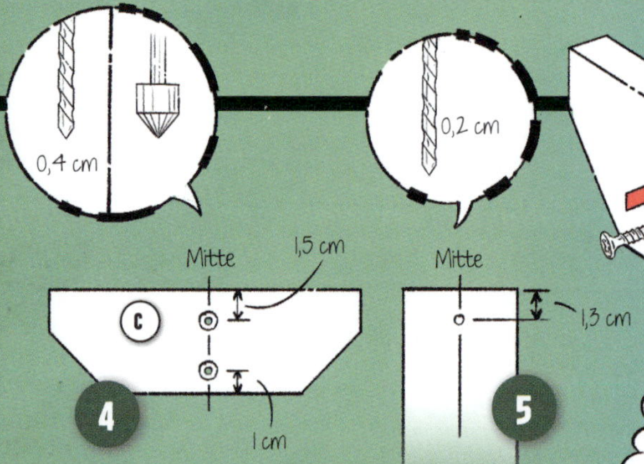

PFOSTEN BAUEN

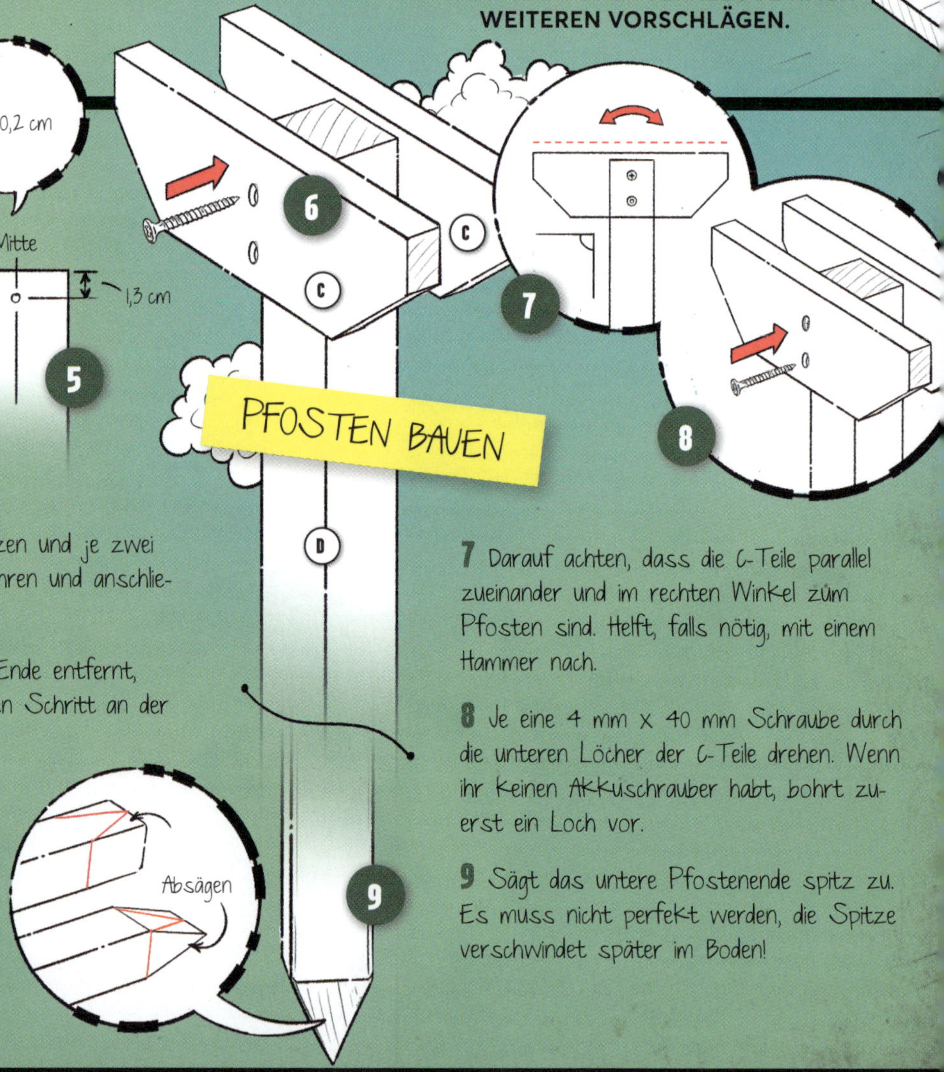

4 Die oben abgebildeten Maße benutzen und je zwei 4 mm große Löcher in die C-Teile bohren und anschließend absenken.

5 Bohrt in die Stange D, 1 cm vom Ende entfernt, mittig ein 2 mm großes Loch vor. Den Schritt an der gegenüberliegenden Seite wiederholen.

6 Befestigt die C-Teile mit je einer 4 mm x 40 mm Schraube am Pfosten D. Durch die oberen Löcher von C in die vorgebohrten Löcher schrauben.

7 Darauf achten, dass die C-Teile parallel zueinander und im rechten Winkel zum Pfosten sind. Helft, falls nötig, mit einem Hammer nach.

8 Je eine 4 mm x 40 mm Schraube durch die unteren Löcher der C-Teile drehen. Wenn ihr keinen Akkuschrauber habt, bohrt zuerst ein Loch vor.

9 Sägt das untere Pfostenende spitz zu. Es muss nicht perfekt werden, die Spitze verschwindet später im Boden!

LANDEBAHN ANBRINGEN

10 Teil A und B auf eine ebene Fläche legen und, wie abgebildet, die 8 Markierungen für die Löcher anzeichnen.

11 Bohrt in jede Markierung ein 4 mm großes Loch und senkt es anschließend ab.

12 In die Oberkante eines C-Teils, 8,4 cm vom Ende entfernt, ein 2 mm großes Loch vorbohren. Orientiert euch an der Abbildung 12.

13 Die Stange D gut festhalten. Befestigt Teil D mit einer 4 mm x 40 mm Schraube durch das in Abbildung 13 gezeigte Loch am vorgebohrten Loch in Teil C.

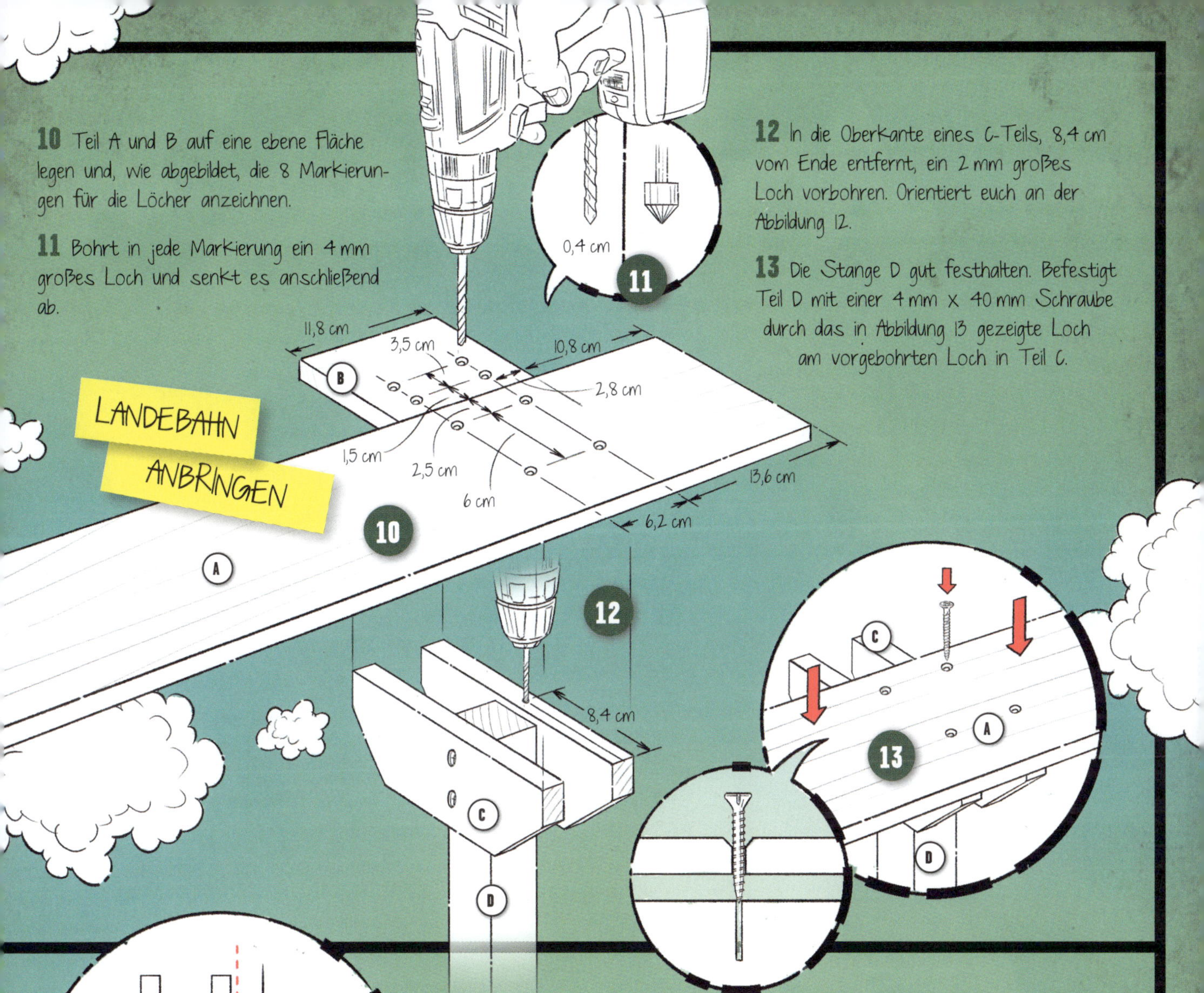

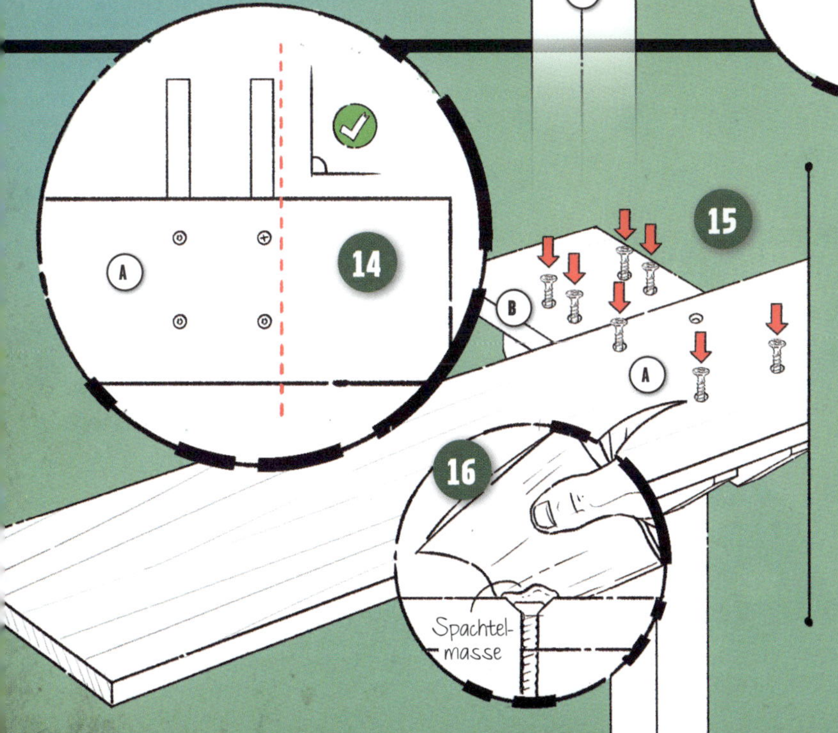

14 Von oben auf Teil A schauen. Teil A soll im rechten Winkel zu Teil C sein. Falls nicht, korrigiert den Winkel.

15 Drei weitere 4 mm x 40 mm Schrauben in Teil A drehen. Nun lässt sich auch Teil B leicht anbringen. Befestigt es mit vier 4 mm x 40 mm Schrauben. Wenn ihr keinen Akkuschrauber habt, bohrt zuerst Löcher vor.

16 Darauf achten, dass die Schraubenköpfe unter der Oberfläche liegen. Füllt die Lücken mit Spachtelmasse auf, lasst sie trocknen und schleift sie glatt.

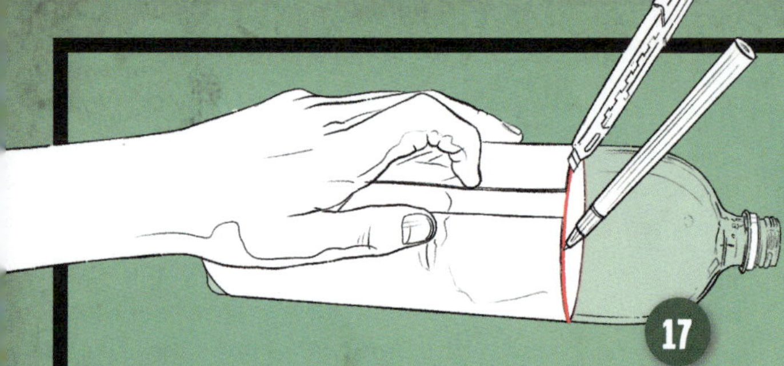

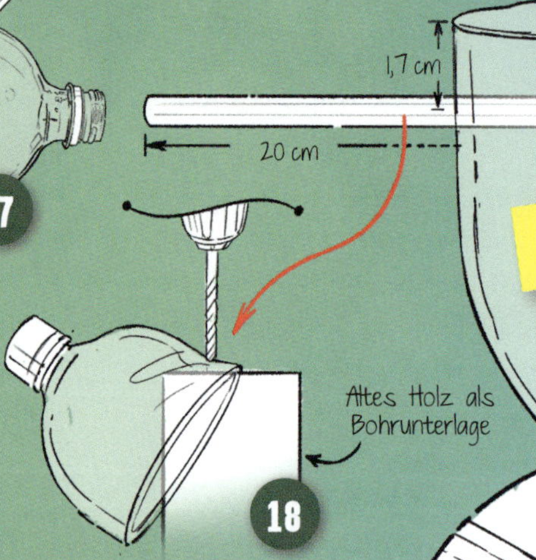

17 10 cm von der Öffnung entfernt ein A4-Papier um die große Plastikflasche wickeln und eine Markierungslinie einzeichnen. Schneidet mit der Schere oder dem Cutter entlang der Linie.

18 Oben ins „Wasserbad" zwei 6 mm große Löcher bohren und ein 20 cm langes Rundholz (⌀ 6 mm) durchschieben.

19 Gebt Heißkleber in einen Deckel und schraubt ihn aufs Wasserbad.

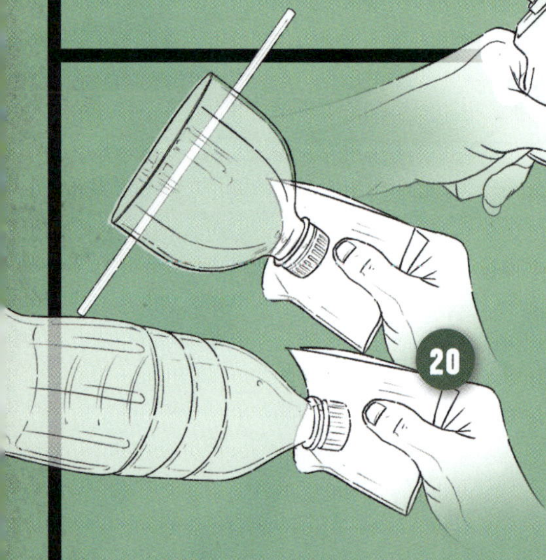

20 Die Oberseiten der Deckel mit Schmirgelpapier anrauen.

21 Klebt die beiden Deckel mit Heißkleber zusammen.

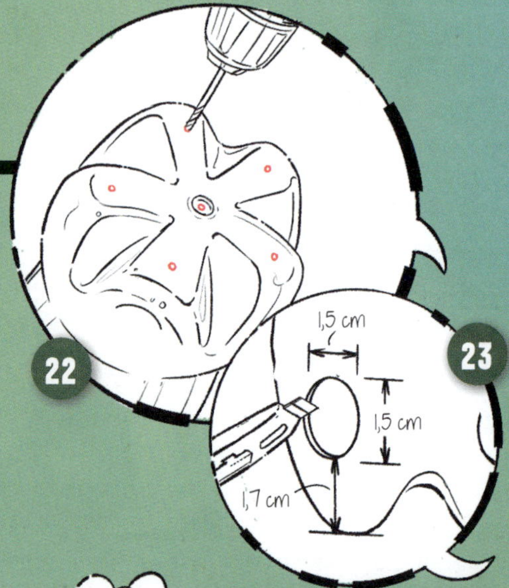

22 In den Boden der kleinen Flasche mittig ein 2 mm großes Loch bohren. Bohrt, wie gezeigt, weitere 2 mm große Löcher in den Boden, damit später Wasser einfach abfließen kann.

23 Mit dem Cutter zwei Löcher unten in die Flasche schneiden (Maße und Anordnung: siehe Abbildung 23).

HÜLSE ANFERTIGEN

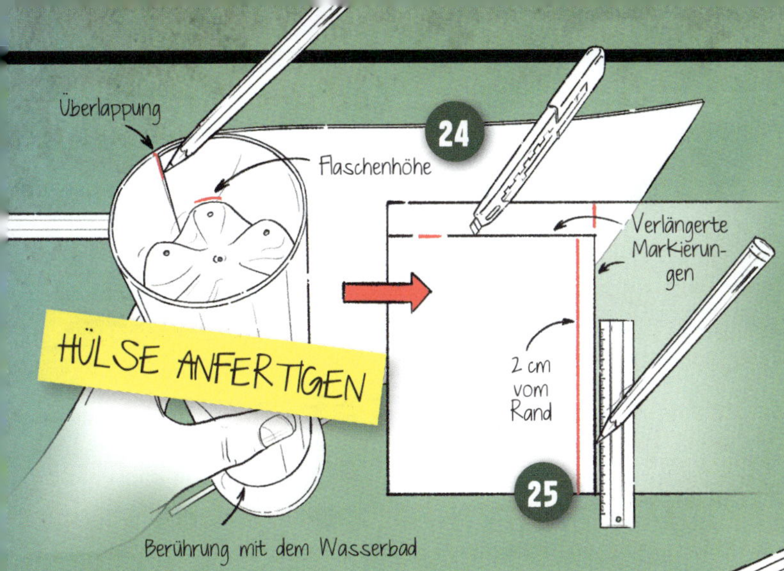

24 Wickelt weißes Moosgummi (A3) um die kleine Flasche, sodass die untere Kante das Wasserbad berührt. Die Überlappung und die Flaschenhöhe wie gezeigt markieren. Verlängert die Markierungen und schneidet das Rechteck aus.

25 Der Länge nach, 2 cm vom Rand entfernt, eine Linie einzeichnen.

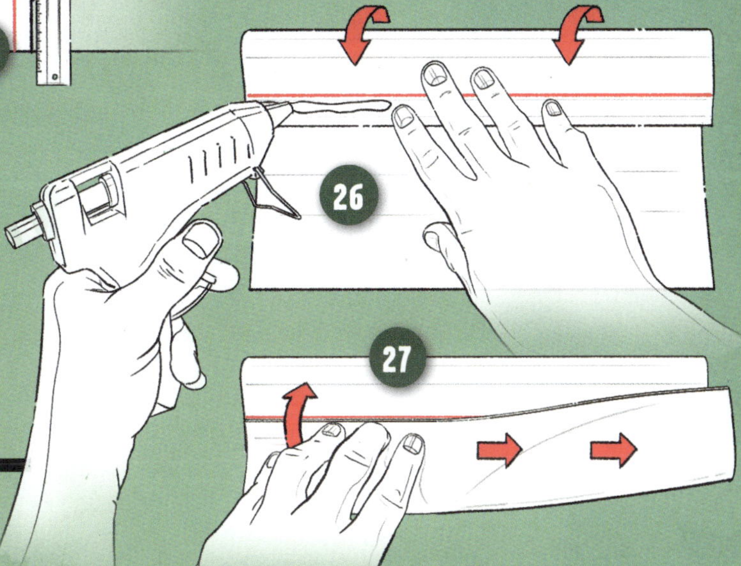

26 Dreht das Blatt um. Die Kante mit der Linie zu euch falten und auf ein Teilstück Heißkleber auftragen.

27 Faltet nun die untere Kante nach oben, legt sie bündig an die Linie und klebt sie fest. Diesen Schritt so oft wiederholen, bis die komplette Länge verklebt ist.

LÖCHER SCHNEIDEN

28 Schiebt die „Hülle" über die kleine Flasche. Die verklebte Kante liegt dabei den Löchern gegenüber. Das Moosgummi leicht in die zwei Löcher drücken, sodass eine Vertiefung entsteht, danach die Löcher ausschneiden.

AN DER STARTBAHN BEFESTIGEN

29 Auf Teil B diagonal zwei Linien einzeichnen. Bohrt am Schnittpunkt ein 4 mm großes Loch.

30 Mit einer 3,5 mm x 25 mm Schraube den Tower unten durch das mittige Loch an Teil B befestigen.

31 Schraubt den Tower ab und entfernt die Hülle. Das Wasserbad mit weißer Farbe besprühen und mit grauer und grüner Acrylfarbe die Landebahn aufmalen.

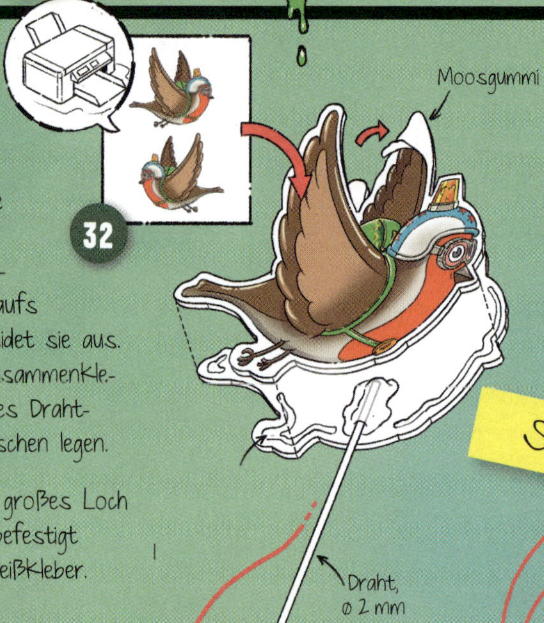

32 Druckt die Vorlage für den Vogel (Seite 196) auf Vinyl-Aufkleberpapier aus, klebt sie aufs Moosgummi und schneidet sie aus. Die Vogelrückseiten zusammenkleben und ein 4 cm langes Drahtstück (ø 2 mm) dazwischen legen.

33 Bohrt ein 2,5 mm großes Loch in die Landebahn und befestigt daran den Vogel mit Heißkleber.

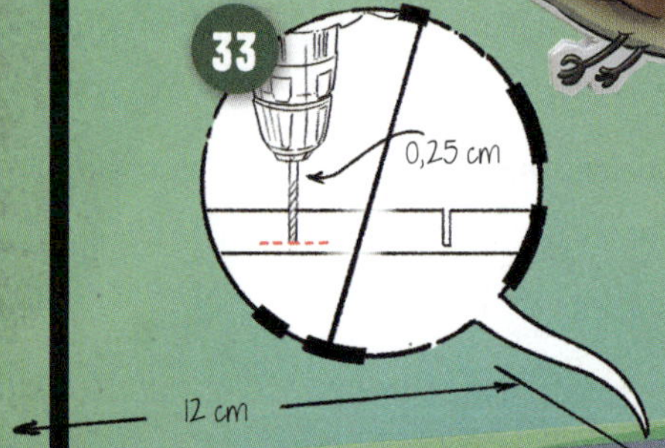

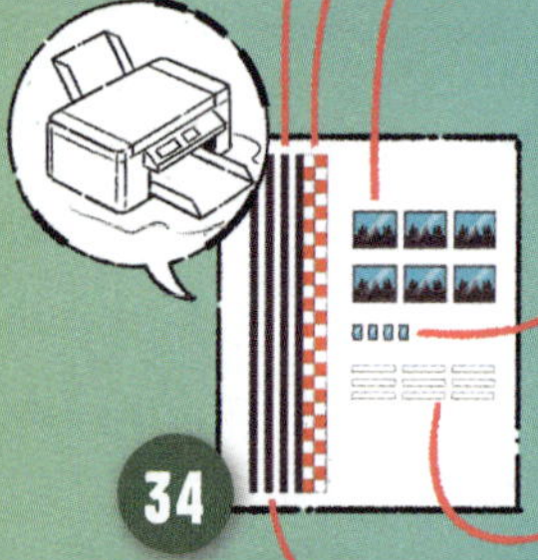

34 Die Vorlage für den Tower (Seite 197) auf Vinyl-Aufkleberpapier ausdrucken, ausschneiden und auf den Tower kleben.

DER LETZTE SCHLIFF

36 Die letzten Handgriffe: Futter und Wasser! Entfernt zuerst das Wasserbad (seid vorsichtig, wenn schon Wasser drin ist!).

37 Nun die Hülle entfernen. Auch wenn sie eng anliegt, lässt sie sich entfernen. Moosgummi ist dehnbar.

FUTTER UND WASSER

38 Nun schraubt den Deckel der kleinen Flasche ab und befüllt sie mit Vogelfutter.

39 Die Hülle wieder über die Flasche schieben. Die Löcher in der Flasche und in der Hülle liegen übereinander. Befüllt das Wasserbad mit Wasser. Das war doch einfach!

35 Entfernt die Schrauben aus den C-Teilen und zieht den Pfosten raus. Den Pfosten mit dem Gummihammer fest in den Boden schlagen. Steht er stabil, befestigt ihr die Landebahn wieder.

KÖNNT IHR DIESE FRAGEN BEANTWORTEN?

WIE VIELE VERSCHIEDENE GEFIEDERTE FREUNDE KOMMEN ZU BESUCH? KENNT IHR SIE ALLE? FRESSEN MANCHE MEHR ALS ANDERE? TRINKEN EURE VÖGEL WASSER?

FÜR FORTGESCHRITTENE

SONNENBLUMEN-MESSINSTRUMENT

Messt die Höhe eines Objektes in eurem Garten mit einem Sonnenblumen-Messinstrument, einem Sextanten, ohne wackelige Leitern und zu kurze Maßbänder!

SO GEHT DAS

Verwendet zuerst die 75 cm-Markierung auf dem Stiel, um 1,5 m von der Sonnenblume entfernt einen Punkt abzumessen (1). Stellt den Sextanten senkrecht auf diesen Punkt und dreht den Zeiger (2), bis sich die beiden Nägel auf einer Linie mit der Oberkante der Sonnenblume befinden (3). Auf der Skala könnt ihr nun die Höhe der Sonnenblume in Metern ablesen (4). Coole Sache oder?

MATERIALIEN

- Sperrholz, 0,3 cm stark, 20 cm x 20 cm
- Kantholz, 1,1 cm x 0,6 cm, 121,7 cm lang
- Schraube, 3,5 mm x 20 mm
- 2 kleine Stahlstifte, 1,5 cm lang
- Heißklebepistole
- Malerkrepp
- Holzleim
- Acrylfarbe in Grün und Braun
- Säge
- Stichsäge
- Schmirgelpapier, 120-150er Körnung
- Bohrmaschine
- Bohrer, ø 2 mm und ø 4 mm
- Senkbohrer
- Schraubendreher
- Zange mit Drahtschneider
- Hammer
- Zirkel
- Pinsel
- Bleistift
- Maßband und Lineal
- Anschlagwinkel
- Schere und Cutter mit Schneideunterlage
- Moosgummi in Weiß, A3
- bedruckbares Vinyl-Aufkleberpapier
- Fotokopierer oder Drucker (nach Wunsch)

VORLAGEN 26A UND 26B (SEITE 214-215)

HOLZ ZUSÄGEN

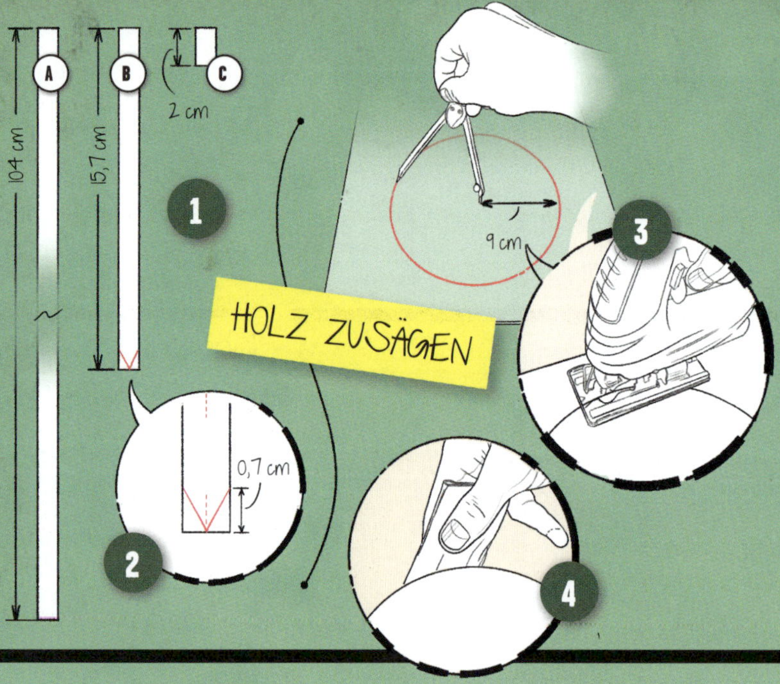

1 Sägt das Kantholz auf die drei abgebildeten Längen A, B und C zu.

2 Ein Ende von B spitz zusägen.

3 Malt mit einem Zirkel einen 18 cm großen Kreis auf das Sperrholz (drückt den Zirkel fest auf, um einen sichtbaren Mittelpunkt zu erhalten). Mit einer Stichsäge den Kreis aussägen.

4 Verwendet das Schmirgelpapier, um raue Kanten zu glätten.

ZEIGER HERSTELLEN

5 Mit Bleistift und Lineal die Punkte 1-3 auf B und Punkt 4 auf C anzeichnen.

6 Bohrt mit dem 2 mm Bohrer je ein Loch in Punkt 2 und 4. Beide Löcher auf 4 mm vergrößern. Senkt das Loch bei Punkt 2 vorsichtig mit dem Senkbohrer ab.

7 Mit einem Drahtschneider die Köpfe der Stahlstifte abknipsen (ist aber nicht notwendig). Nagelt die Stifte in die Punkte 1 und 3 und lasst sie ca. 5 mm herausragen.

8 Etwas Holzleim auf C auftragen und auf B (auf die gegenüberliegende Seite der Stahlstifte) drücken, sodass die Löcher übereinander liegen.

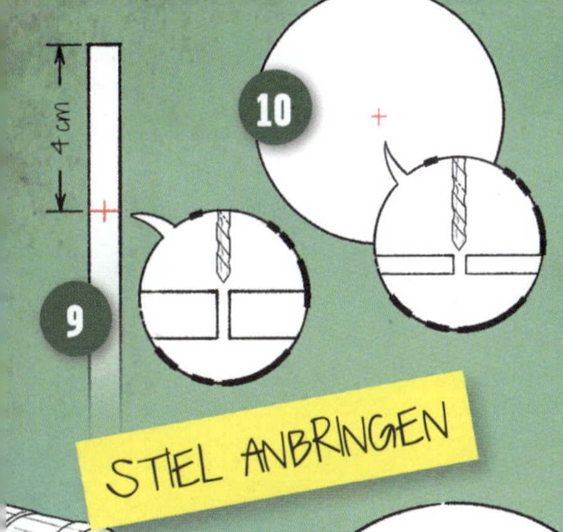

9 Macht mit Lineal und Bleistift 4 cm vom Rand entfernt mittig eine Markierung auf A. Ein 2 mm großes Loch in die Markierung bohren.

10 Bohrt ein 2 mm großes Loch in die Mitte der Sperrholzscheibe.

11 Auf A etwas Holzleim auftragen und auf die Sperrholzscheibe drücken, sodass die Löcher übereinander liegen.

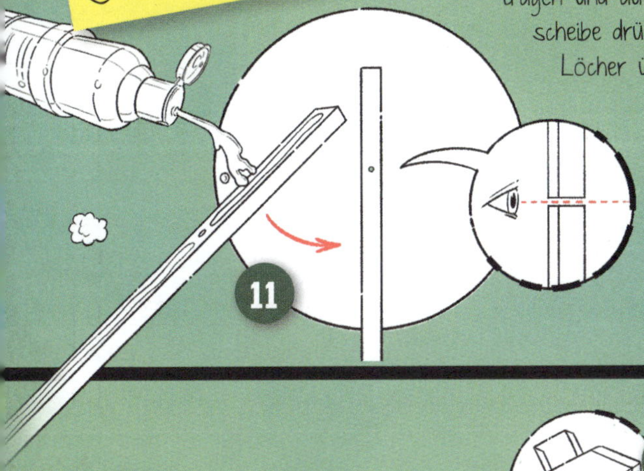

12 Bemalt den Stiel mit grüner und die Sperrholzscheibe und den Zeiger mit brauner Acrylfarbe.

13 Die Sonnenblumen-Vorlagen (Seite 214-215) auf das bedruckbare Vinyl-Aufkleberpapier drucken. Druckt die Blütenblätter doppelt aus.

14 Mit einer Schere die Skala exakt und die Blüten- und Blumenblätter grob ausschneiden. Klebt die Blätter auf das Moosgummi und schneidet sie mithilfe der Schere und dem Cutter genau aus.

15 Mit einem Anschlagwinkel eine Linie anzeichnen, die rechtwinklig zum Stiel und von der Mitte der Sperrholzscheibe bis hin zum rechten Rand verläuft.

16 Entfernt das Aufkleberpapier und klebt die Skala auf die Sperrholzscheibe, sodass die 1m-Linie mit der aufgezeichneten Linie übereinstimmt. Wenn ihr rechts einen Abstand von 0,1 cm lasst, gelingt euch das Ausrichten leichter.

BLÜTENBLÄTTER VORBEREITEN

17 Die Blütenblätter-Teile umdrehen und auf der Rückseite mit Malerkrepp verbinden.

18 Dreht die Blätter wieder um und schneidet eine Kerbe in eines der Teile (folgt den gedruckten Hilfslinien). Den Stiel in den Blütenkranz schieben, bis sich die Sperrholzscheibe in der Mitte der Blüten und der Stiel in der Kerbe befindet.

BLÜTENBLÄTTER ANORDNEN

19 Drückt den Stiel fest in die Kerbe für einen guten Halt. Sobald die Sperrholzscheibe zentriert ist, die Blätter festhalten und die Sonnenblume umdrehen.

20 Haltet Blätter und Sperrholzscheibe weiterhin fest und sichert die Blätter vorläufig mit Malerkrepp am Sperrholz. Von vorne die Position überprüfen und falls sich die Blätter verschoben haben, das Malerkrepp nochmals lösen und die Blätter zurechtrücken.

BLÜTENBLÄTTER ANKLEBEN

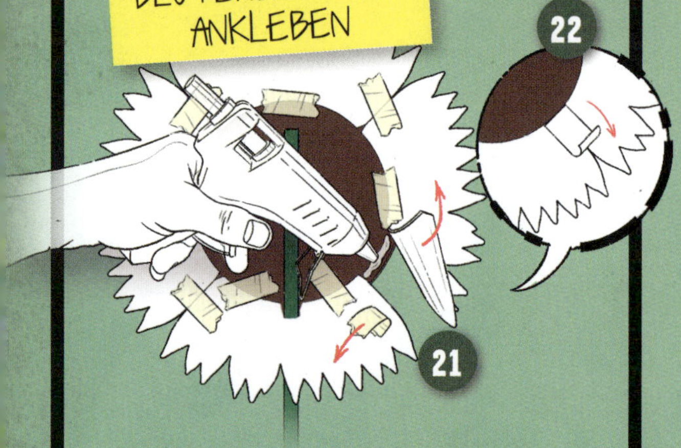

21 Stück für Stück entfernt ihr das Malerkrepp, biegt das Moosgummi zurück, tragt Heißkleber auf den Rand der Sperrholzscheibe auf und klebt das Moosgummi fest.

22 Streifen aus dem Vinyl-Aufkleberpapier zuschneiden und verwenden, um die einzelnen Segmente miteinander zu verbinden.

FEINSCHLIFF!

23 Befestigt den Zeiger mit der 3,5 mm x 20 mm Schraube an der Sperrholzscheibe. Zieht die Schraube nur so weit fest, dass sich der Zeiger noch rundum bewegen lässt!

24 Die Blätter wie abgebildet mit Heißkleber am Stiel festkleben.

25 Schneidet einen Streifen Vinyl-Aufkleberpapier (1,2 cm x 0,2 cm) zu und klebt ihn 75 cm vom Boden entfernt an den Stiel.

Regenbogen-Pflanzgefäß

FÜR FORTGESCHRITTENE

In Irland glaubt man, dass am Ende des Regenbogens ein Koboldschatz vergraben liegt. Warum nicht beides in den eigenen Garten holen? Das Regenbogen-Pflanzgefäß ist schön anzusehen und es macht Spaß, es zu basteln. Das ganze Jahr über zaubert es euch ein Lächeln ins Gesicht!

MATERIALIEN

- Sperrholz, 1,2 cm stark, 62 cm x 62 cm
- Holz, 3,2 cm x 1,2 cm, ca. 100 cm lang
- großer Blumentopf (ø ca. 38 cm, ca. 28 cm hoch)
- Blumenerde
- 2 Plastikmüllsäcke
- 3 kleine Pflanzen
- Steine in unterschiedlichen Größen
- 7 Schrauben, 3,5 mm x 20 mm
- kleiner Nagel
- Klebeband
- Acrylfarbe in Regenbogenfarben und Weiß
- Acrylstift oder Acrylfarbe in Schwarz
- Haftgrundierung: Spray in Grau
- Sprühfarbe in Gold-Metallic
- Schnur oder Kordel, 70 cm lang
- Säge
  - Stichsäge
  - Schmirgelpapier, 120-150er Körnung
- Holzfeile oder grobes Schmirgelpapier
- Bohrmaschine
- Bohrer, ø 3,5 mm
- Akkuschrauber
- Hammer
- Pinsel
- Bleistift
- Lineal und Maßband
- Schere
- Papier, A4
- Fotokopierer oder Drucker (nach Wunsch)

VORLAGE 27 (SEITE 216)

REGENBOGEN ZEICHNEN

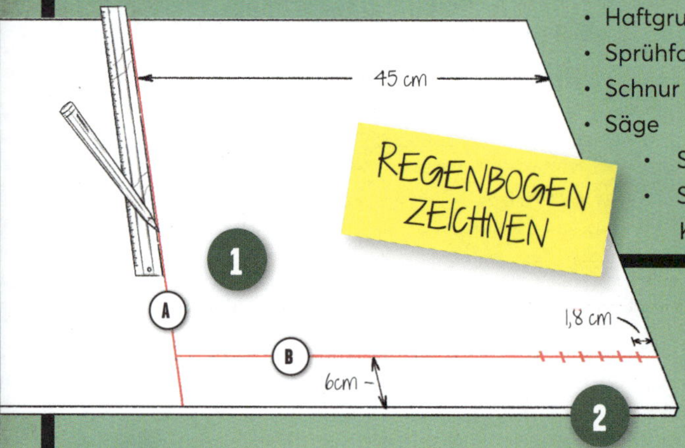

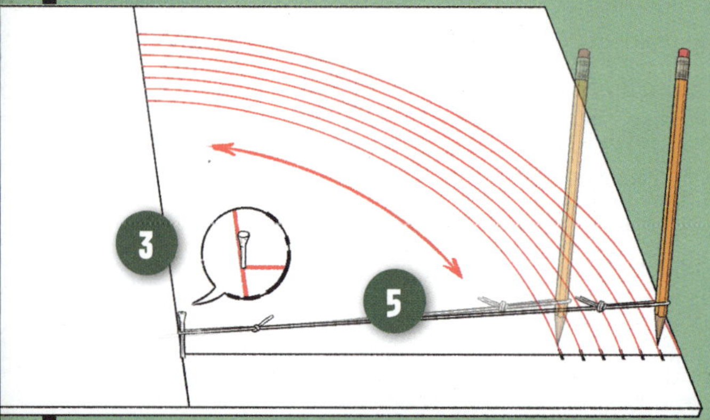

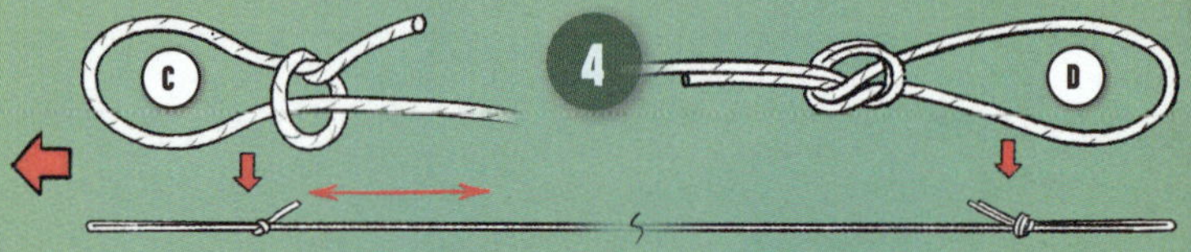

1 Zeichnet mit einem Bleistift, Lineal und Maßband, wie abgebildet, Linie A und B auf das Sperrholz.

2 Im Abstand von 1,8 cm sechs Punkte auf Linie B anzeichnen. Beginnt an der rechten Kante.

3 Wo die Linien aufeinandertreffen, mit einem Hammer einen kleinen Nagel einschlagen.

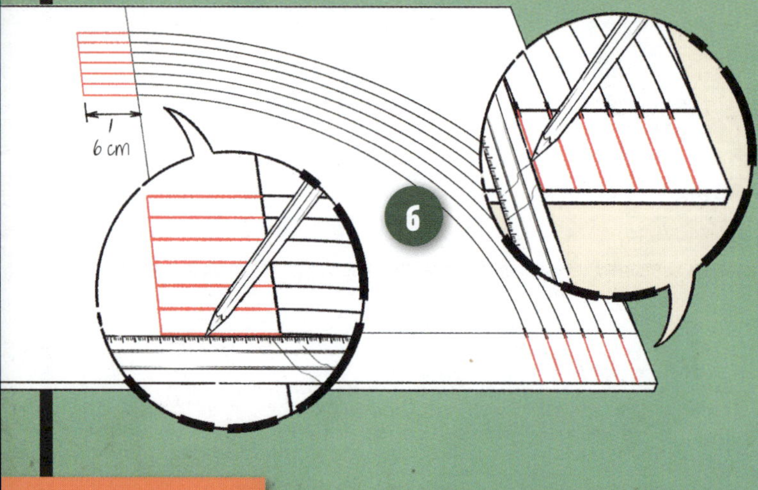

4 Bindet eine feste Schlaufe D an das Ende einer 70 cm langen Schnur oder Kordel und eine verstellbare Schlaufe C an das andere Ende.

5 Schlaufe C über den Nagel legen und Schlaufe D um den Bleistift. Zieht den Bleistift in Richtung der Markierungen aus Schritt 2 und stellt Schlaufe C so ein, dass der Bleistift an einer der Markierungen liegt. Indem ihr die Schnur stramm haltet, einen Bogen zwischen den Linien A und B zeichnen. Das macht ihr für alle sieben Markierungen.

6 Mit Bleistift und Lineal sieben 6 cm lange gerade Linien an die Enden der Bögen einzeichnen.

7 Druckt die Wolkenvorlage zweimal aus (Seite 216). Die Wolken-Hälften ausschneiden und mit Klebeband zusammenkleben.

8 Legt die Wolkenvorlage neben den Regenbogen und fahrt die Außenkanten mit einem Bleistift nach.

9 Die Wolke mit einer Stichsäge grob aussägen.

10 Sägt mit der Stichsäge erst die eine Hälfte der Rundungen und dann die andere aus.

11 Die Kanten mit Schmirgelpapier (120-150er Körnung) glätten.

12 Den Regenbogen mit einer Stichsäge aussägen.

13 Schmirgelt die Kanten mit Schmirgelpapier (120-150er Körnung) glatt.

15 Die Wolke mit weißer Acrylfarbe bemalen und einen schwarzen Acrylstift (oder schwarze Acrylfarbe) für die Konturen verwenden.

14 Den Regenbogen mit roter, orangefarbener, gelber, grüner, blauer und lilafarbener Acrylfarbe anmalen. Für die Rückseite reicht es, nur eine Farbe zu verwenden. Es wurde nicht speziell wasserfestes Sperrholz angegeben, da es schwierig zu bekommen ist. Achtet daher besonders darauf, dass ihr alle Oberflächen mit Farbe bedeckt und tragt eine extra dicke Schicht auf die Kanten auf.

STÜTZE HERSTELLEN

16 Schneidet von dem Holz 2 Stücke zu: Das eine 12 cm länger als die Innenhöhe des Topfs F und das andere so lang wie der Innendurchmesser der Topföffnung G.

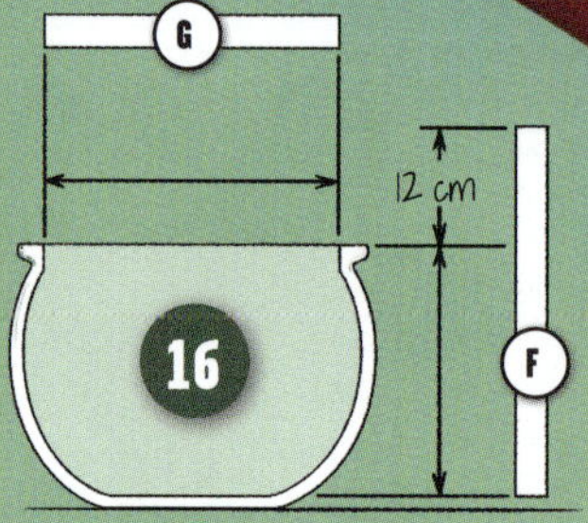

17 Zwei 3,5 mm große Löcher wie eingezeichnet in die Mitte von G bohren. Verwendet den Akkuschrauber und zwei 3,5 mm x 20 mm Schrauben, um die beiden Stücke G und F wie abgebildet zu verbinden.

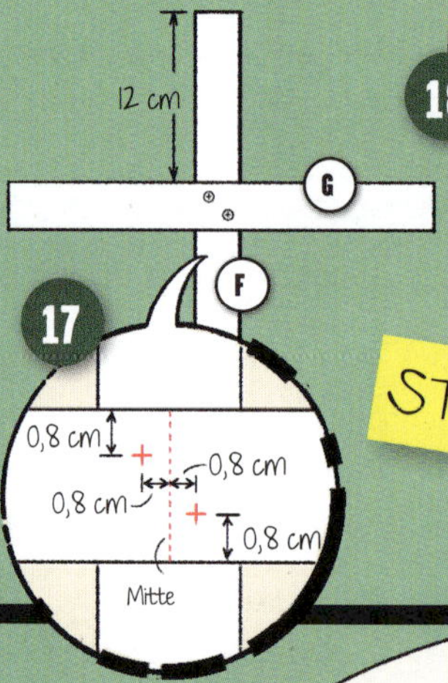

18 Versucht die Stütze in den Topf zu stecken. Wahrscheinlich ist G etwas zu breit. Die Enden mit einer Feile oder grobkörnigem Schmirgelpapier (60-80er Körnung) bearbeiten, bis die Stütze gut in den Topf passt.

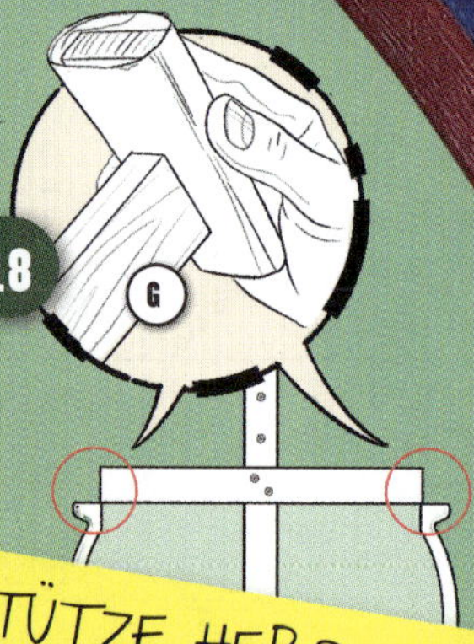

STÜTZE ANBRINGEN

19 Bohrt drei 3,5 mm große Löcher in F an den im Bild gezeigten Stellen. Teil F mit drei 3,5 mm x 20 mm Schrauben unten an die Rückseite des Regenbogens schrauben.

20 Bohrt wie eingezeichnet zwei 3,5 mm große Löcher ins andere Ende des Regenbogens und befestigt ihn mit den beiden letzten 3,5 mm x 20 mm Schrauben an der Rückseite der Wolke.

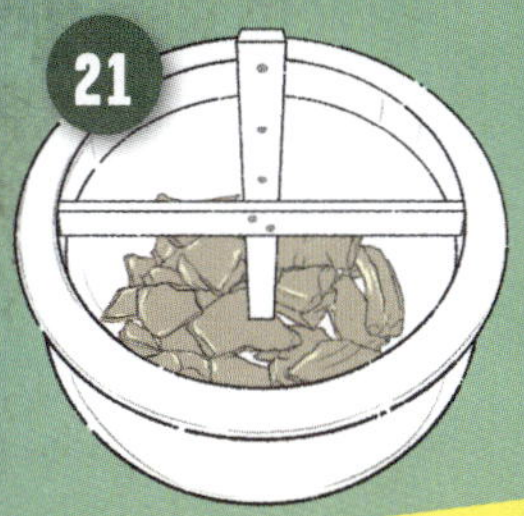

21 Die Stütze vom Regenbogen abschrauben und zurück in den Topf stellen. Füllt den Topfboden mit Steinen (als Drainage).

ERDE ZUFÜGEN

22 Auf jeder Seite der Stütze einen Plastikmüllsack in den Topf stecken (Das verhindert, dass die Stütze verfault). Schneidet Drainagelöcher in die Böden der Säcke. Den oberen Teil der Säcke nach unten rollen und mit Blumenerde füllen.

23 Wenn die Säcke bis zum Topfrand gefüllt sind, schneidet überstehendes Plastik mit der Schere ab.

24 Den Regenbogen wieder an die Stütze schrauben.

PFLANZEN EINSETZEN

25 Zeit zum Bepflanzen! Ihr könnt jede Art von Pflanze einsetzen, Kleinere eignen sich besonders gut, weil sie das Gold nicht verdecken. Deswegen den Topf auch lieber nicht zu voll pflanzen. Am besten platziert ihr zwei Pflanzen vorne und eine hinten.

GOLDRAUSCH!

26 Unterschiedlich große Steine erst mit grauer Grundierung und dann mit glänzender metallischer Goldfarbe besprühen.

27 Platziert die Goldsteine um die Pflanzen und den Regenbogen. Versucht die Erde vollständig zu bedecken und positioniert einen oder ein paar große Steine gut sichtbar, um einen besonderen Effekt zu erzielen!

MYSTERIÖSE STEINKREISE

FÜR ANFÄNGER

Wie lange werden eure mysteriösen Steinkreise überdauern? Fangt gleich an und findet es heraus. Die Steinkreise oben haben zwei Monate gehalten (oder zumindest zum größten Teil) ... nicht ganz so lange wie Stonehenge!

MATERIALIEN

- die großartige Natur
- gesammelte Steine oder Kiesel
- ein trockener, sonniger Tag ... kann, muss aber nicht!

RICHTIG, FÜR DIESES PROJEKT BENÖTIGT MAN KEINE IM GESCHÄFT GEKAUFTEN MATERIALIEN!

WAS IST STONEHENGE?

Stonehenge ist ein weltbekanntes 5000 Jahre altes Monument, das in England entdeckt wurde. Es besteht aus einem äußeren und inneren Kreis aus großen Steinen, von denen manche 25 Tonnen wiegen.

Zwei Monate später
Welch' große Überraschung, viele der Steine liegen immer noch an ihrem Platz. Seht selbst!

WER ODER WAS HAT DIE STEINE DURCHEINANDERGEBRACHT?

- ☐ **A:** Eifrige Eichhörnchen
- ☐ **B:** Rabiate Rehe
- ☐ **C:** Kecke Kinder (auch Kinder streifen durch den Wald, wenn auch nicht so tief in den Wäldern wie die Rehe!)
- ☐ **D:** Ungestümes Unwetter (Regen, Hagel und Schnee)

Ich habe auch keine Ahnung!

LOS GEHT'S!

1 Zieht eure Schuhe an… öffnet die Tür… und raus in die Natur!

SAMMELN UND BAUEN

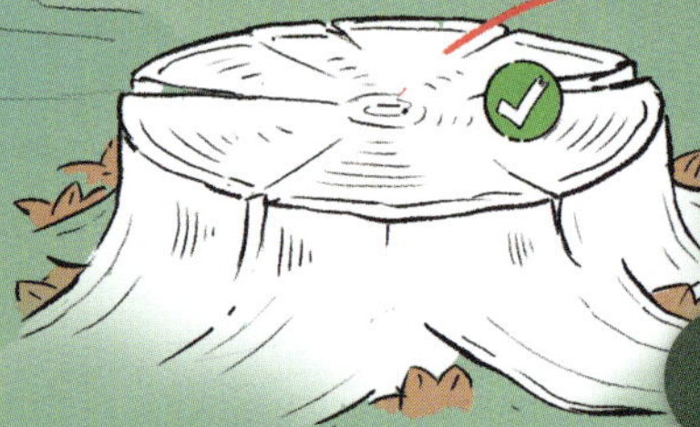

2 Sammelt in eurer Umgebung Steine (in flachen Bächen findet man besonders tolle).

3 Einen geschützten Ort suchen und ein Steinbild legen. Baumstümpfe sind eine gute Unterlage, aber nicht notwendig. Macht ein Foto, wenn ihr fertig seid!

ABWARTEN UND WIEDERKOMMEN

4 Schaut nach ein paar Wochen (oder Monaten) nach euren Steinen. Sind sie noch da? Macht ein Foto, damit ihr es vergleichen könnt.

Das Foto links wurde 10 Monate nach dem Foto oben aufgenommen!

WIEDERAUFBAUEN

5 Stellt den Kreis wieder her (oder baut einen neuen). Nun ein Foto machen und, wer hätte es geahnt, in ein paar Wochen wieder vorbeischauen! Und so weiter...

TIPP FÜR PAPA!
KREISE SIND LANGWEILIG? VERSUCHT DOCH MAL DIE STEINE AUF ANDERE ART ZU ARRANGIEREN, WIE ZUM BEISPIEL, SIE AUFEINANDER ZU BALANCIEREN. IHR HABT GENUG VON STEINEN? VERWENDET STATTDESSEN STÖCKE.

STEINE BALANCIEREN

Wusstet ihr, dass Steine aufeinander zu balancieren ein effektiver Zeitvertreib ist? Wenn ihr es ausprobiert, baut etwas, das auch dem Wind standhält (1).

STÖCKE ANSTATT STEINE

Stöcke sind sehr vielseitig. Ihr könnt sie aufrecht hinstellen, indem ihr ein Ende in den Boden steckt, und Verästelungen verwendet, um Stonehenge-ähnliche Gebilde zu kreieren (2).

TIPIS AUS STÖCKEN

Das geht ganz leicht: Steckt einfach Stöcke in die Erde und lehnt sie zu einem hölzernen Tipi zusammen (3).

Ein letzter Vorschlag: Macht eure mysteriösen Gebilde nicht zu groß oder zu öffentlich, die Kunst liegt darin, möglichst im Geheimen zu bleiben!

10 Jahre

Wir legen seit über 10 Jahren Steinkreise auf dem abgebildeten Baumstumpf. Es scheint keinen Unterschied zu machen, wie oft wir zurückkehren, sogar nach mehreren Jahren sind die meisten Steine noch an ihrem Platz!

INSEKTENHOTEL MIT POOL

FÜR PROFIS

MIT SWIMMINGPOOL-FALLGRUBE!

Wenn ihr ein Hotel für Insekten bauen möchtet, lasst es doch auch wie ein echtes aussehen! Diese Idee steckt auch hinter diesem coolen Insektenhotel, das durch die Route 66 inspiriert wurde.

Obwohl dieses Hotel mit einer Swimmingpool-Fallgrube ausgestattet ist (1), besteht keine Garantie, dass mutige Krabbeltierchen nicht doch einen Weg finden, zu entwischen (2)!

MATERIALIEN

- Holz, 1,8 cm stark, 14,4 cm x 300 cm
- Rundholz, ø 6 mm, 74 cm lang
- 2 Bastelstäbchen, 15 cm x 1,7 cm lang
- 2 Backsteine
- Stöcke und Äste
- Plastikdose mit Deckel, ca. 13 cm lang, 9,5 cm breit, 6 cm hoch
- Pappe, Reststück
- 8 Schrauben, ø 4 mm x 30 mm
- 26 Schrauben, ø 4 mm x 40 mm
- 4 Schrauben, ø 4 mm x 50 mm lang
- Draht, ø 2 mm, 75 cm lang
- Heißklebepistole
- Klebeband
- Spachtelmasse (nach Wunsch)
- Acrylfarbe in Blau
- Haftgrundierung: Spray in Grau
- Sprühfarbe in Blau
- Säge
- Stichsäge
- Schmirgelpapier, 120-150er Körnung
- Bohrmaschine
- Bohrer, ø 2,5 mm, ø 4 mm, ø 7 mm, ø 8 mm und ø 10 mm
- Senkbohrer
- Akkuschrauber
- Zange mit Drahtschneider
- Holzfeile
- Pinsel
- Bleistift
- Lineal und Maßband
- Anschlagwinkel
- Schere und Cutter mit Schneideunterlage
- Moosgummi in Weiß, A4
- bedruckbares Vinyl-Aufkleberpapier
- Fotokopierer oder Drucker (nach Wunsch)

VORLAGE 29 (SEITE 200)

HOLZ ZUSÄGEN

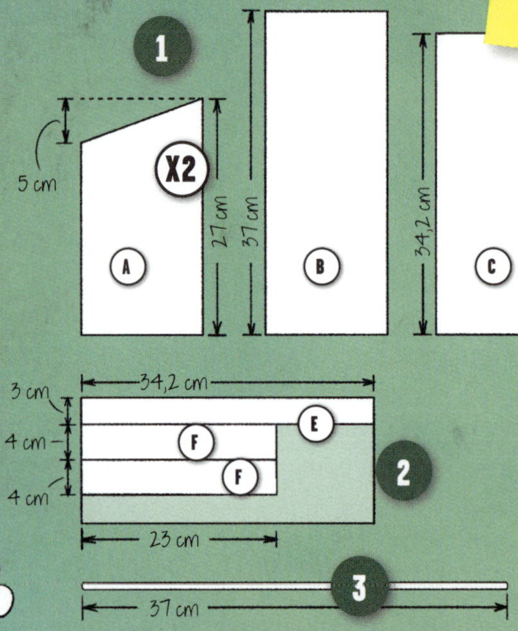

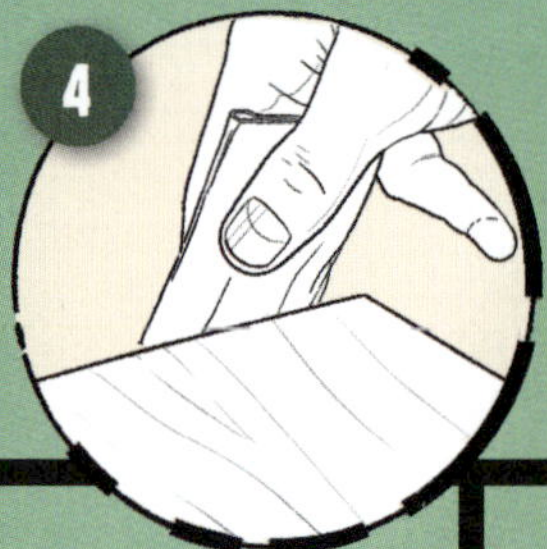

1 Sägt aus dem Holzbrett die Stücke A-D entsprechend der Maßangaben auf dem Bild zu. A und D benötigt ihr zwei Mal.

2 Streifen E und zwei Streifen F der Länge nach aus dem Holzbrett zusägen.

3 Schneidet vom Rundholz zwei 37 cm lange Stücke zu.

4 Die rauen Kanten mit Schmirgelpapier glätten.

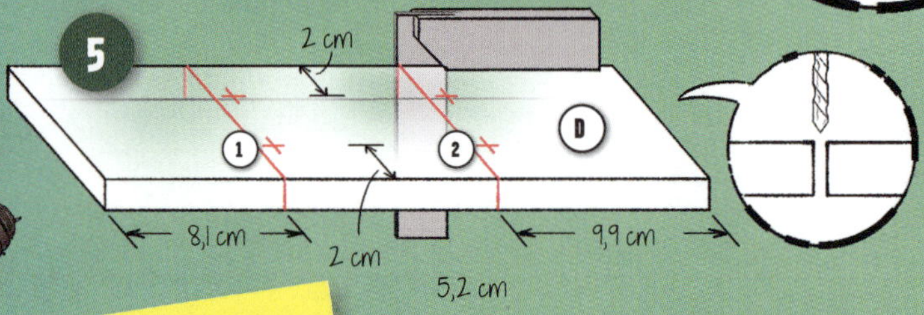

BÖDEN UND SEITEN

5 Zeichnet mit Bleistift, Lineal und Anschlagwinkel die Linien 1 und 2 auf beide D-Stücke (verlängert die Linien bis auf die Kanten). Die Bohrlöcher (die roten Kreuze in der Zeichnung) anzeichnen und in jede Markierung ein 4 mm großes Loch bohren.

6 Spiegelt die beiden A-Teile. Mit Bleistift, Lineal und Anschlagwinkel auf beiden A-Teilen die Linien 3 und 4 anzeichnen (verlängert die Linien bis auf die Kanten). Markiert die Bohrlöcher (die roten Kreuze in der Zeichnung) und bohrt in jede Markierung ein 4 mm großes Loch.

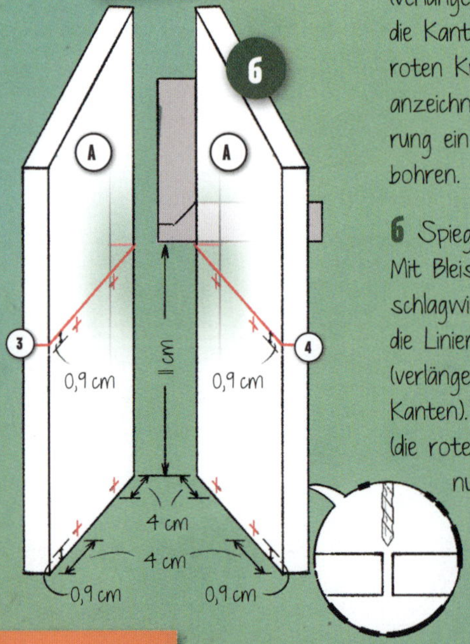

7 Die Teile A und D mit den 40 mm langen Schrauben verbinden. Verschraubt erst die eine und dann die andere Seite. Darauf achten, dass der untere D-Boden bündig mit der Unterkante des Seitenbretts A abschließt und der obere, wie eingezeichnet, mit den Linien 3 und 4. Verwendet wie bei allen Schrauben in diesem Projekt einen Akkuschrauber und versenkt die Schraubenköpfe im Holz.

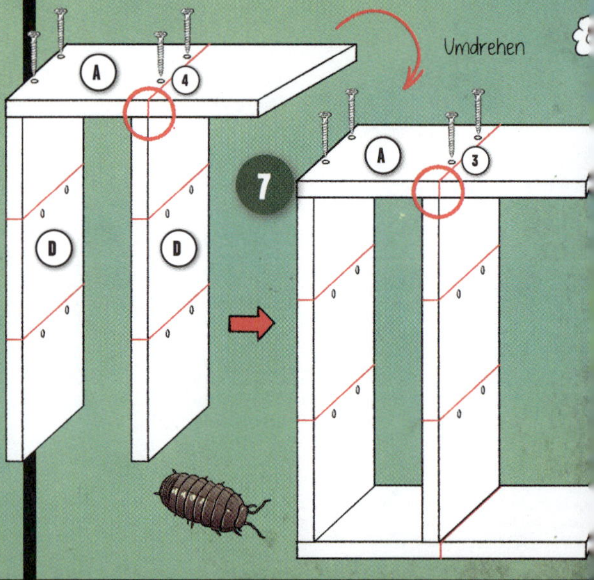

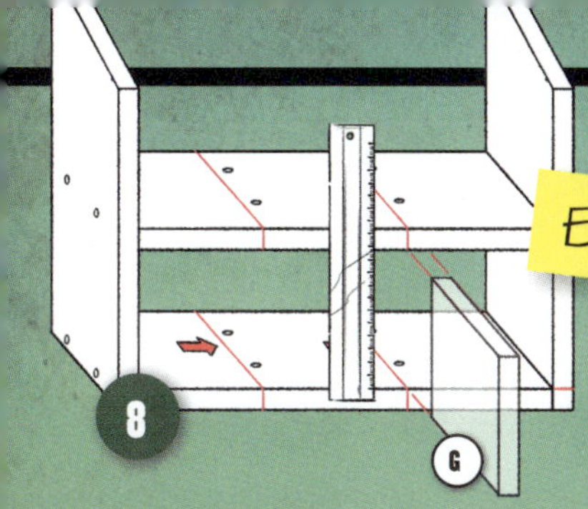

ERDGESCHOSS-WÄNDE

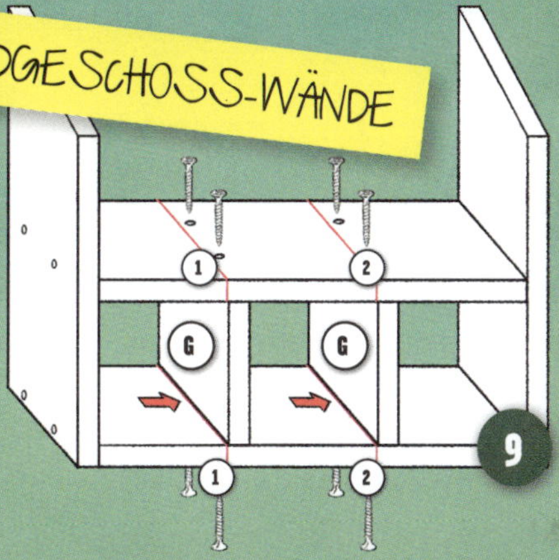

8 Aus dem Holzbrett zwei G-Teile zusägen, die 1 mm kürzer sind als der Abstand zwischen den beiden Böden D.

9 Schiebt die Teile G zwischen die Böden* und richtet jeweils die linke Seite an Linie 1 bzw. 2 aus. Mit jeweils vier 4 x 40 mm Schrauben befestigen, zwei durch die Löcher an der Unterseite und zwei durch das obere mittlere Loch.

*falls die Bretter nicht passen, verwendet Schmirgelpapier oder eine Holzfeile, um sie anzupassen.

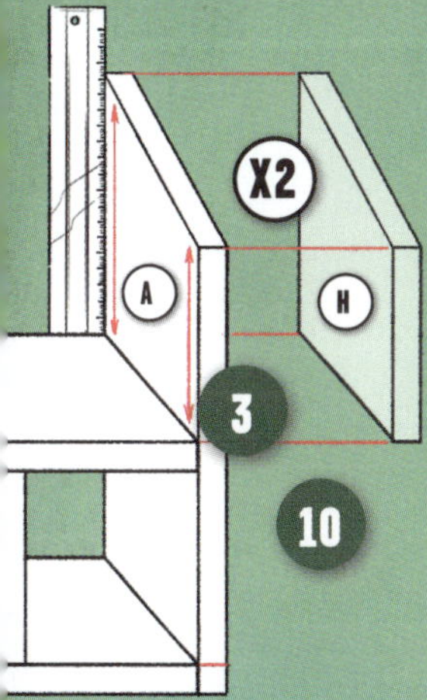

10 Messt die vordere und hintere Höhe von A ab Linie 3 bzw. 4 und sägt zwei passende Stücke H aus dem Holzbrett zu.

11 Im 45°-Winkel 4 mm große Löcher in die Kanten von H bohren und absenken.

12 Positioniert die H-Teile H auf dem oberen Boden und richtet die linken Seiten an Linie 1 bzw. 2 aus. Die Teile mit jeweils zwei 5 mm x 50 mm langen Schrauben verbinden.

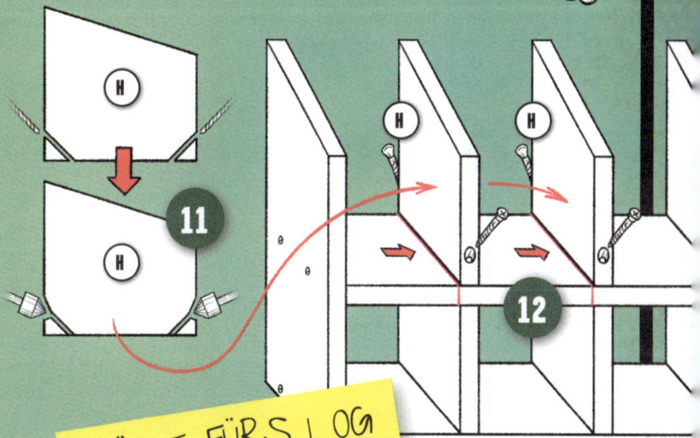

WÄNDE FÜRS 1. OG

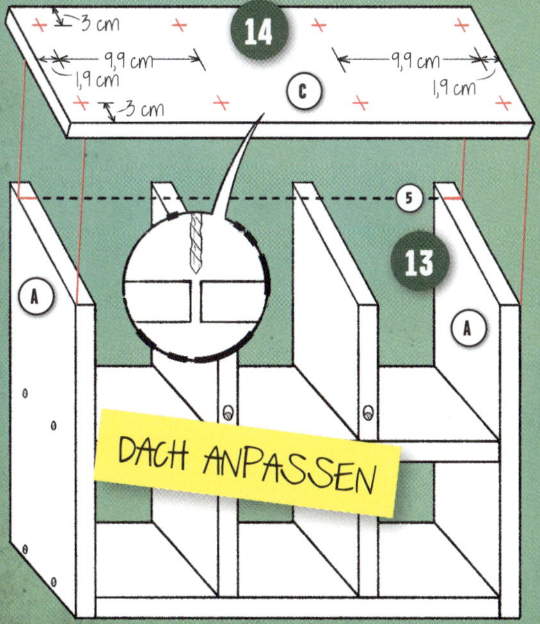

DACH ANPASSEN

13 Zeichnet 2 cm vom höchsten Punkt aus Linie 5 auf die obere Kante von beiden Teilen A.

14 Wie abgebildet acht Bohrlöcher auf Teil C anzeichnen. Bohrt in jede Markierung ein 4 mm großes Loch. Das Dach mittig über den Wänden ausrichten, sodass die hintere Kante bündig mit Linie 5 ist. Verbindet alles mit 4 mm x 40 mm Schrauben.

15 Teil E hinter Teil C legen. Bohrt je ein 4 mm großes Loch an den Stellen, unter denen sich Wände befinden, und verbindet alles mit 4 mm x 40 mm Schrauben.

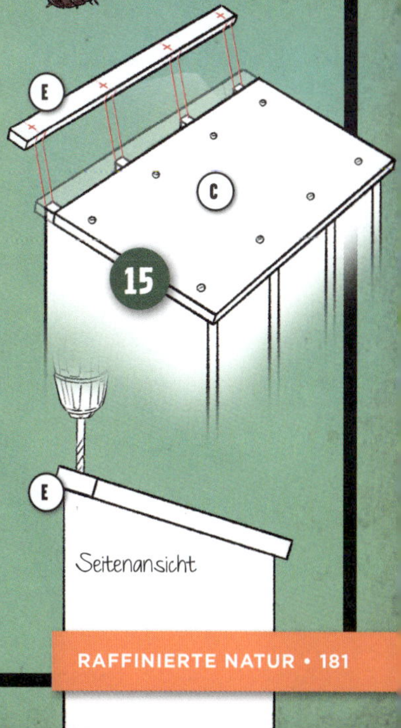

FÜßE

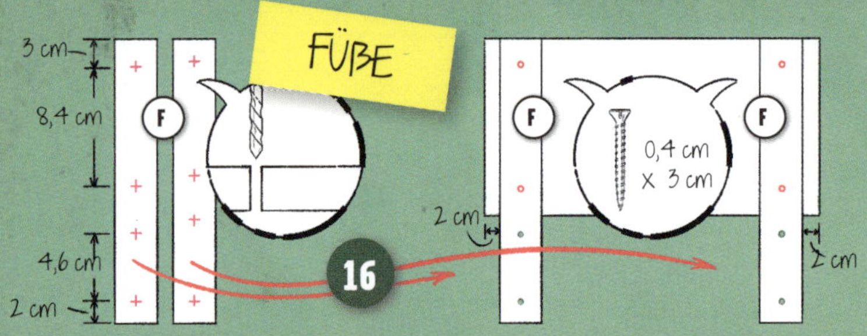

16 Wie abgebildet je vier 4 mm große Löcher in beide F-Teile (Füße) bohren. Dreht das Hotel auf den Kopf und befestigt die Teile im Abstand von 2 cm zu den Seitenkanten mit den 4 mm x 30 mm Schrauben.

SWIMMING-POOL

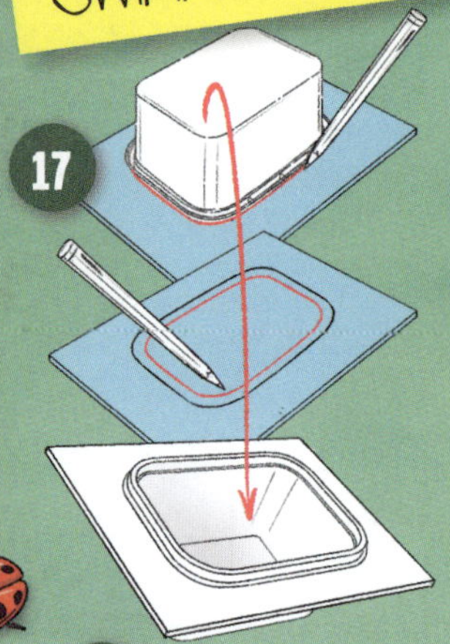

17 Die Plastikdose auf ein Stück Pappe legen und die Kontur mit einem Bleistift nachfahren. Verringert die Größe der Form um ca. 0,3 cm und schneidet sie aus. Versucht die Dose in die Öffnung zu stecken. Die Größe der Öffnung anpassen, bis die Dose locker hineinpasst.

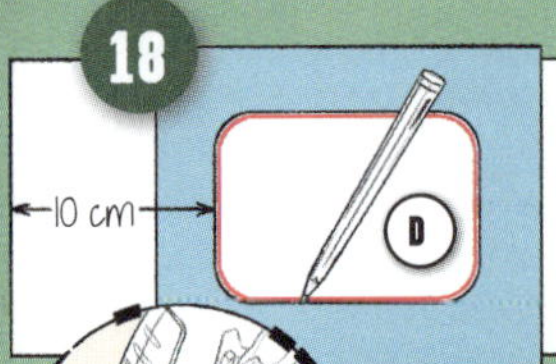

18 Legt die Pool-Schablone 10 cm von einem Rand entfernt mittig auf B. Den Rand mit einem Bleistift nachfahren.

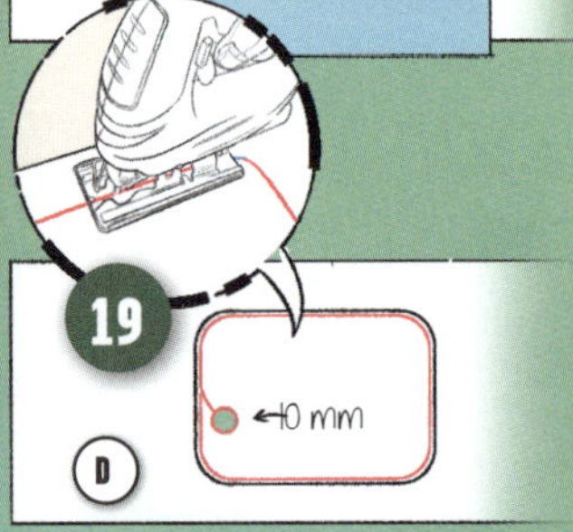

19 Bohrt ein 10 mm großes Loch in den angezeichneten Umriss. Das Stichsägeblatt in das Loch führen und entlang der Linie sägen. Schmirgelt die Kanten des ausgesägten Lochs glatt.

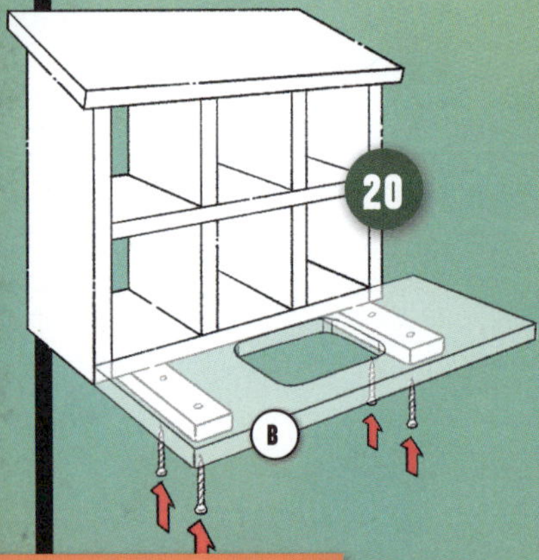

20 Teil B auf die Füße legen, sodass die linke Seite bündig mit der linken Wand A ist und alles mit 4 mm x 30 mm Schrauben verbinden.

SPRUNGBRETT

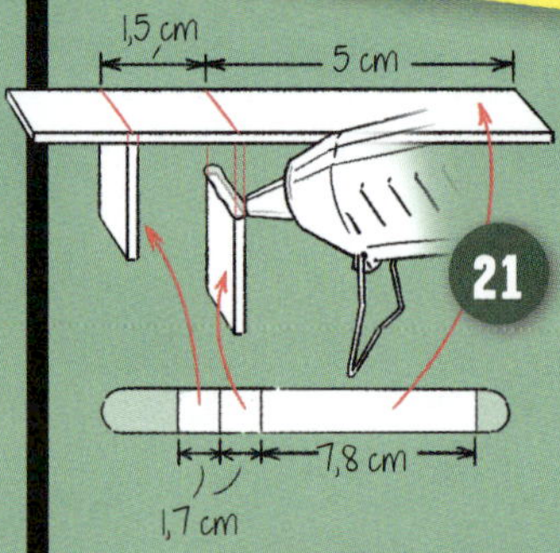

21 Schneidet ein großes Bastelholz wie abgebildet mit einer Schere in drei Stücke. Die kürzeren Teile mit Heißkleber unten an das lange Stück kleben.

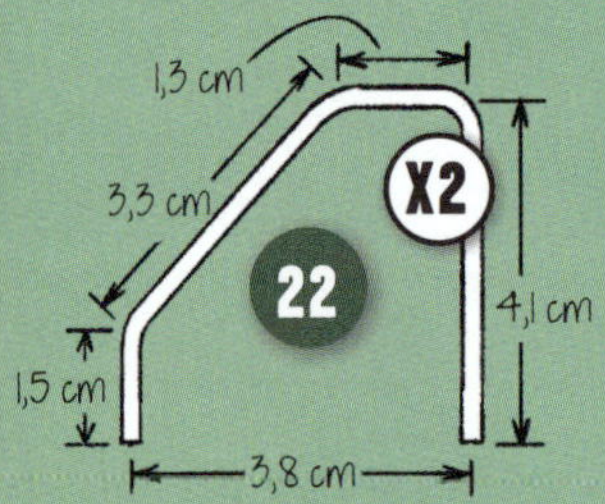

22 Schneidet mit dem Drahtschneider zwei 11 cm lange Drahtstücke zu und biegt sie mit einer Zange in die abgebildete Form.

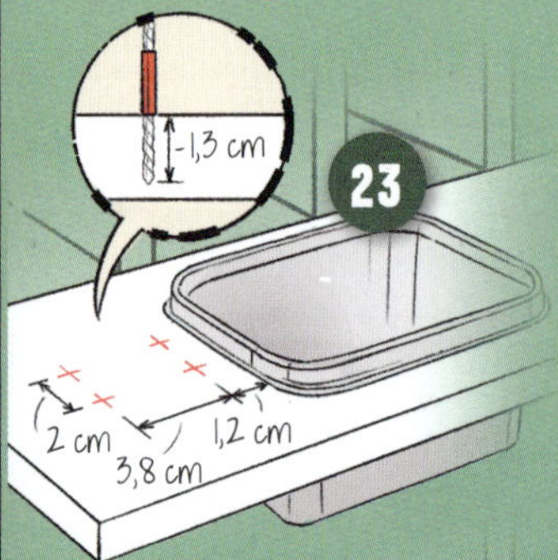

23 In Teil D vier 2,5 mm große Löcher wie abgebildet bohren. Bringt auf dem Bohrer 1,3 cm von der Spitze entfernt eine Markierung mit Klebeband an, damit ihr nicht zu tief bohrt.

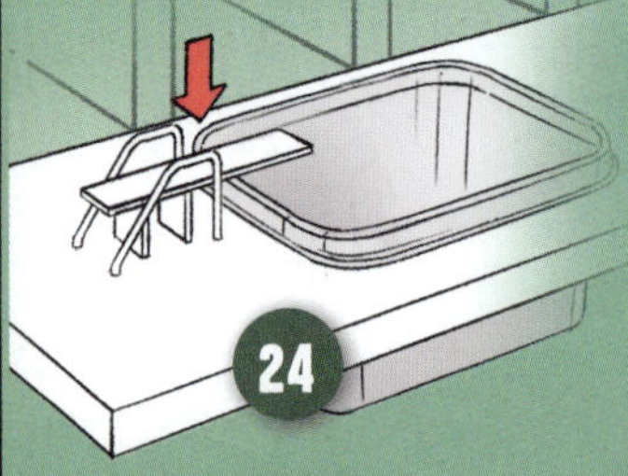

24 Die Drähte in die Löcher stecken und das Sprungbrett dazwischen stellen. Sobald alles gut aussieht, nehmt die Drähte noch einmal heraus und befestigt sie dann mit Heißkleber in den Löchern.

RETRO-SCHILD

25 An den abgebildeten Stellen zwei 7 mm große Löcher in Teil B bohren und mit Heißkleber die Rundhölzer einkleben. Schneidet aus einem Bastelstäbchen zwei 4 cm lange Stücke zu und klebt sie an die Rundhölzer.

DEKORIEREN

26 Nach Wunsch die Schraubenlöcher befüllen und abschleifen. Malt das Hotel und das Sprungbrett mit blauer Acrylfarbe an. Die Dose (und den Deckel) grundieren und anschließend mit blauer Farbe ansprühen.

27 Druckt die Hotel-Vorlage (Seite 200) auf das Vinyl-Aufkleberpapier und klebt sie auf das Moosgummi. Das Schild mit dem Cutter ausschneiden und mit Heißkleber an die Rundhölzer kleben.

DACHAUFSTELLER

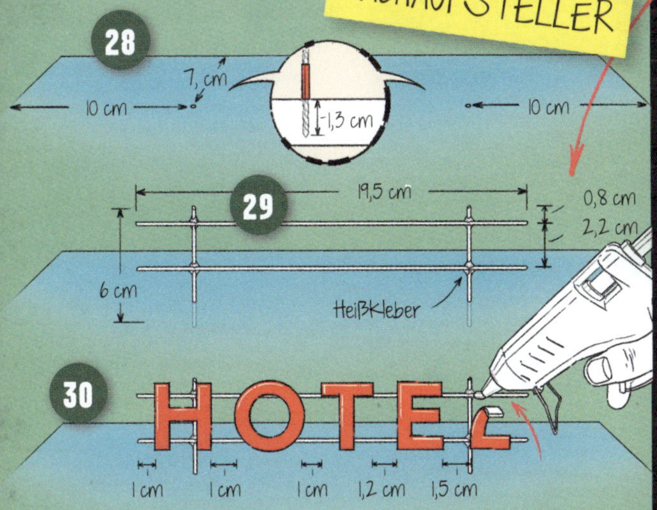

28 Bohrt an den gezeigten Stellen zwei 2,5 mm große Löcher in das Dach. Wie in Schritt 23 den Bohrer bei 1,3 cm mit Klebeband abkleben, damit ihr nicht tiefer bohrt.

29 Schneidet vier Stücke Draht in den abgebildeten Längen zu und setzt sie mit Heißkleber, wie auf dem Bild, zusammen.

30 Die HOTEL-Buchstaben mit einem Cutter ausschneiden und mit Heißkleber auf das Drahtgestell kleben.

ZIMMER FÜLLEN!

31 Sammelt Stöcke und sägt sie auf 14,4 cm Länge zu. Unterschiedlich große Löcher (4 mm-8 mm) in die Enden bohren und die Stöcke in die Hotelzimmer stecken.

32 Sucht einen Platz für euer Insektenhotel und stellt es auf zwei Backsteine, sodass der Swimming-Pool frei dazwischen hängt. Mit dem Dosendeckel den Pool abdecken, wenn ihr keine Insekten sammelt. Bohrt auch ein paar Löcher in den Pool, damit das Regenwasser ablaufen kann. Viel Spaß bei der Insektenjagd!

VIDEOSPIEL-SZENE IM RETRO-LOOK

FÜR FORTGESCHRITTENE

Gestaltet eine Szene aus einem kultigen Old-School-Videospiel mit echtem Gras und Plastikflaschen als unsichtbare Säulen. Weißt du, welches Spiel es ist?

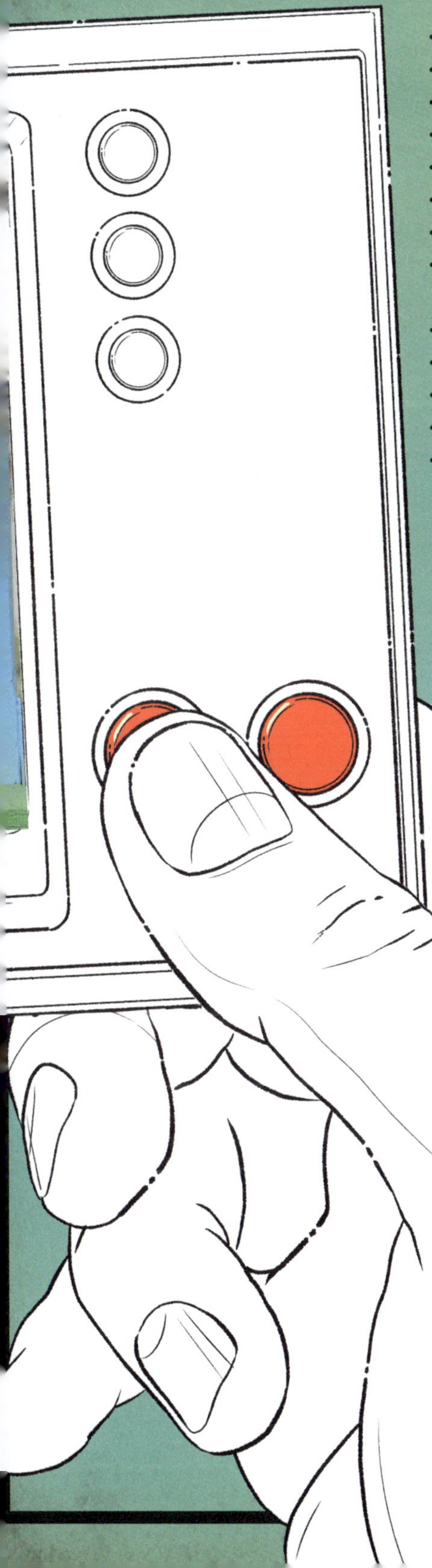

MATERIALIEN

- 1-2 Holzpaletten
- 4 Plastikflaschen, ø 9,5 cm, 31 cm hoch, 1,5 l
- torffreie Blumenerde
- Grassamen
- 16-30 Schrauben, 4 mm x 30 mm
- 5-8 Schrauben, 4 mm x 40 mm
- 2 Eisenwinkel, 8 cm breit, 8 cm lang
- Draht, ø 2 m, 34,8 cm lang
- Heißklebepistole
- Acrylfarbe in Himmelblau, Hellgrün und Weiß
- Filzstift
- Säge
- Bohrmaschine
- Bohrer, ø 2 mm und ø 2,5 mm
- Akkuschrauber
- Zange mit Drahtschneider
- Brecheisen
- Zimmererhammer oder Kneifzange
- Pinsel
- Lineal oder Maßband
- Schere und Cutter mit Schneideunterlage
- Papier, A4
- Moosgummi in Weiß, A4
- bedruckbares Vinyl-Aufkleberpapier
- Fotokopierer oder Drucker (nach Wunsch)

VORLAGEN 30 (SEITE 204)

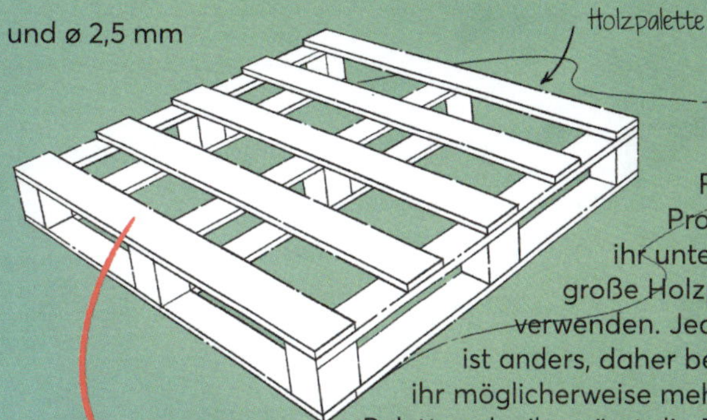

Für dieses Projekt könnt ihr unterschiedlich große Holzpaletten verwenden. Jede Palette ist anders, daher benötigt ihr möglicherweise mehr als eine Palette oder ihr müsst die Bretter von beiden Seiten abmontieren.

BRETTER ENTFERNEN

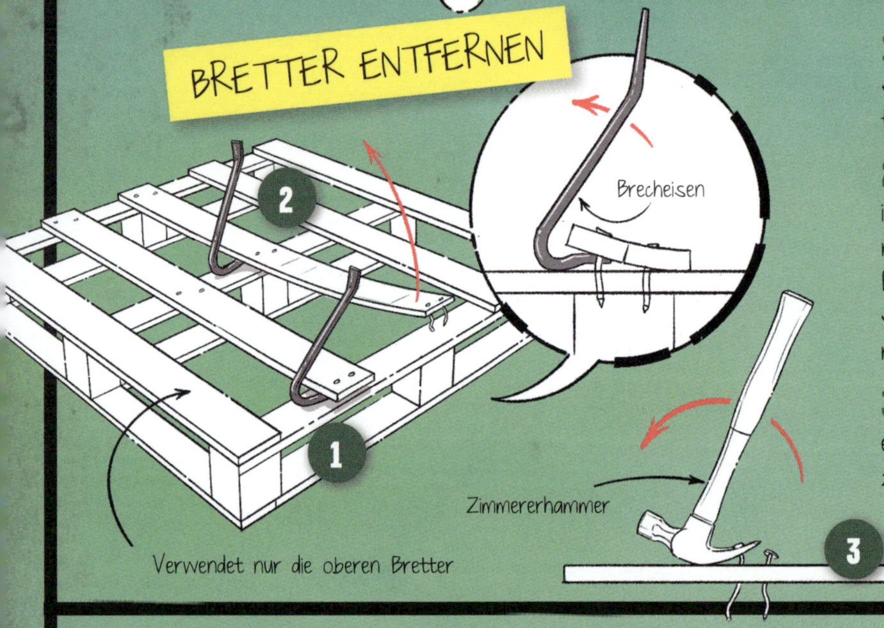

1 Verwendet ein Brecheisen oder einen großen Schraubendreher, um die Enden der Bretter der Holzpalette zu lösen.

2 Die Enden nach oben ziehen. Vielleicht könnt ihr die Bretter schon komplett lösen. Falls nicht, auch die Nägel in der Mitte mit dem Brecheisen oder Schraubendreher lösen. Keine Sorge, wenn die Bretter splittern. Ihr benötigt nicht die ganze Länge.

3 Entfernt die Nägel aus den Brettern mit einem Zimmererhammer oder mit einer Kneifzange.

RÜCKWAND HERSTELLEN

4 Aus den Palettenbrettern so viele 43 cm lange Stücke zusägen, dass sie nebeneinander gelegt mindestens 63 cm breit sind.

5 Messt die genaue Breite der nebeneinandergelegten Bretter und sägt ein weiteres Brett in dieser Länge zu. Das Brett der Länge nach halbieren, sodass zwei Streifen entstehen.

6 Legt diese Streifen quer über die Bretter, sodass sie jeweils 6 cm von den „langen Kanten" entfernt sind. Mit 4 mm x 30 mm Schrauben an den Brettern befestigen. Nehmt dafür einen Akku-Schrauber und verzichtet auf das Vorbohren. Wir machen es auf die schnelle und einfache Art!

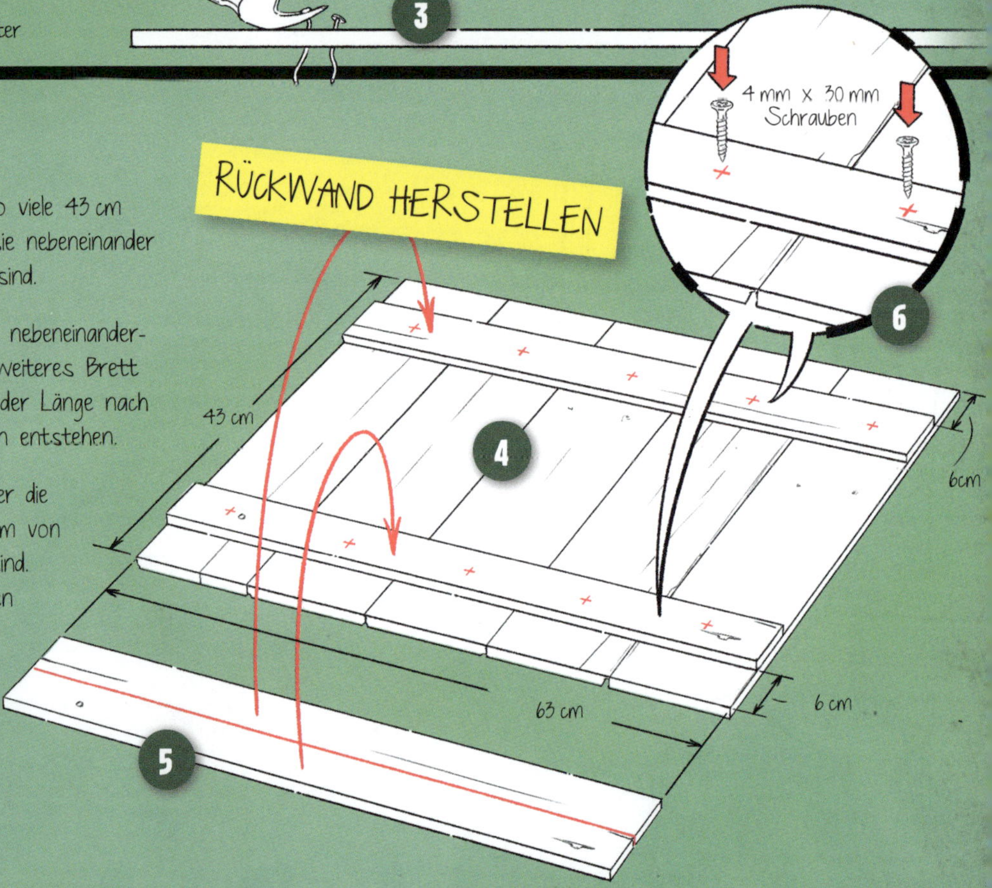

STANDFÜßE ZUSCHNEIDEN

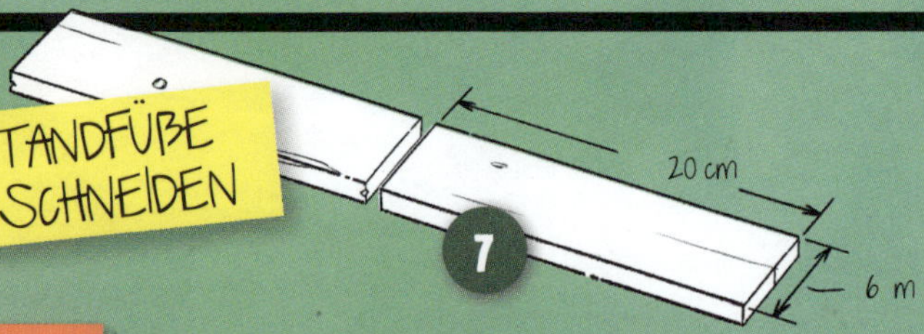

7 Aus einem weiteren Palettenbrett zwei Streifen Holz (20 cm x 6 cm) zusägen.

GRUNDFLÄCHE VORBEREITEN

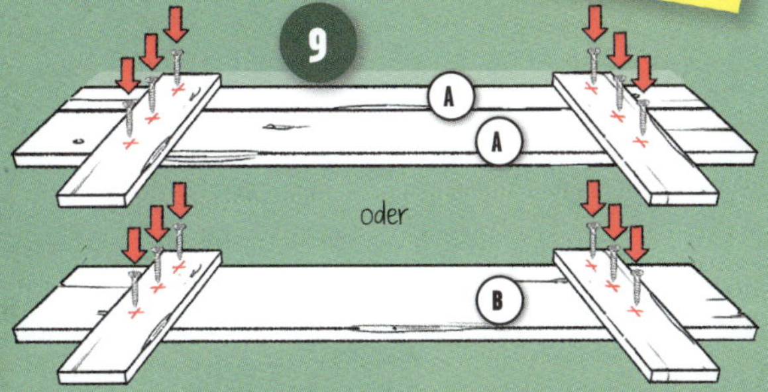

8 Falls eure Palettenbretter schmaler als 12 cm sind, sägt zwei Bretter A zu, die so lang sind, wie die Rückwand breit ist, andernfalls nur ein Brett B. Falls ihr zwei Bretter zusägt, schneidet eines davon auf 5 cm Breite zu.

9 Die Standfüße jeweils 6 cm entfernt von den Außenkanten des Bretts oder der Bretter positionieren. Verschraubt sie mit jeweils drei 3,5 mm x 25 mm Schrauben mithilfe eines Akkuschraubers.

EINZELTEILE VERBINDEN

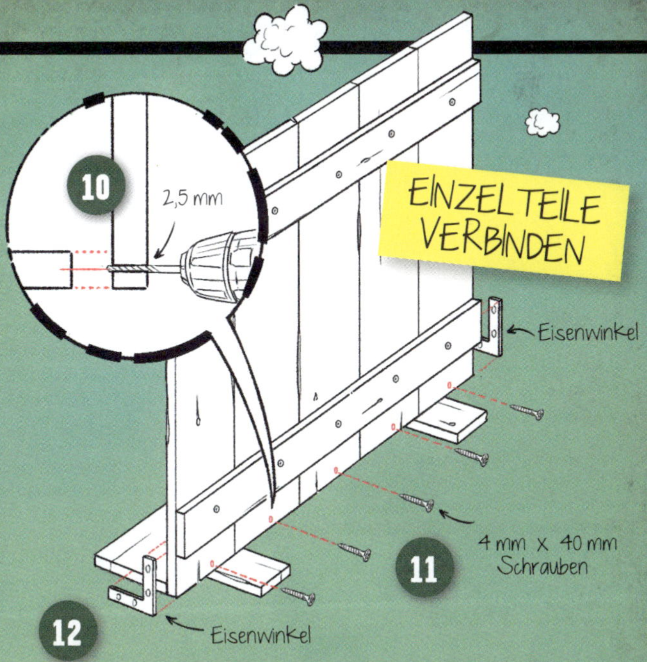

10 Ein 2,5 mm großes Führungsloch in jedes Rückwandbrett bohren. Der Abstand zur Längskante sollte eine halbe Brettstärke betragen.

11 Stellt die Rückwand senkrecht auf die Standflächen. Die Standfläche und die Rückwand wie abgebildet ausrichten und 4 mm x 40 mm Schrauben in die vorgebohrten Löcher drehen.

12 Falls die Rückwand sich neigt oder wackelt, stabilisiert sie mit den Eisenwinkeln und 4 mm x 30 mm Schrauben an beiden Seiten.

FLASCHEN ZUSCHNEIDEN

13 Mit einer Säge die Schraubgewinde der vier Plastikflaschen absägen.

14 Zeichnet Linien um die Flaschen, indem ihr ein A4-Blatt als Papierlineal verwendet. Legt das Blatt um die Flasche und fahrt die Kante mit einem Filzstift nach.

15 Mit einem Cutter macht ihr an der Markierungslinie einen Schnitt in die Flasche und schneidet dann mit einer Schere der Linie entlang.

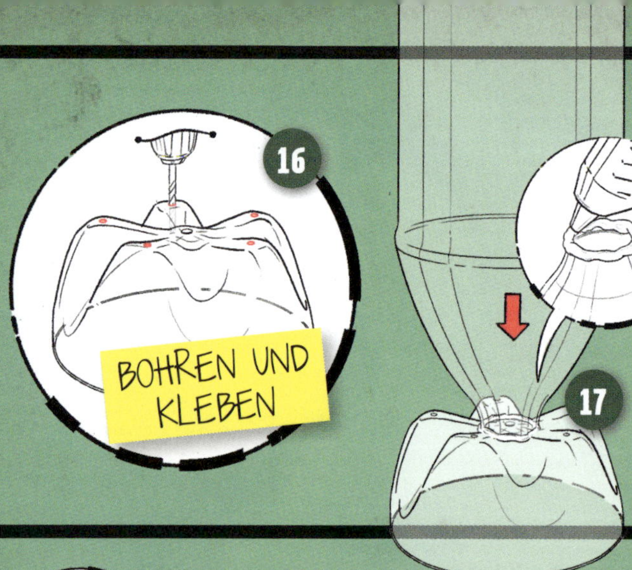

16 In den Boden jeder Schale 2 mm große Drainagelöcher bohren.

17 Fügt die Einzelteile zusammen, indem ihr jeweils eine ausreichende Menge Heißkleber auf die Kante des Flaschenhalses gebt und ihn auf die Unterseite der Schale klebt.

18 Die Vorlagen (Seite 204) auf das Vinyl-Aufkleberpapier drucken. Entfernt das Trägerpapier, klebt die Motive auf das Moosgummi und schneidet alles aus..

19 Mit einem Drahtschneider vier 8,7 cm lange Drahtstücke zuschneiden. Zieht sie mit einer Zange gerade. Mit Heißkleber jeden Draht mit einer Münze und der Handwerker-Figur verbinden. Falls ihr goldene Plastikmünzen habt, verwendet diese statt der aus Moosgummi!

20 Die Standfläche mit hellgrüner und die Rückwand mit himmelblauer Acrylfarbe anmalen. Sobald alles getrocknet ist, malt ihr drei Wolken mit weißer Acrylfarbe auf.

21 Die Schalen wie abgebildet positionieren. Zeichnet auf der Rückwand 7,5 cm über dem Mittelpunkt jeder Schale eine Bohrstelle an, in die ihr 2,5 mm große Löcher bohrt.

22 Die Drähte mit den Münzen und dem Handwerker durch die Löcher schieben und mit Heißkleber fixieren.

23 Stellt die Wand an einen hellen Ort ohne zu viel direktes Sonnenlicht. Jede Schale mit torffreier Blumenerde füllen (sie muss die Feuchtigkeit halten).

24 Bedeckt die Blumenerde komplett mit Grassamen.

25 Die Samen täglich wässern. Idealerweise besprüht ihr die Samen mit einem feinen Nebel, damit sie nicht weggespült werden. Nach fünf Tagen sollte das Gras zu wachsen beginnen.

26 Jetzt beginnt der Spaß! Sobald das Gras gewachsen ist, schneidet die „Haare" mit einer Schere flach ab.

SO WIRD DAS GRAS GEPFLEGT

Gras ist ziemlich robust, jedoch trocknet die Erde relativ schnell aus. Daher wässert das Gras bei warmem und trockenem Wetter täglich.

VORLAGEN

IHR HABT VIER VERSCHIEDENE MÖGLICHKEITEN DIE VORLAGEN ANZUWENDEN:

1. Fotokopiert die Vorlagen direkt aus dem Buch.

2. Ladet die Vorlagen in der Digitalen Bibliothek unter www.topp-kreativ.de/digibib nach erfolgter Registrierung herunter und druckt sie aus.

DER FREISCHALTECODE LAUTET 10460.

3. Scannt die Vorlagen ein und druckt sie aus (es ist viel einfacher, etwas um 500% zu vergrößern, da ihr es automatisch kacheln könnt!).

4. Kein Drucker? Verwendet Öl- oder Acrylmarker, um direkt auf das Vinyl-Aufkleberpapier zu zeichnen, und haltet euch dabei so genau wie möglich an die Größe der Vorlagen. Ihr könnt auch direkt auf das Moosgummi malen.

Ich empfehle fast alle Vorlagen auf Vinyl-Aufkleberpapier zu drucken, zu kopieren oder aufzumalen. Manche Vorlagen werden auf Papier kopiert, diesen Hinweis findet ihr bei den jeweiligen Vorlagen. Druckt oder kopiert alle Vorlagen auf 100%, wenn nicht anders angegeben.

VERZEICHNIS ALLER VORLAGEN

1A. SCHNECKE MIT DÜSENANTRIEB (SEITE 16)

FLAMMEN UND RADFELGEN

Schneidet die Flammen genau aus, entfernt das Trägermaterial und klebt sie direkt auf den Starthebel. Für die Radfelgen zuerst locker um die Motive herumschneiden und dann auf das Moosgummi kleben. Anschließend genau ausschneiden.

1B. SCHNECKE MIT DÜSENANTRIEB (SEITE 16)

SCHNECKENKÖRPER (LINKS UND RECHTS)

Schneidet die Vorlagen genau aus, entfernt das Trägermaterial und klebt sie so auf das Moosgummi, dass noch genug Platz für das Schneckengehäuse bleibt.

1C. SCHNECKE MIT DÜSENANTRIEB (SEITE 16)

SCHNECKENGEHÄUSE (LINKS)

Schneidet locker um die Vorlage herum. Die untere Kante des Gehäuses genau ausschneiden. Entfernt das Trägermaterial, richtet den unteren Rand des Gehäuses an der gestrichelten Linie auf dem entsprechenden Körper aus und klebt es auf das Moosgummi. Die fertige Schnecke sauber ausschneiden.

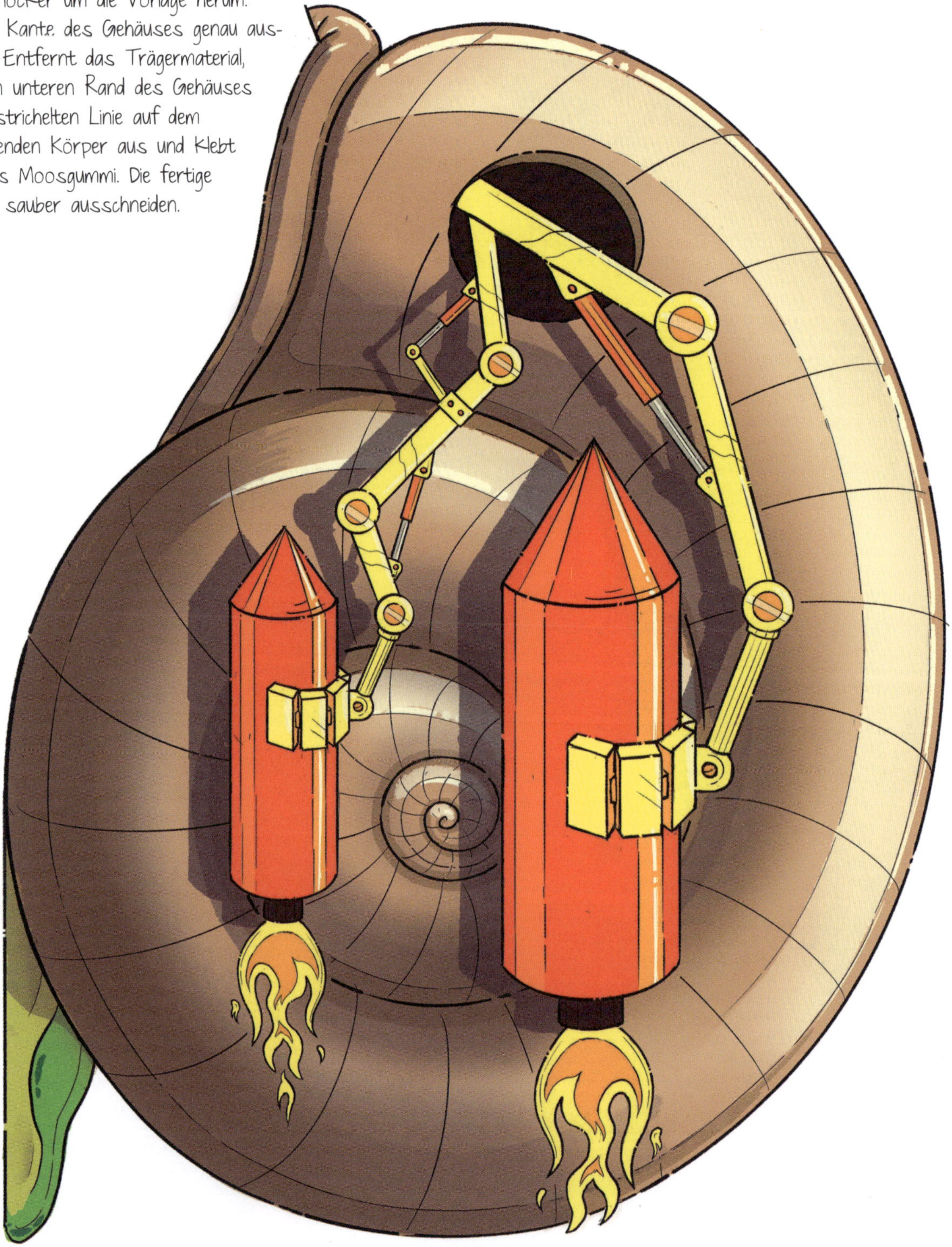

1D. SCHNECKE MIT DÜSENANTRIEB (SEITE 16)

SCHNECKENGEHÄUSE (RECHTS)

Schneidet locker um die Vorlage herum. Die untere Kante des Gehäuses genau ausschneiden. Entfernt das Trägermaterial, richtet den unteren Rand des Gehäuses an der gestrichelten Linie auf dem entsprechenden Körper aus und klebt es auf das Moosgummi. Die fertige Schnecke sauber ausschneiden.

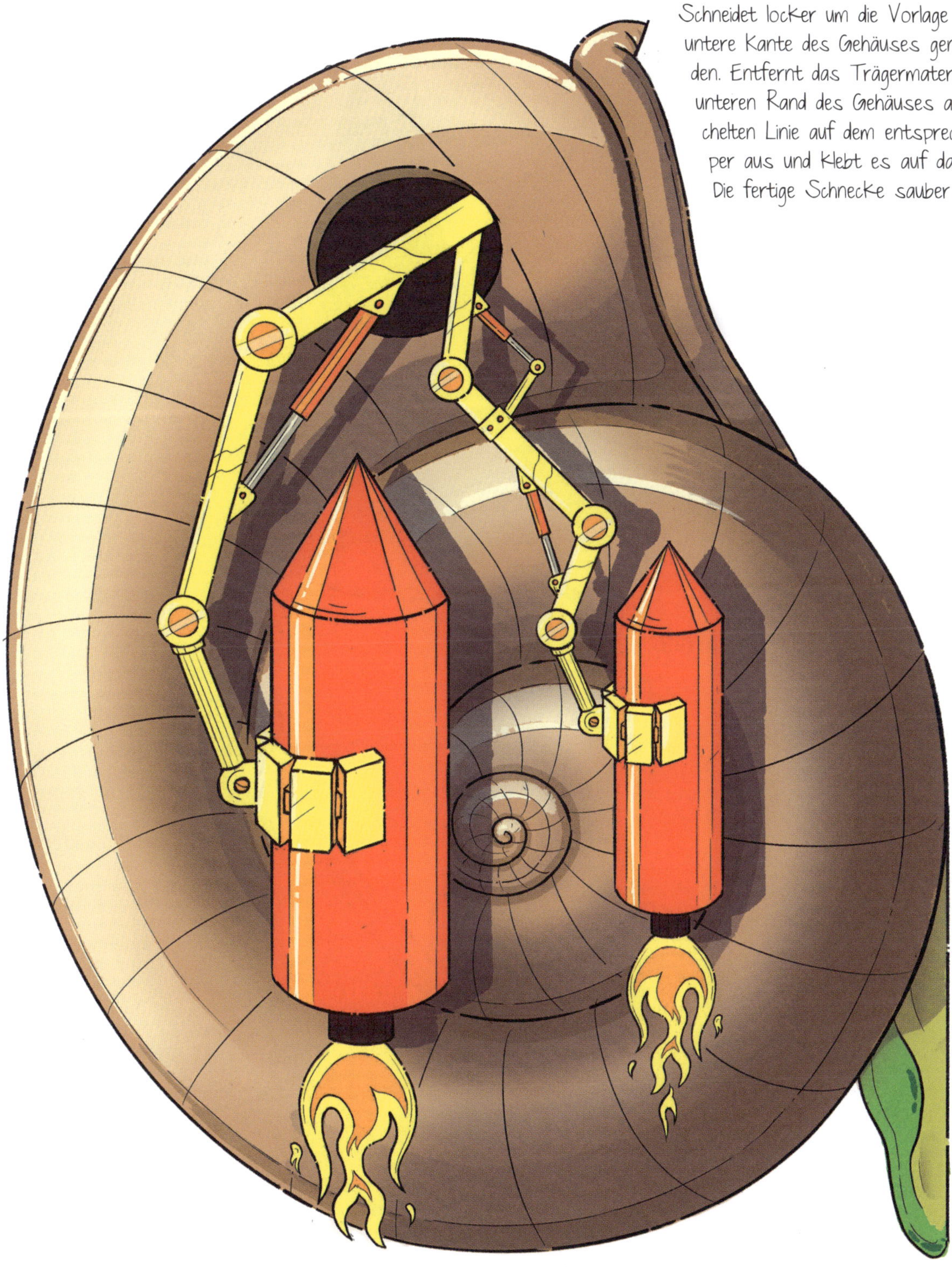

25A. FLUGHAFEN-VOGELFUTTERSTATION (SEITE 156)

VOGEL (EINER FÜR JEDE SEITE)

Schneidet locker um die Vorlagen herum, entfernt das Trägermaterial und klebt sie direkt auf das Moosgummi. Anschließend genau ausschneiden.

25B. FLUGHAFEN-VOGELFUTTERSTATION (SEITE 156)

FENSTER DES KONTROLLTURMS, START- UND LANDEBAHN LINIEN

Schneidet die Vorlagen sauber aus, entfernt das Trägermaterial und klebt sie direkt auf den Kontrollturm und die Landebahn.

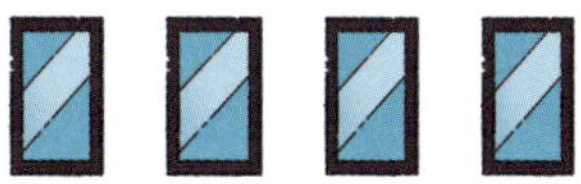

3A. HAI-ALARM (SEITE 30)

HAIFISCH, FLOSSE UND FISCH (RECHTS)
Schneidet die Vorlagen locker aus, entfernt das Trägermaterial und klebt sie direkt auf das Moosgummi. Anschließend genau ausschneiden.

3B. HAI-ALARM (SEITE 30)

HAIFISCH, FLOSSE UND FISCH (LINKS)
Schneidet die Vorlagen locker aus, entfernt das Trägermaterial und klebt sie direkt auf das Moosgummi. Anschließend genau ausschneiden.

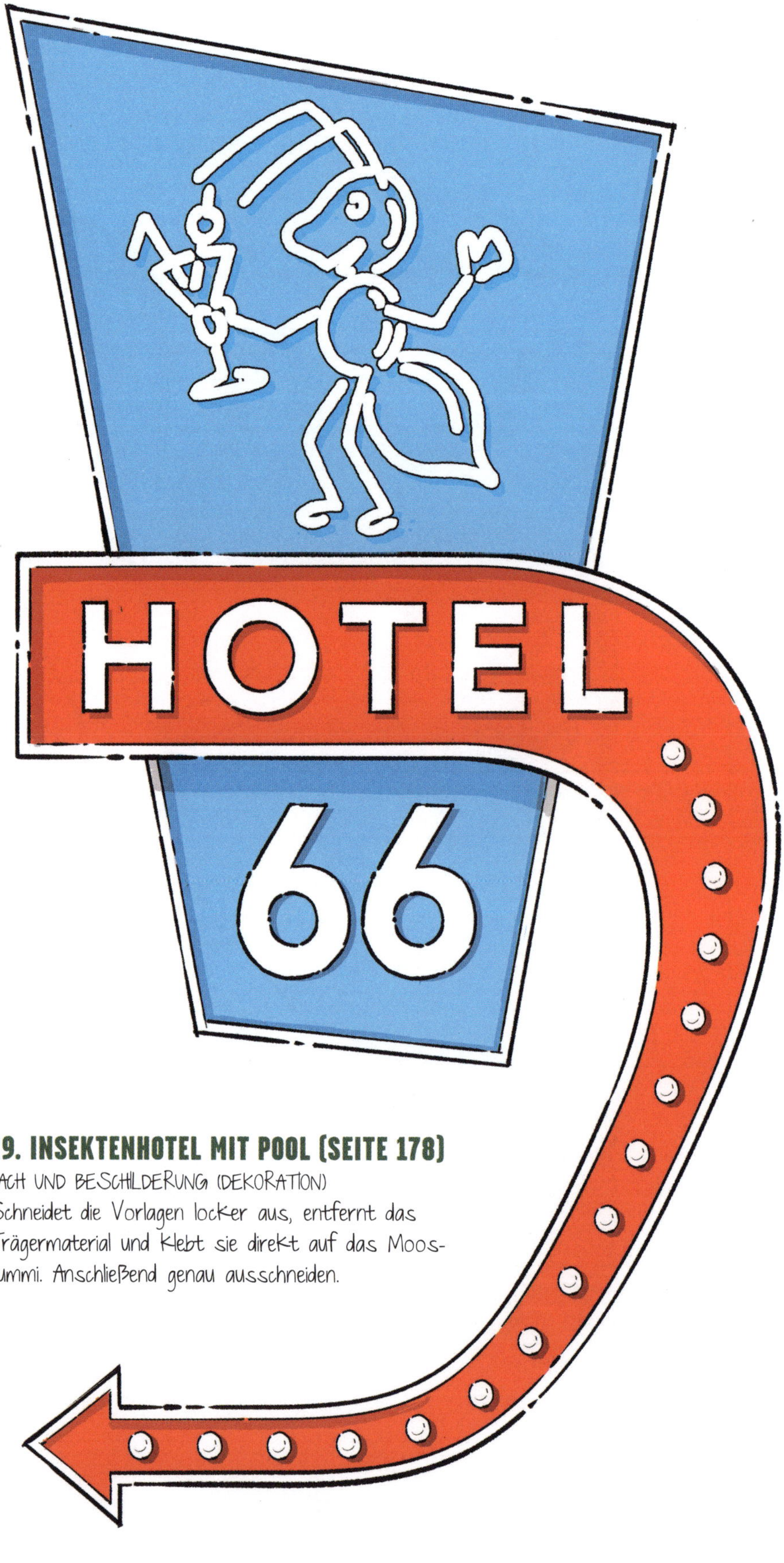

29. INSEKTENHOTEL MIT POOL (SEITE 178)

DACH UND BESCHILDERUNG (DEKORATION)

Schneidet die Vorlagen locker aus, entfernt das Trägermaterial und klebt sie direkt auf das Moosgummi. Anschließend genau ausschneiden.

5A. TURBINEN-SCHILDKRÖTE (SEITE 42)

SCHILDKRÖTENKOPF UND -PANZER

Schneidet die Köpfe genau aus, entfernt das Trägermaterial und klebt sie direkt auf den Aluminiumstreifen. Die Panzer locker ausschneiden, das Trägermaterial entfernen und direkt auf das Moosgummi kleben. Anschließend genau ausschneiden.

5B. TURBINEN-SCHILDKRÖTE (SEITE 42)

FLUGZEUGDEKORATION

Schneidet die Vorlagen genau aus, entfernt das Trägermaterial und klebt sie direkt auf die Turbine. Ihr benötigt jedes Element zweimal, den langen roten Streifen einmal.

KREISSCHABLONE ZUR BESTIMMUNG DES MITTELPUNKTS

Kopiert die Vorlagen oder ladet sie herunter und druckt sie auf Papier aus.

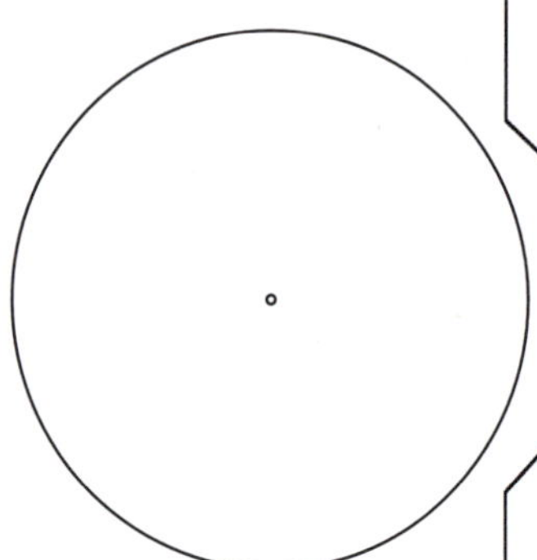

SEITENRUDER-SCHABLONE

Kopiert die Vorlagen oder ladet sie herunter und druckt sie auf Papier aus.

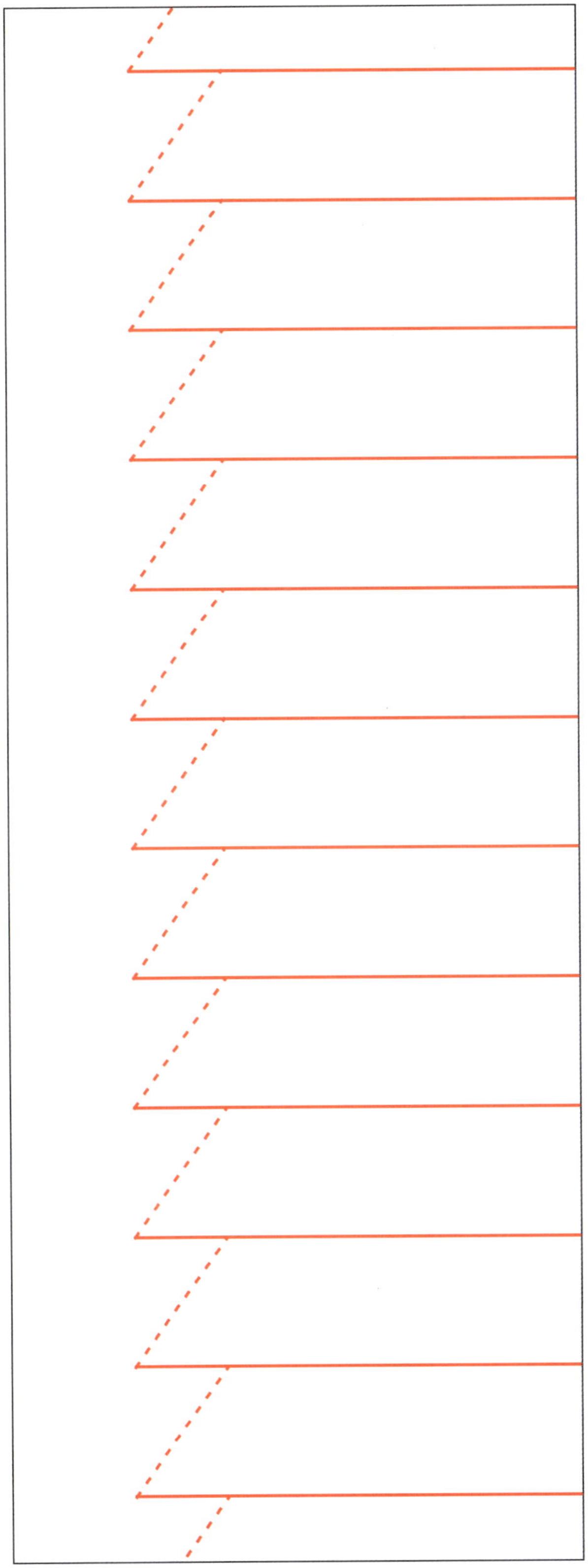

SCHABLONE FÜR TURBINENSCHAUFELN

Kopiert die Vorlagen oder ladet sie herunter und druckt sie auf Papier aus.

5C. TURBINEN-SCHILDKRÖTE (SEITE 42)

SCHABLONEN FÜR UNTERLEGSCHEIBEN, SCHILDKRÖTENHALSBEFESTIGUNG H, SCHILDKRÖTENHALS J, ABSTANDSHALTER ROHRE L, TURBINENBEFESTIGUNGSROHR K

Kopiert die Vorlagen oder ladet sie herunter und druckt sie auf Papier aus.

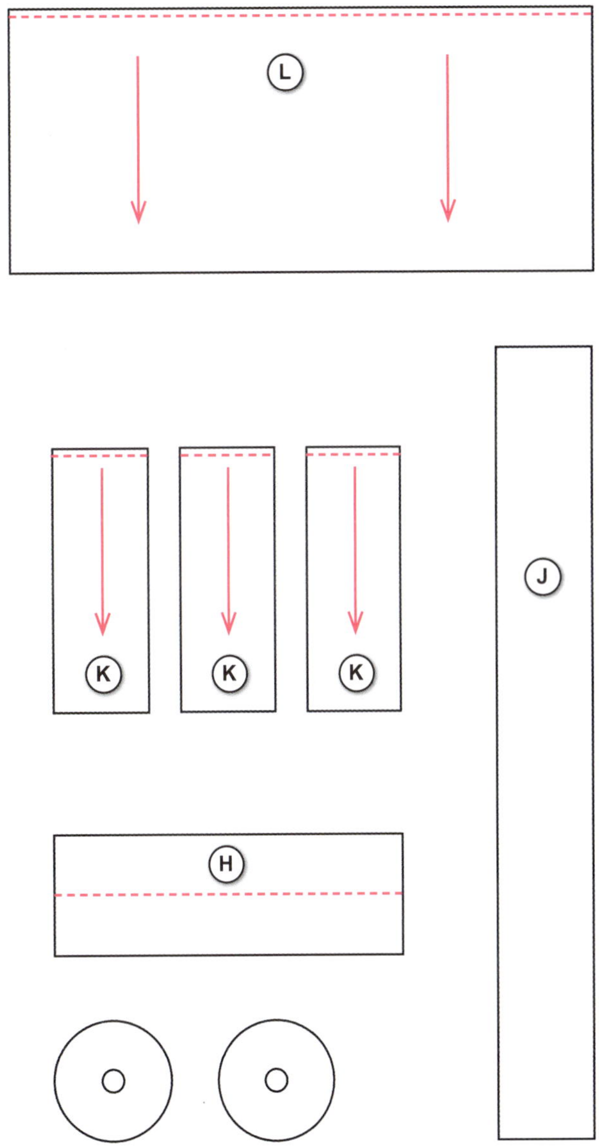

30. VIDEOSPIEL-SZENE IM RETRO-LOOK (SEITE 184)

MÜNZEN UND AVATAR

Schneidet die Vorlagen locker aus, entfernt das Trägermaterial und klebt sie direkt auf das Moosgummi. Anschließend genau ausschneiden.

9. AFFEN-WILDWASSERFAHRT (SEITE 69)

AFFE UND ZIELSCHEIBE

Schneidet die Vorlagen locker aus, entfernt das Trägermaterial und klebt sie direkt auf das Moosgummi. Anschließend genau ausschneiden.

24. POOLNUDEL-ANAKONDA (SEITE 150)

AUGEN UND ZUNGE

Schneidet die Vorlagen locker aus, entfernt das Trägermaterial und klebt sie direkt auf das Moosgummi. Anschließend genau ausschneiden.

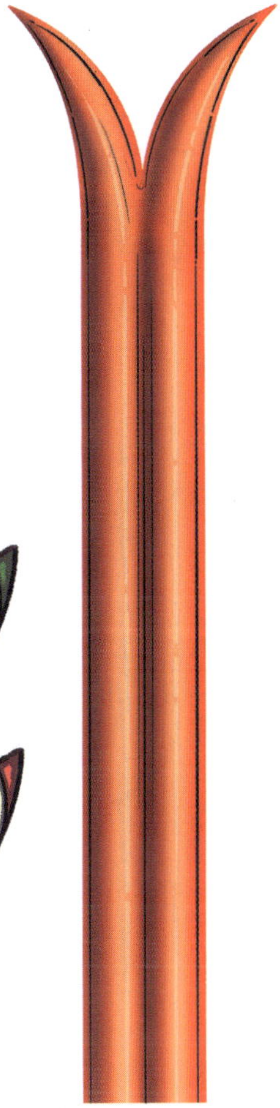

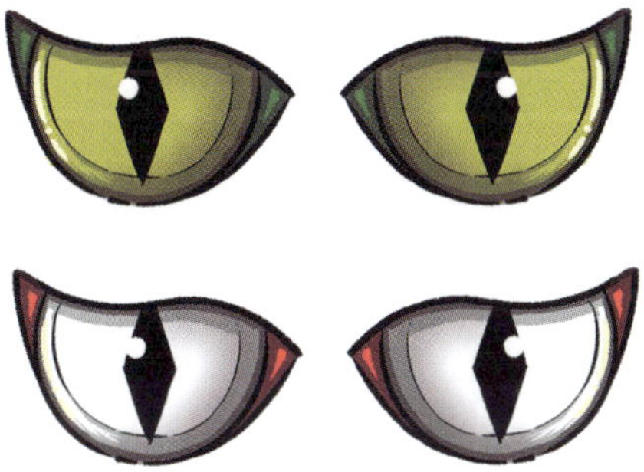

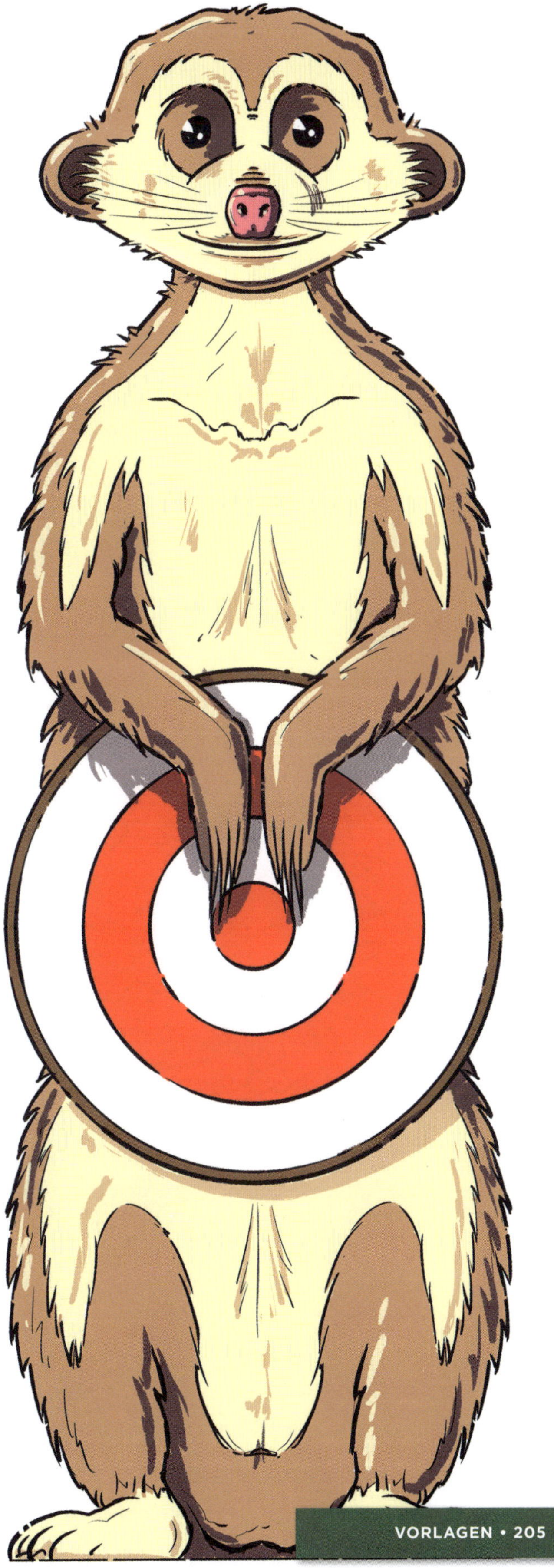

7A. ERDMÄNNCHEN-KNOCKDOWN (SEITE 56)

ERDMÄNNCHEN MIT ZIELSCHEIBE

Schneidet die Vorlage locker aus, entfernt das Trägermaterial und klebt sie direkt auf das Moosgummi. Anschließend genau ausschneiden.

7B. ERDMÄNNCHEN-KNOCKDOWN (SEITE 56)

KOALA MIT ZIELSCHEIBE

Schneidet die Vorlage locker aus, entfernt das Trägermaterial und klebt sie direkt auf das Moosgummi. Anschließend genau ausschneiden.

7C. ERDMÄNNCHEN-KNOCKDOWN (SEITE 56)

PUNKTZAHL MIT GRAS

Schneidet die Vorlage locker aus, entfernt das Trägermaterial und klebt sie direkt auf das Moosgummi. Anschließend genau ausschneiden.

11A. SACKLOCH-SPIEL „BLINZELNDER WURM" (SEITE 78)

WURMSCHABLONE

Kopiert die Vorlagen vergrößert auf 500% und verbindet die Blätter mit Klebeband oder ladet sie herunter und druckt sie auf Papier aus.

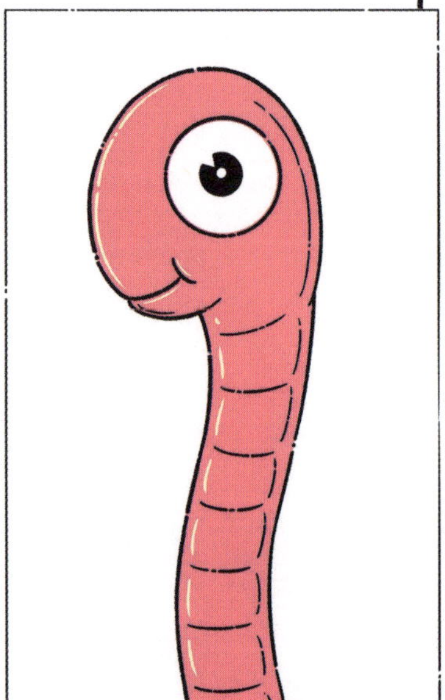

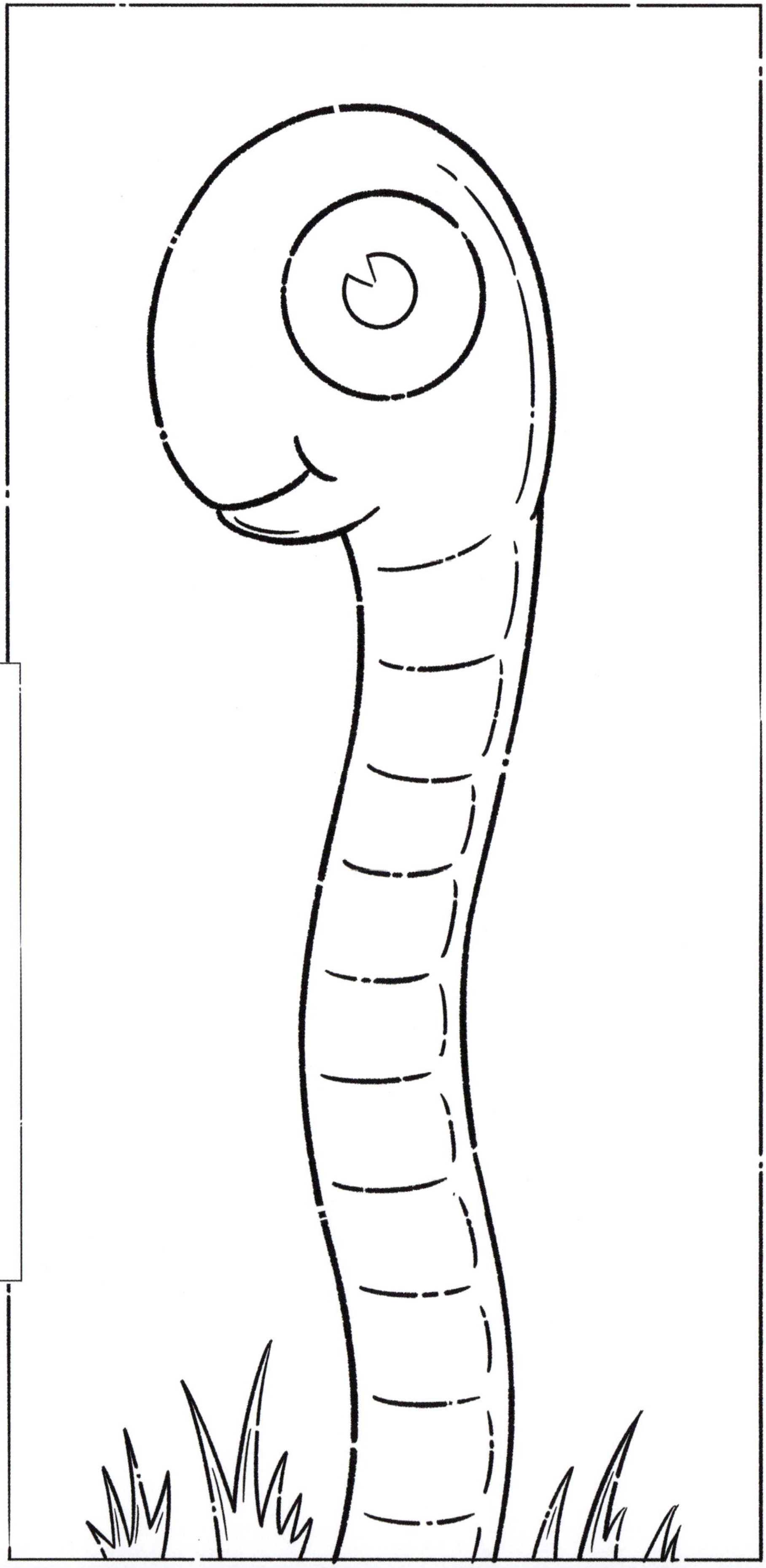

11B. SACKLOCH-SPIEL „BLINZELNDER WURM“ (SEITE 78)

AUGENZWINKER-KLAPPE

Schneidet die Vorlage sauber aus, entfernt das Trägermaterial und klebt sie direkt auf das Plastikquadrat.

6A. PINGUIN-FLUGSCHULE (SEITE 48)

PINGUIN VON VORNE UND HINTEN
Schneidet die Vorlagen locker aus, entfernt das Trägermaterial und klebt sie direkt auf den Karton oder das Moosgummi. Anschließend genau ausschneiden.

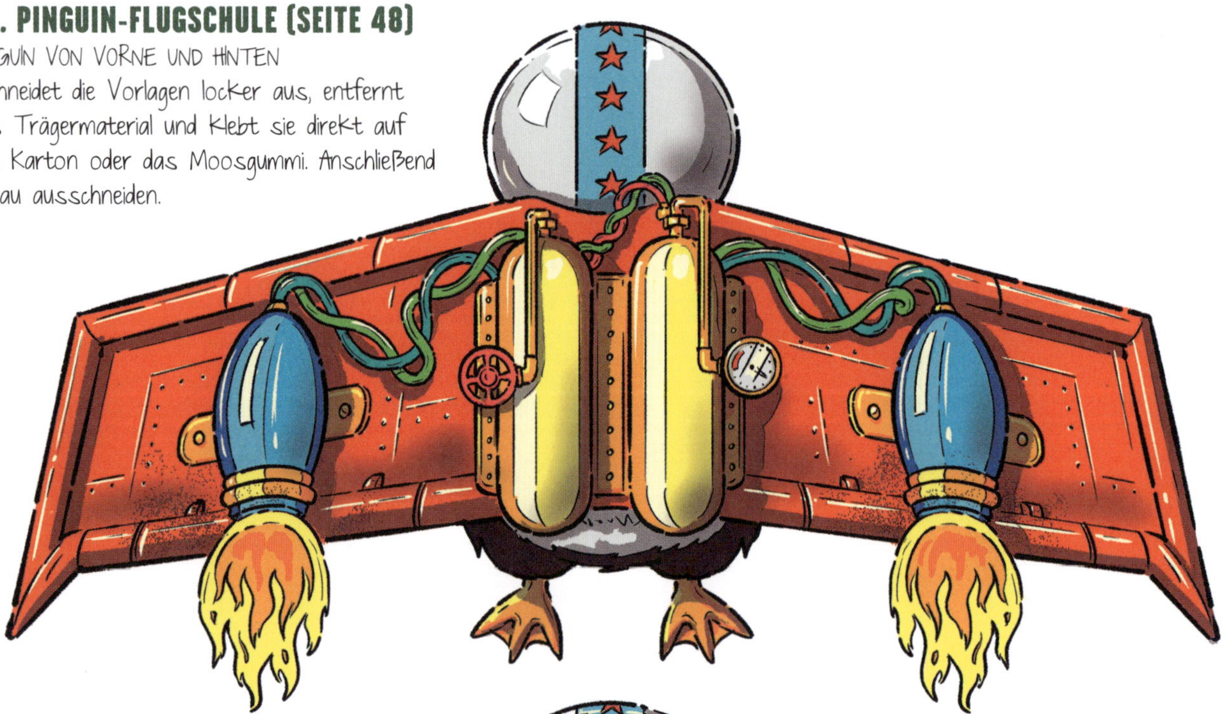

PROPELLERBLATT SCHABLONE
Kopiert die Vorlage oder ladet sie herunter. Druckt sie auf Papier und schneidet sie genau aus.

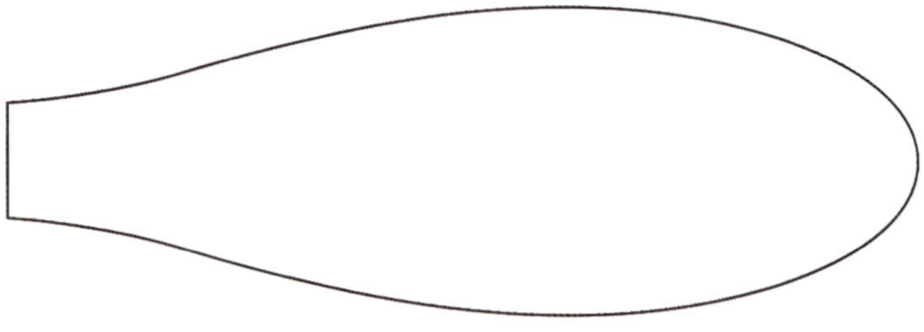

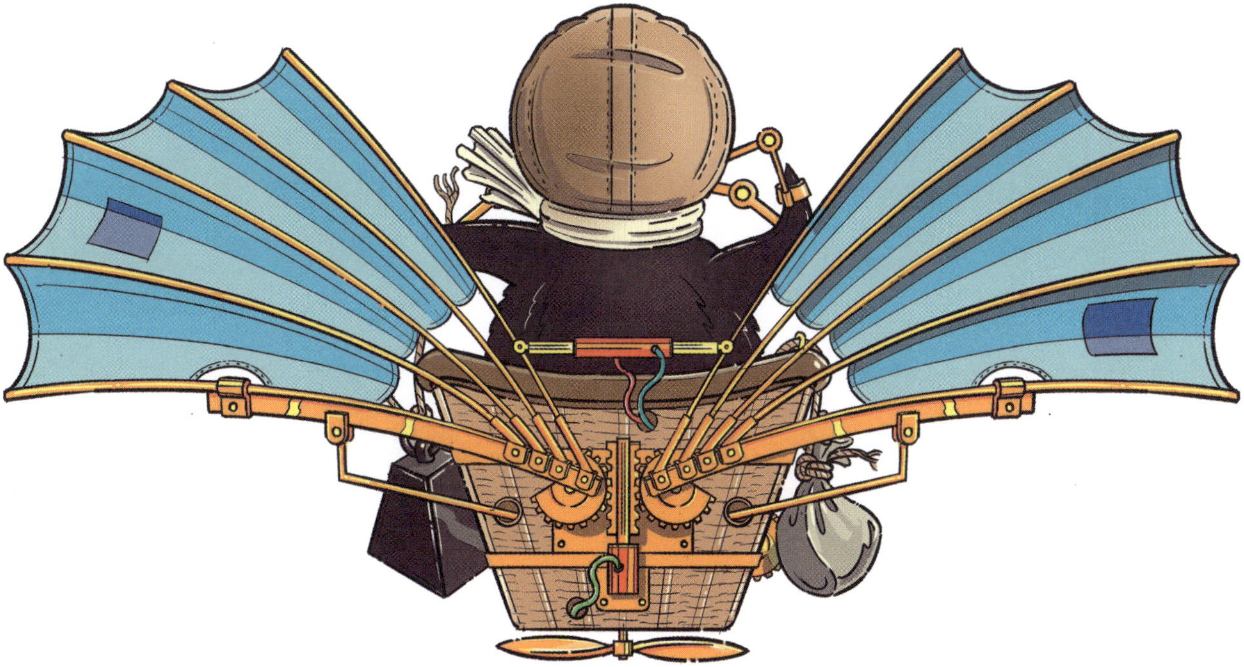

6B. PINGUIN-FLUGSCHULE (SEITE 48)

PINGUIN VON VORNE UND HINTEN

Schneidet die Vorlagen locker aus, entfernt das Trägermaterial und klebt sie direkt auf den Karton oder das Moosgummi. Anschließend genau ausschneiden.

8. WASSERSPIEL „HUNGRIGE RAUPE“ (SEITE 64)

ZIELSCHEIBE, LEBENSMITTEL UND RAUPE

Schneidet die Zielscheibe genau aus, entfernt das Trägermaterial und klebt sie direkt auf die Rückseite des Pappbechers. Die Raupe und das Essen locker ausschneiden, das Trägermaterial entfernen und direkt auf das Moosgummi kleben. Anschließend genau ausschneiden.

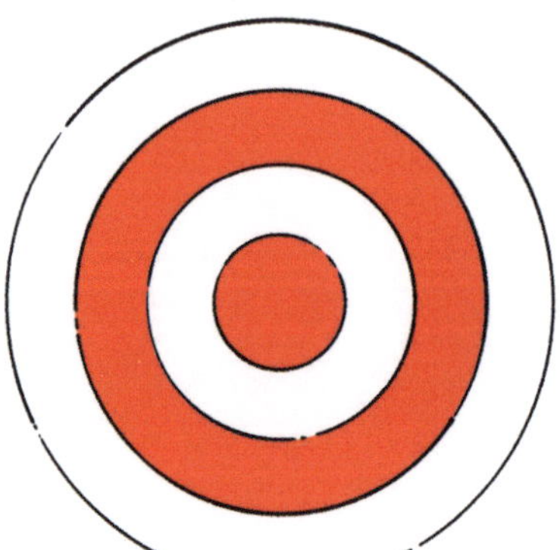

19. EISBERG-GETRÄNKEKÜHLER (SEITE 124)

EISBÄR UND SEEHUND

Schneidet die Vorlagen locker aus, entfernt das Trägermaterial und klebt sie direkt auf das Moosgummi. Anschließend genau ausschneiden.

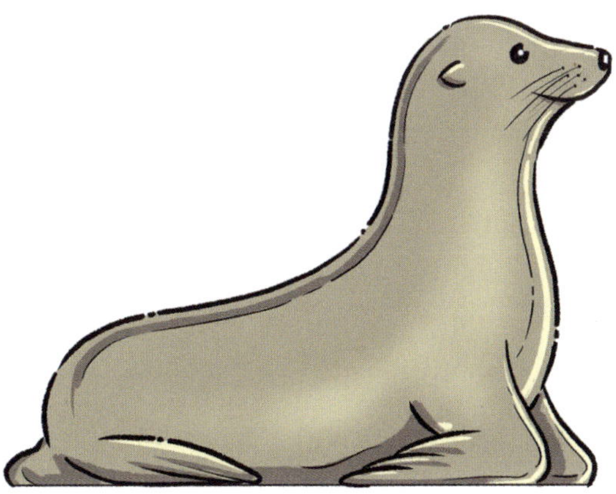

26A. SONNENBLUMEN-MESSINSTRUMENT (SEITE 164)

BLÜTEN

Schneidet die Vorlagen locker aus, entfernt das Trägermaterial und klebt sie direkt auf das Moosgummi. Anschließend genau ausschneiden.

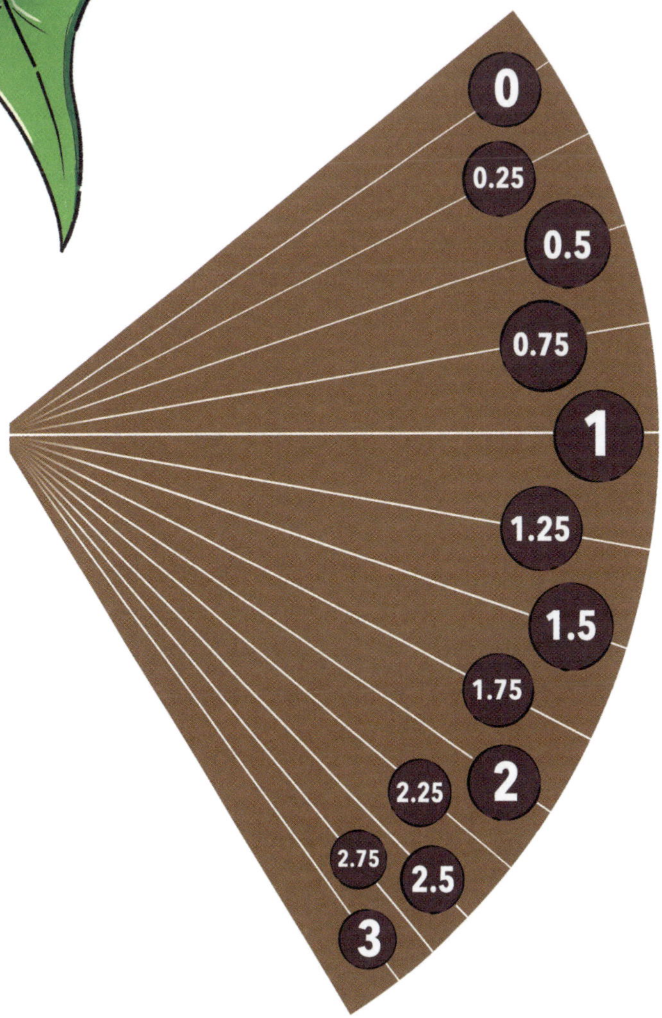

26B. SONNENBLUMEN-MESSINSTRUMENT (SEITE 164)

BLÄTTER UND MESSGERÄT

Schneidet das Messgerät genau aus, entfernt das Trägermaterial und klebt es direkt auf den Sperrholzkreis. Die Blätter locker ausschneiden, das Trägermaterial entfernen und direkt auf das Moosgummi kleben. Anschließend genau ausschneiden.

27. REGENBOGEN-PFLANZGEFÄSS (SEITE 169)

VORLAGE FÜR DIE WOLKEN

Kopiert die Vorlagen und verbindet die Blätter mit Klebeband oder ladet sie herunter und druckt sie auf Papier aus.

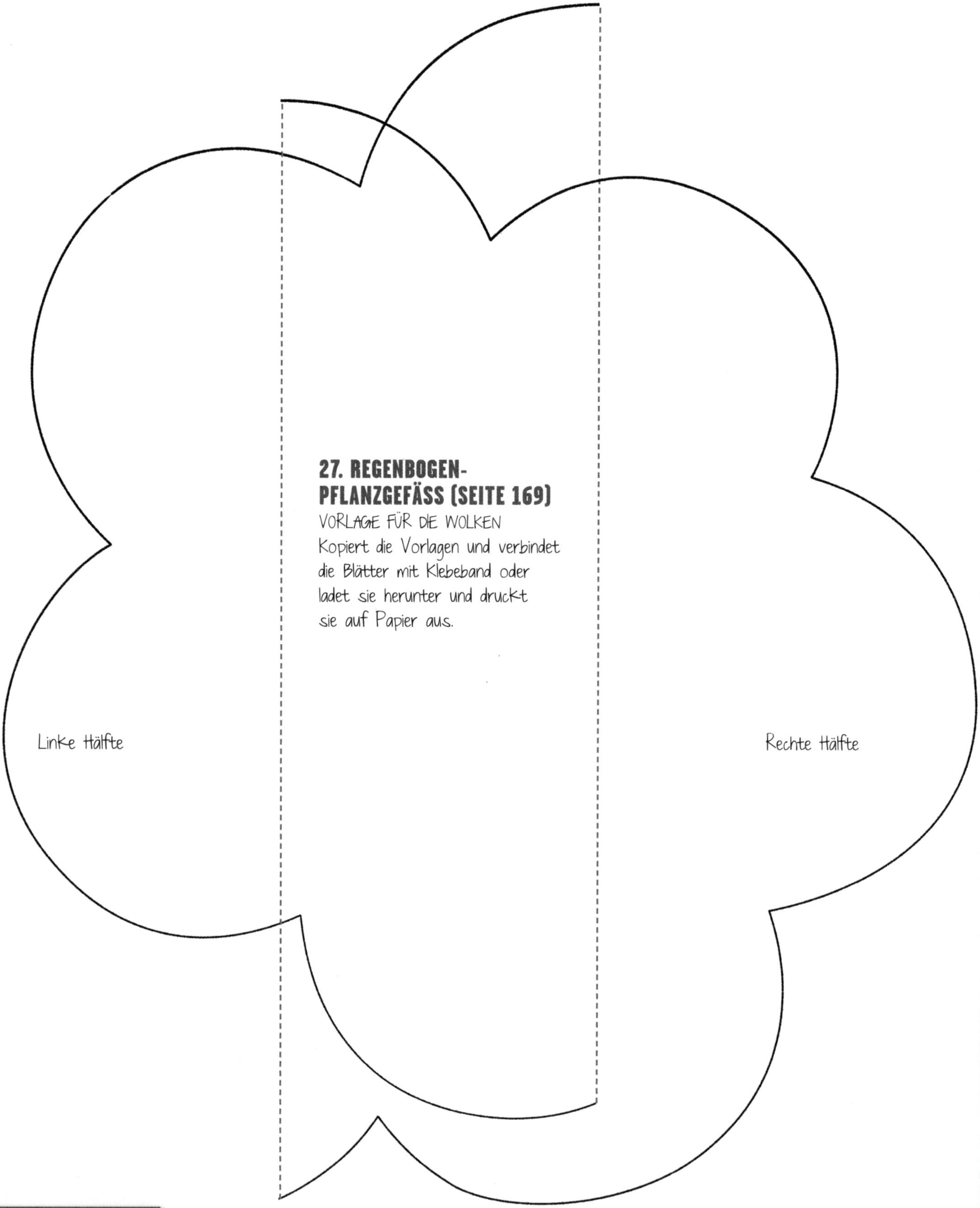

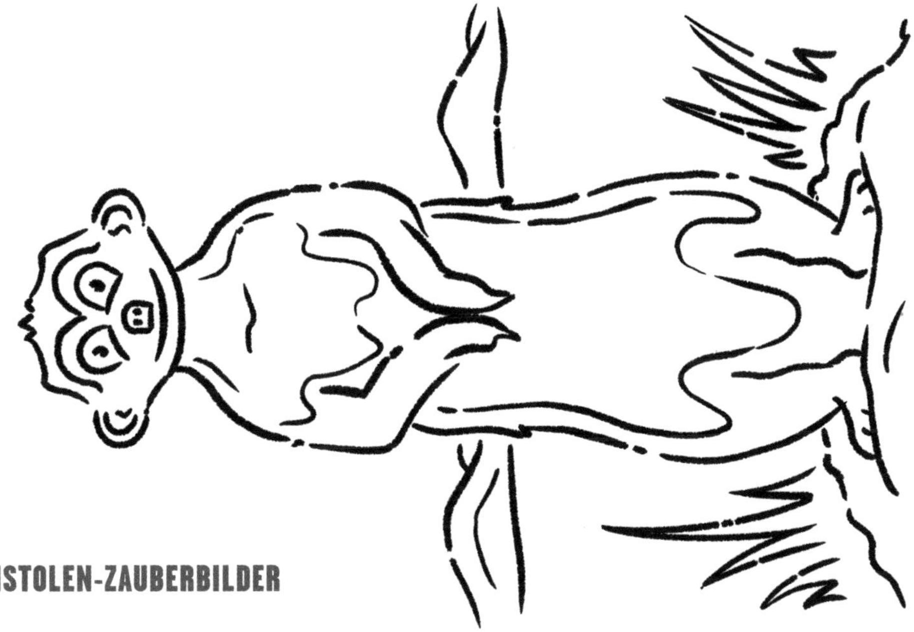

10. WASSERPISTOLEN-ZAUBERBILDER (SEITE 74)

PAUSSCHABLONEN

Kopiert die Vorlagen vergrößert auf 200% für A4 und 300% für A3 oder ladet sie herunter und druckt sie auf Papier aus.

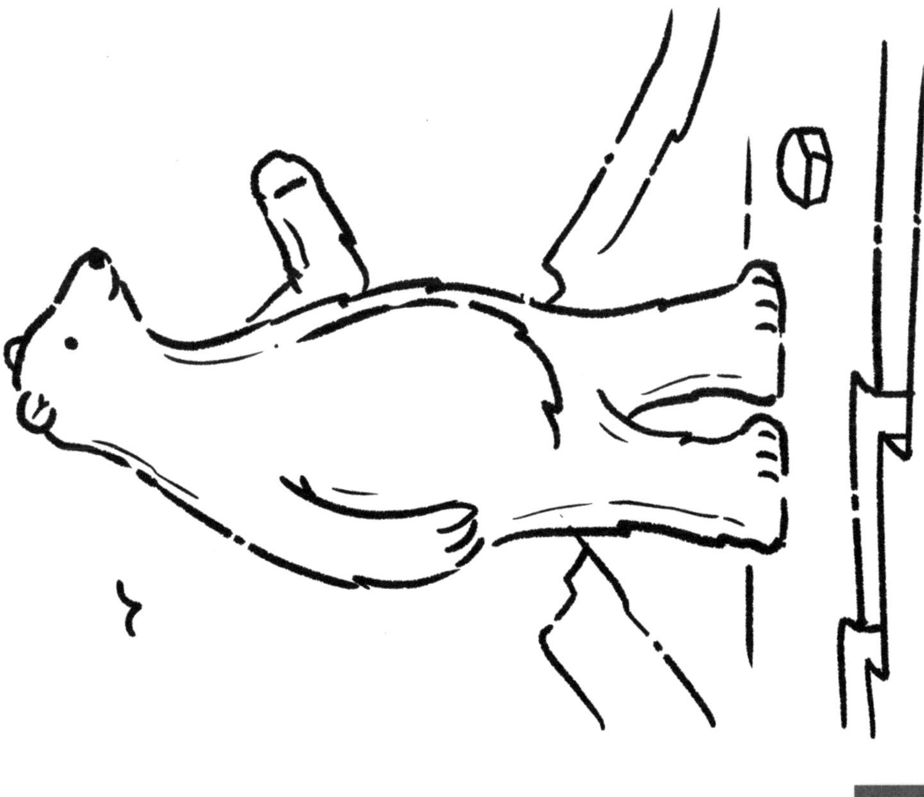

DIE MADE BY PAPA WELT

ISBN 978-3-7724-7590-0

ISBN 978-3-7724-18237-3

ISBN 978-3-7724-18238-0

VIELE WEITERE KREATIV-BÜCHER FINDEST DU AUF WWW.TOPP-KREATIV.DE

NOCH MEHR BUCHTIPPS FÜR EUCH

ISBN 978-3-7724-4454-8

ISBN 978-3-7724-5343-4

ISBN 978-3-7724-7836-9

ISBN 978-3-7724-4453-1

ISBN 978-3-7724-7626-6

ISBN 978-3-7724-4960-4

#TOPPPROJEKT

Die eigene Kreativität zeigen: TOPPprojekt mit anderen Kreativen teilen und Teil der Gemeinschaft werden.

DIY-begeistert und auf Instagram? Dann unbedingt mitmachen! Hier gibt's Tipps und Feedback zu den eigenen Projekten. Außerdem verlosen wir jeden Monat ein Überraschungspaket. Um am Gewinnspiel teilzunehmen, einfach ein Bild vom Kreativ-Projekt aus unseren Büchern mit #TOPPprojekt posten und unserem Account @frechverlag folgen. Mehr Infos auf TOPP-kreativ.de/TOPPprojekt

Website
Auf TOPP-kreativ.de kannst du ein riesiges Angebot von über 1.000 Kreativbüchern, Sets & mehr entdecken.

Newsletter
Gleich anmelden unter: TOPP-kreativ.de/newsletter und immer als Erstes von unseren Neuheiten und Sonderaktionen erfahren.

Instagram
@frechverlag

Pinterest
pinterest.com/frechverlag

Facebook
facebook.com/frechverlag

DigiBib
Hier findest du zusätzlich zu vielen unserer Bücher digitale Extras, wie Video-Tutorials, Plotter-Dateien, Vorlagen, Übungsblätter & vieles mehr. Einfach im Impressum deines TOPP-Buchs den Freischalte-Code nachschlagen und exklusive Inhalte freischalten. TOPP-kreativ.de/digibib

Youtube
youtube.com/frechverlag

Wer wir sind, wie wir arbeiten, was wir lieben …

Auf Instagram, Facebook und Pinterest findest du mehr über uns und unsere Arbeit und wirst immer schnell und einfach mit den neuesten Infos versorgt.

Alle News, alle Infos und alle Links findest du auf www.TOPP-kreativ.de

ÜBER DEN AUTOR

Scott Bedford liebte es schon als Kind zu zeichnen, zu malen und zu basteln. Mit sieben Jahren gewann er mit dem Bild einer Käsefabrik den ersten Preis in einem landesweiten Zeichenwettbewerb. Heute ist er Creative Director einer Werbeagentur in London, die einige der weltweit bekanntesten Marken betreut. Nachts und am Wochenende sind seine Talente exklusiv für seine anspruchsvollsten Kunden reserviert: seine beiden Söhne. Sie sind die Inspiration für seinen Blog whatimade.com, der seit 2010 zwei Webby Awards gewonnen und mittlerweile zahlreiche treue Follower hat.

DANK

„Ein riesiges Dankeschön geht an meine Frau Sharon. Sie hielt die Stellung, als unser Haus langsam in Bergen von Papier, Karton und Klebstoff versank". Das ist ein Zitat aus meinem ersten „Made by Papa"-Buch. Der einzige Unterschied zu davor ist, dass Papier, Karton und Klebstoff zu Holz, Plastik und Klebstoff wurden und ich meiner Frau noch viel dankbarer bin!

Und natürlich danke ich meinen Söhnen, Nichten und Neffen (Joshua, Dylan, Megan, Maya, Gianna und Leo), die so bereitwillig Modell gestanden haben.

Schließlich danke ich noch Nicole Benzinger (die so unglaublich geduldig mit mir war) und dem Rest des wundervollen frechverlag-Teams.

KREATIV-HOTLINE

HILFESTELLUNG ZU ALLEN FRAGEN, DIE MATERIALIEN UND BÜCHER ZU KREATIVEN HOBBYS BETREFFEN: WIR BERATEN SIE. RUFEN SIE AN ODER SCHREIBEN SIE EINE E-MAIL!
TELEFON: 0711 / 123 757 20*
E-MAIL: MAIL@KREATIV-SERVICE.INFO

*NORMALE TELEFONGEBÜHREN

DER FREISCHALTE-CODE FÜR DIE VORLAGEN LAUTET: **10460**

IMPRESSUM

PROJEKTE UND ILLUSTRATIONEN: Scott Bedford

PRODUKTMANAGEMENT: Nicole Schmeißer

ÜBERSETZUNG: Anne Kraft, Lisa Schmidt

LEKTORAT: Nele Thiemann, Nicole Schmeißer, Galina Mosebach, Sarah Ulmer, Nele Schlötzer

COVERGESTALTUNG: Tatjana Weiss

HERSTELLUNG UND LAYOUT: Jessica Siebert

SATZ: FSM Premedia GmbH & Co. KG

DRUCK UND BINDUNG: Livonia Print SIA, Lettland

FSC www.fsc.org MIX Papier aus verantwortungsvollen Quellen FSC® C002795

2. Auflage 2022

ISBN 978-3-7724-4613-9 • Best.-Nr. 4613

PENGUIN RANDOM HOUSE VERLAGSGRUPPE FSC® N001967